小学生美德养成
可以这样做

梁锦堂◎编著

中国水利水电出版社
www.waterpub.com.cn

·北 京·

内 容 提 要

　　本书基于目前小学生美德养成的现实需求，探析了小学生美德养成的做法，具体阐述了在小学生美德养成理论基础上开展美德文化建设、美德评价制度制定、美德课程探析、美德教学实践、美德主题活动、美德家校共建、美德社会实践等方面的案例和相应的策略，为同类学校提供了小学德育实践活动校本化实施的样本。本书的研究成果，对丰富小学生美德养成的理论和实践案例具有重要意义。

图书在版编目（C I P）数据

小学生美德养成可以这样做/梁锦堂编著. —— 北京：
中国水利水电出版社，2021.10
ISBN 978-7-5226-0071-0

Ⅰ. ①小… Ⅱ. ①梁… Ⅲ. ①德育—教学研究—小学
Ⅳ. ① G621

中国版本图书馆 CIP 数据核字 (2021) 第 210272 号

书　　名	小学生美德养成可以这样做 XIAOXUESHENG MEIDE YANGCHENG KEYI ZHEYANG ZUO	
作　　者	梁锦堂　编著	
出版发行	中国水利水电出版社 （北京市海淀区玉渊潭南路1号D座　100038） 网址：www.waterpub.com.cn E-mail：sales@waterpub.com.cn 电话：（010）68367658（发行部）	
经　　售	北京科水图书销售中心（零售） 电话：（010）88383994、63202643、68545874 全国各地新华书店和相关出版物销售网点	
排　　版	三仓学术	
印　　刷	北京虎彩文化传播有限公司	
规　　格	170mm×240mm　16开本　21.25 印张　258 千字	
版　　次	2021年 10 月第 1 版　2022 年 2 月第 1 次印刷	
定　　价	98.00元	

崇德向善

明德唯馨

敬赠梁锦堂名校长工作室

魏书生

二〇二一年九月十八日

前　言

"富润屋，德润身，心广体胖"，《礼记·大学》提醒我们，君子以德润身，就好像富人用财物装饰房子一样，贤德能让人心胸宽广、愉悦舒泰。身为教育工作者，我们致力于培养具有良好德行的学生。美德是指高尚的道德，是一种良好的品行，能给人增添力量，能让人心怀美好。

崇德向善、明德惟馨。党的十八大以来，习近平总书记围绕弘扬中华优秀传统文化、传承中华传统美德作出一系列重要论述，如守诚信、孝亲敬老等。《中小学德育指南》明确指出，要"以培养学生良好思想品德和健全人格为根本，以促进学生形成良好行为习惯为重点"。美德教育要融入学校各项日常工作中，坚持常态开展，久久为功。

东莞市梁锦堂名校长工作室于2019年开始了《小学生美德教育的研究》课题的探索，从学校文化、制度制定、课程建设、课堂实施、主题补充、实践拓展、家校共育等方面共同推进美德教育的研究，让师生在系列的专题教育体验活动中确立美德认知、产生美德情感、形成美德意志、化为美德行为；具体以"三全"立体模式（全员育人、全程育人、全面育人），以"三自"核心能力（学习自主、行为自律、生活自理），以"四化"美德载体（目标系列化、内容现实化、途径课程化、管理科学化），最终形成以培养师生美德为目标的美德环境，让每个学生真正成为名副其实的好学生、好子女、好公民。

本书收集了东莞市梁锦堂名校长工作室成员、学员所在学校开展小学生美德教育的实践与思考所得，一个个躬身实践的美德培养案例，可能不尽完美，但饱含教师们勇于探索的勇气和踏实推进的力量，希望可以为广大教育工作者提供可资借鉴的小学生美德培养的路径和方式方法，让学生能够养成良好的品行，成为有君子风范的美德少年。

目　录

第一章　美德理论构建 ……………………………… 1

一、美德教育的核心概念 ……………… 2

二、美德教育的研究内容 ……………… 3

三、美德教育的方法途径 ……………… 3

四、美德教育的实施策略 ……………… 5

第二章　美德文化建设 ……………………… 8

第一节　学校文化理论 ……………… 8

一、学校文化的概念 ……………… 8

二、美德文化实施路径 ……………… 9

第二节　学校文化建设实例 ……………… 12

一、"三个一"美德校园文化 ……………… 12

二、"善本教育"校园文化 ……………… 17

三、"棋养德，以行致远"校园文化 ……………… 22

第三节　班级文化理论 ································· 30

　　一、班级文化的概念 ····························· 30

　　二、班级美德文化的特征 ······················· 31

　　三、班级美德文化的作用 ······················· 32

第四节　班级文化建设实例 ························· 33

　　一、灌溉、孕育、修枝、秋收 ················· 33

　　二、记录闪亮瞬间　点缀成长星空 ············· 38

　　三、绿水汇集　无懈可击 ····················· 46

　　四、缅怀先烈寄哀思　谙晓习俗话清明 ········· 57

　　五、同心逐梦　超越自我 ····················· 64

　　六、适顺扬长育少年　悦纳自我创未来 ········· 75

　　七、积水滴　筑彩虹 ························· 83

第三章　美德评价制度··························· **89**

第一节　美德评价制度构建 ····················· 89

　　一、学校制度建设的重要性 ··················· 89

　　二、学校制度建设的校本性 ··················· 90

　　三、美德制度建设对学校管理的影响 ··········· 91

　　四、美德评价制度的构建方法 ················· 92

第二节　美德评价制度实施 ····················· 95

　　一、午餐午休"两自"制度 ··················· 95

　　二、"四美"少年评价制度 ··················· 100

　　三、灵秀班级评选制度 ······················· 107

第四章　美德课程探析 ···················· 116

第一节　美德课程理论 ···················· 116

一、美德课程内涵 ···················· 116

二、美德课程特点 ···················· 117

三、美德课程建构之法 ···················· 118

四、美德课程下的美德教育 ···················· 119

五、美德课程下的师生发展 ···················· 120

第二节　美德课程建设 ···················· 120

一、社会主义核心价值观教育课程 ···················· 120

二、"会"出创新"育"见美好 ···················· 129

三、文明课间　从我做起 ···················· 142

四、"国旗下讲话"美德课程 ···················· 147

第五章　美德教学实践 ···················· 152

第一节　美德教学方式 ···················· 152

一、美育教学方式 ···················· 152

二、美育教学特色 ···················· 154

三、美育教学作用 ···················· 154

第二节　美德课程教学实录 ···················· 155

一、精明购物 ···················· 155

二、勤劳节俭　美德易见 ···················· 163

三、"有序"美德的养成 ···················· 167

四、文明礼仪行为习惯的养成 ···················· 177

五、美德转化教育 ···················· 187

六、舞龙之美　德游长空 ···························· 192

七、我们不一样　我们都一样 ···················· 197

八、爱国　爱校　爱自己 ························· 202

第六章　美德主题活动 ···················· 209

第一节　美德活动理论 ···················· 209

一、美德主题活动是课堂的延伸 ·············· 209

二、美德主题活动的特点 ···················· 210

三、美德主题活动促进美德养成 ·············· 211

第二节　美德教育活动 ···················· 212

一、让美德之花在云端上绽放 ················ 212

二、让规范有序真正发生 ···················· 216

三、美德多彩小剧场 ························· 225

四、行节约之风　传"食"尚之美 ············ 231

五、宽容　让生活更美好 ···················· 238

六、致远：美德教育主题班会 ················ 245

第七章　美德家校共建 ···················· 256

第一节　家校合作理论 ···················· 256

一、家校共建的重要性 ······················ 257

二、美德家校共建策略 ······················ 258

三、美德家校共建模式 ······················ 258

四、美德家校共建中的角色定位 ·············· 260

五、美德家校共建的积极意义 ················ 261

第二节　家校协作主题 …………………………………………… 261

　一、"有礼"与"孝敬"美德的养成 …………………… 261

　二、用"节"文化传承中华传统美德 …………………… 267

　三、家务劳动小能手 ……………………………………… 273

　四、运用体育家庭作业培养坚毅品格 …………………… 281

　五、美德美育　家校合力 ………………………………… 286

第八章　美德社会实践 ………………………………………… 296

第一节　小学生社会实践理论 …………………………………… 296

第二节　美德主题社会实践 ……………………………………… 297

　一、在缅怀先烈中实施感恩教育 ……………………… 297

　二、扬帆追梦　砥砺前行 ………………………………… 304

　三、美德之花在欧仙寺深种 ……………………………… 308

　四、赠人玫瑰　手留余香 ………………………………… 314

参考文献 ……………………………………………………………… 321

后　记 ………………………………………………………………… 328

第一章　美德理论构建

　　古人云："勿以善小而不为，勿以恶小而为之。"这是告诉我们，一个人要有是非观念，要明辨善恶，要有良好的品德。中华民族素有"礼仪之邦"之称，中华民族文化更是源远流长，五千年的发展和积淀，形成了高尚的道德准则、完整的礼仪规范以及中华民族的传统美德，而传承和发扬中华民族的传统美德，是个人健康成长的重要条件。《国家中长期教育改革和发展规划纲要（2010—2020 年）》中提出"把育人为本作为教育工作的根本要求"。党的十九大报告进一步强调"要全面贯彻党的教育方针，落实立德树人根本任务"。要实现"两个一百年"奋斗目标、实现中华民族伟大复兴的中国梦，必须通过教育立德树人，培养大量社会主义建设者和接班人。少年儿童是整个社会成员的重要组成部分，他们也是成长中的小公民。他们道德素质的发展状况，体现了整个社会的道德水平。帮助广大少年儿童养成良好品德，既是少年儿童德育的基本内容，也是少年儿童德育的重要目标，而且他们的道德素质状况将直接关系到新一代国民的道德水平。

英国诗人雪莱曾经说过，"一个人如果不是真正有道德，就不可能真正有智慧。"苏霍姆林斯基在《帕夫雷什中学》中谈道，"美是道德纯洁、精神丰富和体魄健全的有力源泉。美育最重要的任务是教会孩子能从周围世界（大自然、艺术、人们关系）的美中看到精神的高尚、善良、真挚，并以此为基础确立自身的美。"我们认为，教育中的智慧与美好是相辅相成，缺一不可的：只有向美的教育，才是智慧的教育，因为真正智慧的教育，一定是通向美的。我们追求智慧的育人方式，最终都是为了培育人的美好品行，成就其美丽人生。只有启慧的教育，才是美好的教育。因为人具有充分的能动性和自主性，这决定了要成就美好教育，最基础、最重要的便是深化学习者的感受，启蒙心智，通过开启童心之慧，成全生命之美。

一、美德教育的核心概念

1. 美德

按《现代汉语大辞典》的解释，美德是指高尚的品德；在人格心理学领域，美德是指凡可给一个人的自我增添力量的东西，包括勇气、自信、乐于助人等；在社会潜意识里，美德是一种大众所推崇的高尚道德行为，它主要提倡一种自制的、积极的态度。我们认为，美德是一种良好的品行，是一种顶层的道德，是一种内生的力量。

2. 美德教育

美德教育是指通过教育培养"社会人"所必备的善的品质，把社会群体的美德价值内化为个体美德行为规范。我们力图通过系列的美德教育活动，既传承中华民族传统的美德，又弘扬现代的美德。

二、美德教育的研究内容

（一）小学生美德的内涵界定与序列成形

1. 小学美德教育实践活动的现状调查与分析。

2. 小学生美德的内涵界定。

3. 小学生美德内容的梳理确定并形成序列。

（二）小学美德教育的策略

1. 小学美德教育系列主题活动设计。

2. 学校、家庭、社区美德教育整合的研究。

3. 小学生美德养成的代表性案例分析。

4. 小学生美德培养的方式方法及采取的策略途径。

（三）小学美德教育的评价体系

1. 对应小学生美德序列提出相应成长目标。

2. 建构可操作性强的小学美德教育的评价体系。

三、美德教育的方法途径

明"美德"之道，树"至善"之风。学校秉承着"慧泽童年，向美而生"的办学理念，积极开展各项德育工作，培养学生良好的行为习惯。

（一）以项目学习为抓手，提高学生综合素养

1. 开展主题教育活动，形成正确价值导向

利用传统节日（清明节、端午节、中秋节、冬至、春节）、校园节日

（科技节、体育节、读书节、英语节、艺术节）、三仪式三典礼（入学仪式、升旗仪式、入队仪式；开学典礼、结业典礼、毕业典礼）、团队活动等，开展形式多样、主题鲜明、知行合一的教育活动，以鲜明正确的价值导向引导学生。美德教育主题内容如下：

理智美德：有序、专注、自信、勤俭、明辨

人际美德：有礼、守时、诚信、尊重、包容

公民美德：爱国、友善、责任、感恩、孝敬

从学生品格培养入手，自主构建"慧心美德"德育课程，通过理智美德、人际美德、公民美德的综合性美德教育，塑造学生"15种"品格。围绕内容开展主题教育活动，强化了中华民族传统美德教育，培养了学生奋发图强、勤劳勇敢、自强不息的民族精神，增强了学生的自我控制能力和自我完善能力，从而促使学生用正确的道德规范和行为准则来约束自己，逐渐形成健全的人格，提高了学生的思想道德品质和学校德育管理的整体水平。

2. 开展社会实践活动，培养创新实践能力

知性德育向生活德育回归，通过开展各类主题实践、劳动实践、研学旅行、志愿服务等，增强学生的社会责任感、创新精神和实践能力。在德育课程的设计中，我们把社会实践按照课程要求分成"参观类、服务类、公益类、探究类、技能类、郊游类"等，制定社会实践的教案和课程方案，重视学生在学习过程中的情感体验，以学生的视角和学生的"生活事件"来呈现课程的教育话题和教育案例，强调课程内容的寓教于乐、情感互动，促进学生思想品德的发展。

3. 开展多样化社团活动，实现学生个性发展

开展学生社团活动（少年宫活动、430课堂），让学生学有所得，学有所乐，学有所长，形成学校素质教育特色。以培养学生创新能力与实践

能力为主线，注重学生一专多能培养，不断加强和完善艺术特长生的培养措施，激发学生学习兴趣，培养其良好行为习惯，促进学生全面发展与个性发展。

（二）加强家长学校建设，拓展家庭教育空间

加强家长学校建设，定期召开家长会，进行家长教育方法、技能等培训。不断创造家庭教育机会，让家长积极主动与学校沟通孩子情况，支持孩子参加适合的社会实践，推动家庭教育和学校教育、社会教育有机融合，构建社会共育机制，争取家庭、社会共同参与和支持学校德育工作。

（三）构建"四位一体"体系，提升德育管理实效

为了提升美德教育工作的成效性和扩大教育的辐射面，学校将美德教育工作落实到班主任、科任教师、少先队以及家长四个角色中，使美德教育在班级建设、课堂教学、主题活动以及家庭教育中全面渗透，从而让学生逐步养成良好品德；通过评选"书香少年""书香教师""书香班级""书香家庭"等措施，打造极具魅力的"书香校园"。学校还从特色英语、书法课程、阳光体育、科技艺术等方面打造教育特色，让生命与生俱来的美与教育本身的美同步绽放，让孩子沉浸在对美的追寻中。

四、美德教育的实施策略

（一）文化融入策略

中小学美德教育应充分发挥学校文化建设的功能，既注重校园文化资源的利用与开发，又注重班级文化环境建设的学生主体性。第一，在班级美德文化墙，定期展示美德目标、美德公约、名言警句、经典故事

等。例如，有礼美德目标：仪容有整、一声招呼、一个笑脸；进出校园行走礼仪美德公约：仪容有整、礼貌待人、遵守规矩、为别人着想。第二，在校园美德文化长廊，定期展示美德公约、美德少年、图说美德、成果展示等，通过视觉内容传递，让学生在传统美德的环境中初步形成正确、积极、向上的道德观念。

（二）主题体验策略

主题体验实践活动是对学生进行传统美德行为训练的一种必要途径，通过开展序列化的美德教育活动，使研究内容及模块互相协调、互相配合，以求得最优化、最佳化。结合学生的身心特点与行为表现，开发美德教育主题体验活动课程，有针对性地将美德教育主题寓于丰富多彩的体验活动中，可以让学生在实践活动中体验、感悟、修正品行，提高道德素质和人文素养。如：

1. "爱国"专题教育："追梦新时代　童心颂祖国"——2019年寮步镇中心小学庆祝新中国成立70周年活动；

2. "节俭"专题教育：扬"节"绘"俭"主题活动、扬"节"会"俭"之小鬼当家活动、"我的节俭小妙招"活动；

3. "有礼"专题教育："阅读·知礼"活动；

4. "有序"专题教育：一年级系鞋带小能手活动、二年级系红领巾小能手活动、三年级书桌收纳小能手活动、四年级整理衣物生活技能比赛活动、五年级套叠被子小能手活动、六年级收纳箱整理小能手活动。

（三）学科渗透策略

各科教学是传统美德教育促进学生行为习惯养成的重要实现途径。各学科教学协同共进，充分挖掘传统美德教育因素，把传统美德教育和科学知识教育结合起来。

开展项目式学习，让学生在探索中获取真知，在实践中品味成功，增强学生学习兴趣，培养学生良好习惯，为他们终身学习和发展奠定坚实的基础，培养具有家国情怀、国际视野，能胜任未来社会发展的创新型人才。

（四）家校协同策略

家校联动，搭建平台。学校通过搭建家长学校、家委会、家长会、家长志愿者服务队等平台，让美德教育成为学校、家庭、社区三结合的纽带，将学校作为美德教育的主体，家庭作为美德教育的基础，社区作为美德教育的依托，并把学生的美德教育与社会公德、职业道德、家庭美德教育紧密结合，统筹规划，整体运作；借助学校微信公众号、微课掌上通、学校网站、寮步教育网等网络平台向家长宣传学校美德教育思想和方法，争取家长的高度认同，以促进家校沟通合作，取得美德教育的最好效果。

（五）科研提升策略

学校围绕"问题即课题，探索即过程，收获即成果"的行动主线，采取"课题引领"的行动策略。学校申报广东省强师工程课题与东莞市名校长工作室专项课题《小学生美德教育的实践研究》，研究工作有序，扎实推进，以美德教育作为学校德育的突破口，边研究边总结，边探索边推广，形成了美德教育"334"模式，加快学生成才，促进教师成长，提速学校发展，和谐家庭关系，促进师生美德的养成与升华。

（东莞市寮步镇中心小学 郭惠强执笔）

第二章　美德文化建设

第一节　学校文化理论

一、学校文化的概念

学校文化作为一种群体文化，凝聚着学校的物质文化和精神文化，是学校发展的灵魂，也是凝聚人心、展示学校形象、提高学校文明程度的重要体现，对学生、教师的成长起着潜移默化的作用。

从呈现形式上看，学校文化可分为显性形态和隐性规则。校园建筑设计、景观、绿化、制度、课程、活动等属于学校文化的显性形态。而隐性规则包括校风、教风、学风、人际关系、集体舆论、心理氛围等。这两者相互交织，作用鲜明地体现在师生群体的价值取向、精神风貌和行为方式上，其核心是学校的精神文化，即思想理念、价值取向和思维方式。

一些研究者把学校文化划分为文化理念系统、物质文化系统、行为文化系统、制度文化系统四大部分，这是目前比较流行的学校文化分类方式。

从内在的逻辑关系来看，精神理念构成学校文化的内核，它统领着学校文化的各个层面，使之成为一个有机整体；物质层面作为学校文化的外壳，充当着文化的物质表达者或载体，它是特定文化观念外化的形式和文化偏好选择的结果，折射着特定的文化取向；制度与行为层面则作为中间环节，制度是规范行为的尺度，行为是在制度范围内的自由充分发挥与责任担当，体现了学校文化的价值取向。

二、美德文化实施路径

以美德为主题的学校美德文化必然是显性形态与隐性规则相得益彰，理念系统、物质系统、行为系统、制度系统四大组成部分圆融自洽、互相增益的。其实施路径可以概况为三种，即显性课程路径、隐性课程路径和学校—家庭—社区协作路径。

（一）显性课程路径

美德教育的显性课程又称美德教育专题课程，是以改善学生道德认知和道德行为为目标，由学校围绕特定的美德组织研发并进行直接指导的课程。在课程实施中，教师引导学生针对不同的道德问题进行道德反思，培养学生的道德推理能力。教师也会设置各种模拟场景，采用角色扮演、小组合作等方式，给学生提供道德实践的机会。

（二）隐性课程路径

隐性课程，也称非正式课程，它是与显性课程相对而言的。隐性课程就是利用学校生活中的各种因素，包括在学科课程中、学校道德氛围中、校园物质环境中、课外活动中开展美德教育，使其成为具有美德教育功能

的课程。隐性课程与学生的日常生活紧密相连，对学生的美德发展有着潜移默化的影响。

（1）在学科课程中渗透美德教育。鼓励每一门学科的教师把美德教育整合到课程教学中，使学科教学都具有美德教育的意蕴，成为学校培养学生美德的有效途径。例如，语文教师可以通过文学作品中的英雄人物事迹，激发学生对善的向往和对恶的憎恶，引导学生自觉成为勇敢、善良的人。

（2）学校道德氛围中的美德教育。学校道德氛围是学生价值形成、品格发展和成绩进步的精神环境，对学生的道德发展起到潜移默化和持久的影响。因此，把全校的精神气质、学习氛围、人际关系等因素融入教育系统，构成一种整体的方法来营造积极的道德氛围，从而形成一股强劲的美德塑造力量，能使学生无形中接受核心价值和美德的熏陶。营造和谐融洽的师生关系和相互帮助、相互尊重的学生关系是学校隐性课程的重要内容。例如，教师可以在课堂教学以及课余生活中有意识地主动示范学校提倡的核心价值和美德，在与学生的日常交往中尊重和关爱学生等。

（3）学校物质环境中的美德教育。学校的各种建筑物、雕塑、宣传栏、校服、校歌和学校吉祥物等都是美德教育的因素。在全校范围内任何角落任何可教的时刻都让学生感受到学校强调的价值和美德，这样有助于创造积极的学校道德环境，使学生在潜移默化中接受美德熏陶，形成良好的品格。

（4）课外活动中的美德教育。学校的课外活动包括典礼仪式、各类文化节等，它们也是美德教育中发挥重要作用的因素。课外活动能帮助学生实践和运用核心价值和美德以及形成良好的品格特质，有助于学生体验和践行尊重和责任、团结与协作、乐于奉献等道德价值。例如，学校可以在日常集会、晨会仪式上提醒学生关注并实践当前学校提倡的某种美德，如尊重、有礼、诚实等。在定期的晨会中，校长可以公开表扬本周行为习惯良好、美德表现出色的学生，并把他们作为学生的榜样等。

（三）学校—家庭—社区协作路径

1.学校与家庭协作

家长是孩子的第一位道德导师，家长对孩子道德的养成有着长期的影响。家庭在孩子的道德培养中有着不可替代的重要作用。学校和家庭为了实现共同的美德培养目标，可采用如下三种形式来加强协作。一是利用家长学校，对家长进行美德教育和培训。明确告诉家长学校的美德教育内容，鼓励家长在日常生活中自觉地给孩子示范这些美德供孩子模仿。二是让家长志愿者参与学校生活和学习。例如，让家长志愿者参与门岗管理，组织开放日学习等，让家长关注孩子在校表现，加强对孩子各种表现的交流，提高美德教育的凝聚力。三是让家长参与到美德教育课程开发中，制定家庭任务单，让家长广泛参与其中，实现学校和家庭的全方位协作。

2.学校与社区协作

社区参与对学生的美德培养利害攸关。对学生而言，深入社区提供服务比整天泡在书本里更有乐趣和意义。鼓励学生走出校门，提供力所能及的志愿服务，如清洁社区，为敬老院的老人们搞卫生、表演节目等。挖掘社区资源，定期邀请不同行业的社区成员、优秀校友等走进学校来分享美德故事，结合他们自身经历为美德教育出谋献策。例如，建筑设计师谈论建筑美学与建造者道德的问题，超市老板谈论入店行窃的恶劣后果等。

第二节　学校文化建设实例

一、"三个一"美德校园文化

【案例背景】

河滨小学确立"灵动"的核心理念，将河水淙淙之灵动、河岸生机勃勃之灵秀融进"灵秀河滨"的办学目标之中，故而将"灵·秀"融入学校楼宇园区名称设计，以"灵"命名园区，以"秀"命名楼宇，让理念文化得以外显，让特色文化融入环境。其中，该校美德文化建设主要体现为"三个一"，即一园、一廊、一榜。

【案例主题】

河滨小学美德文化建设主要体现为"三个一"，即一园、一廊、一榜。一园指灵晖园，一廊指国学长廊，一榜指善行义举榜。该校以主题园区的设计，结合"五育并举"的文化熏陶，在园区楼宇中有序地设计了宣传栏和展示区，力求让校园每一处都有文化，每一处都有内涵，每一处都是教育熏陶之地。

【案例描述】

河滨小学"三个一"美德文化建设，即利用校园里的"一园、一廊、一榜"（一园指灵晖园，一廊指国学长廊，一榜指善行义举榜），结合本校美德教育内容，营造美德文化氛围，使学生耳濡目染，浸润在美德教育的环境中。

1. 一园

灵晖园是展示学校文明公约，校园法苑之地。以"灵晖"名之，一者以清晖比喻文明教化，寄望此地是师生获得文明清晖之处；二者以阳光比喻道德品性，希望此地能让师生浸润德性，修身养性。面向灵晖园，左边是道德教育主阵地，右边是法治教育主阵地。左右两边的宣传橱窗是对称设计，左边以原木色为主色调，右边以蓝色为主色调，这两种颜色与白色一起，便是该校的主色调。

步入左边的道德教育主阵地首先映入眼帘的是最前面的两个长方形边框宣传橱窗，中间由一个个可以翻转的圆形组成。宣传橱窗左边设有"美德之星"这一标题，顾名思义，这里是学校美德之星的光荣榜。一个圆形正反两面可以展示6位美德之星，每位美德之星的展示都由学生个人相片和个人简介组成。这里一共可以展示120位美德之星，满足该校展示现阶段校级美德之星评选结果的需求。美德之星评选条件有三个：①在月主题活动中被评为班级的"美德之星"；②美德成长各项评价指标为良好或以上；③道德与法治课学期总评为良好或以上。该项评选重视过程性评价，把评选落实在主题月和常规检查中，能够比较客观地对学生进行评价。学生只有在美德主题月、日常行为规范中表现突出，才能获得该星。学校通过该美德之星光荣榜的展示和介绍，树立了学生的自信心，同时也树立了学习的榜样，让学生可以互相监督，互相学习。"美德之星光荣榜"后面是三个花状的宣传栏，这三个宣传栏可以双面展示，里面的内容每月更换一次，内容都紧紧围绕美德教育，如"仁、义、礼、智、信"的介绍、美德故事、美德名人名言、美德漫画等。这里，是绿荫下的儿童绘本，孩子们读得开心，看得愉悦。

与左边的道德教育阵地相对应的是右边的法治教育阵地。这里的长方形宣传橱窗的标题是"法律伴我一生"，中间部分主要是呈现不同年龄段相对应的学习任务或承担的法律责任，采用一问一答的形式，让观看者印象更深刻。后面是三个花状的宣传栏,主要是宣传一些法治知识,也是每月更换一次。这里除了是自由阅读的学法阵地,还是道德与法治课的开放式课室。任课教师会根据大纲要求和学生的实际情况,安排学生在这里学习。

图 2-1

2.一廊

该校有六廊,其中一廊是国学长廊,以原木色为主调,既符合该校校园风格,也凸显传统文化氛围。中华民族的传统美德是中国古代道德文明的精华,是中国这个民族大家庭共存共荣的凝聚剂和内聚力,是形成中华民族道德人格的精髓和精魂。对传统美德的总结与认同,是继承和发扬民族优良伦理道德传统的关键,也是现代中国道德文明建设极为重要的源头活水。国学长廊是该校美德宣传的又一重要阵地,学校德育领导小组根据学校计划及学生实际情况,定期更换宣传栏内容。该校从人与自身、人与他人、人与群体的关系三个方面,整理出中华民族十大传统美德。例如,"仁爱孝悌"是中华民族美德中最具特色的部分。"仁"是中华民族道德精神的象征,是各种道德中最基本的也是最高的德目,而且在世俗道德生活中也是最普遍的德性标准。"仁"德的核心是爱人,即"仁者爱人"。

孝悌之德的基本内容是父慈子孝、兄友弟恭，它形成了一种浓烈的家庭亲情，对家庭的关系，甚至对中国社会的稳定起了极为重要的作用，是民族团结的基石。孝悌之情扩展为"忠恕"，"忠恕"之德的基本要求是以诚待人、推己及人，即"四海之内皆兄弟""不独亲其亲，不独子其子"，由此形成了中华民族大家庭社会生活中浓烈的人情味和生活情趣。爱人、孝悌、忠恕是仁德的基本内容，也是中华民族传统美德的集中体现。又如，"谦和好礼"也是中华民族传统美德。中国是世界闻名的礼仪之邦，"礼"是中国文化的突出精神，好礼、有礼、注重礼义是中国人立身处世的重要美德。"礼"是中华民族的母德之一，它根源于人的恭敬之心和辞让之心，以表达对道德准则的敬畏和对兄弟朋友的辞让之情。"谦受益、满招损"，这是中国人自古就懂的道理，谦德亦根源于仁德辞让之心，其集中体现就是在荣誉、利益面前谦让不争，以及在人际关系中的互相尊重。"和德"体现为待人接物时的"和气"，在人际关系中为"和睦"，在价值取向上为"和谐"，而作为一种德性为"中和"。"礼""谦""和"都体现了中华民族的美好情操，此外还有"诚信知报""精忠报国""见利思义""勤俭廉政"等。

图 2-2

3. 一榜

一进校园，就能看到善行义举榜，它是该校的好人好事光荣榜。善行义举榜的表彰内容一个季度更换一次，每一次树立三个榜样，分别由学生代表、教师代表、家长代表组成。能上该榜的绝非等闲之辈，他们都是在"善行义举"方面有着突出的表现，经过学校推选投票最后才能上榜。上榜人员都是我们眼中的星星，大家都非常羡慕他们，每次更新，都会吸引一群群观众前来阅读。因此，这里成了美德榜样的宣传阵地，同时也是学习身边美德事迹的一块阵地。

图 2-3

【结果与反思】

该校的美德文化环境设计，自然、合理、精美、用心。该校通过一园、一廊、一榜"三个一"美德文化建设，充分展示学校美德育人过程。如一园，全体学生可以以"四美"少年的标准严格要求自己，向着"美德之星"的目标努力，就有机会在灵晖园的"美德之星"上榜上有名，成为大家学习的榜样。该校的美德文化建设，是与德育要求紧密相连的，不是独立的知识宣传。这样的设计理念，受到学生、家长、教师的欢迎，孩子们愿意去观看，愿意去接近。秉着"一切来源于学生"的原则，该校的美德文化环境深入人心，起到了很好的宣传教育作用。

（案例原作者：东莞市寮步镇河滨小学　邝艳娥）

【案例点评】

纵观该校的校园文化设计，以"园""楼""廊""阁""斋"构筑了一处精致且有内涵，舒适且有寓意的育人天地。在这里，孩子们能在有底蕴的育人环境中全面发展。该校凸显了美德环境熏陶作用，细致用心，有重点、有层次地利用校园里的一园、一廊、一榜"三个一"美德育人环境，结合本校美德教育实际内容，营造了良好的美德文化氛围。从该校的一园、一廊、一榜中，观众就能领略该校的美德教育特色，这是最值得钦佩和学习的一点，其不仅需要耐心，还需要用心。只有把心放在学生身上，才能提供如此一块成长的沃土，才能真正做到让校园每一处都有文化，每一处都有内涵，每一处都是教育熏陶之地。

二、"善本教育"校园文化

【案例背景】

校园文化是一所学校文化积淀和历史底蕴的体现，也是一所学校办学品位、办学特色的体现。校园文化作为一种环境教育力量，其终极目标就在于创设一种氛围，以期陶冶学生情操，培育学生健康人格，全面提高学生素质。它作为一种隐性课程，通过学校健康向上的精神因素以及优美的物质环境所施加给学生的积极影响和感染、熏陶而实现教育的目的，具有情境性、渗透性、持久性、暗示性、愉悦性等特点，对学生的健康成长有巨大的影响，体现了学校发展的精神底蕴。

"树本教育"是东莞市寮步镇凫山小学的办学理念。在"树本文化"引领下，学校德育以"善"为本，把"善本"作为学校德育工作的核心，打造以善为本的学校"善"文化，以唤醒学生心中的善，让其拥有一颗善心，做一个善良的人，做一生的善事，从而为社会培养一批批高素质的人才。

【案例主题】

德以善为本。善本教育就是以善为本，以善育品。东莞市寮步镇凫山小学以环境熏陶为途径，通过促进校园基础设施建设，创新校园文化内容，创造优良的人文环境，形成能够充分展示学校办学特色的校园文化，彰显"善本教育"的德育特色。

【案例描述】

学校不仅是传授学生知识的地方，更是培养学生人生观、世界观、价值观的重要场所。校园文化是学校的一种"教育场"，是学校所具有的特定精神环境和文化气氛。作为一种环境教育力量，先进的校园文化对培养学生良好品质、全面提高学生素质具有十分重要的意义。因此，学生素质培养的成果与学校文化品位的高低紧密相关。要真正实现高素质人才的培养，就要以高质量的校园文化为手段来打造高品位的校园文化。凫山小学提出"树本教育"理念，透过校园文化引导师生树立善的思想，崇尚善的行为，形成善的意识，最终让人拥有善心，以善心传播善文化。

1. 创建校园"善"文化，让"善"融入校园环境

学校根据"树本"文化理念，让整个校园拥有"善本"德育文化大格局，

根据文化育人、环境育人、榜样育人的思路，构建了以"善"为主题的校园文化。一进校门，映入眼帘的是一块刻着"善"字的大石头，石头上面还写着"积善成德，而神明自得，圣心备焉"。走进教学楼，"至善书苑"就展示在我们的眼前。在"至善书苑"的四周，我们可以看见"忠、悌、孝、礼、义、廉、耻、信"八个大字和与这八个字有关的名人故事。书苑旁边是"至善池"，底楼空间是二十四孝故事。走上教学楼，楼梯的每一层展示的是"真、善、美、恒"有关的楼梯文化。二楼和三楼还有"明德书苑""正心书苑""正念书苑""至乐书苑"四个书苑。校园文化建设围绕"善"这一主题，让每一块墙壁、橱窗、板报，每一寸花草树木都成为有效的宣传阵地，让每一堵墙壁都能向孩子们传递"善"的信息，让每个角落都能育人，让校园每一片风景、每一个角落、每一幅图画，都点缀着人文元素，弥漫着浓郁的"善本"气息，使学生走进校园就能受到"善本"氛围的浸润。其中，刻有"善"的石头成为学校的精神象征。

图2-4

图 2-5　至善书苑

图 2-6　至善池

2. 树善根，经典诵读，让生命有根

学校围绕"诵读经典，承传文明，感悟真知"的读书活动宗旨，选取《弟子规》《千字文》《三字经》《笠翁对韵》《增广贤文》等蒙学读物，以及四书五经、诸子百家、唐宋诗词等的部分浅易、精华篇章，编辑了低年级的《启蒙学礼》、中年级的《知理明理》、高年级的《修身齐家》，作为午间诵读的校本教材。

3. 开展"善本"文化节，营造"善本"教育文化氛围

每年六月，学校举办善本文化节活动。活动内容包括社团才艺展示、国学诵读、礼仪展示、爱心捐赠、公益义卖、善心评比、德育年度工作总结等。活动意义在于进一步营造学校"善本"德育文化氛围，强化德育工作实效，对外展现凫山小学"善本"德育理念和师生良好风貌，进一步宣传"树本教育"的品牌理念，扩大"树本教育"品牌知名度和影响力。

【结果与反思】

加强校园文化建设是促进社会主义精神文明建设的需要，不仅可以为广大师生营造一个良好的学习、生活、工作环境，陶冶师生的道德情操，培养其积极向上的人生观，提高师生文明程度，而且可以通过学校辐射社会、示范家庭，积极推动整个社会精神文明建设。加强中小学校园文化建设是优化育人环境的需要，有利于弘扬社会主义主流文化，发挥环境育人的积极作用，确保中小学生健康成长。

"树本教育"是学校的办学理念，在"树本文化"引领下，学校德育以"善"为本，把"善本"作为学校德育工作的核心，打造以善为本的学校"善"文化。学校以"善"育品，通过校园"善"文化，引导师生树立善的思想，崇尚善的行为，形成善的意识。

（案例原作者：东莞市寮步镇凫山小学　叶钜明）

【案例点评】

寮步镇凫山小学秉承"树本教育"的办学理念，在"树本文化"引领下，打造以善为本的学校"善"文化，唤醒学生心中的善，使其做一个善良的人。

学校以环境熏陶为途径，通过校园文化建设，促进校园基础设施建设，创新校园文化内容，创造优良的人文环境，形成能够充分展示学校办学特色的校园文化，彰显"善本教育"的德育特色。学校以"善"育品，通过刻有"善"字的大石头、"至善书苑"、"至善池"等校园场所环境，以及经典诵读和"善本"文化节等校园文化活动，营造"善本教育"文化氛围，引导师生树立善的思想，崇尚善的行为，形成善的意识，值得推荐与学习。

三、"棋养德，以行致远"校园文化

【案例背景】

石龙镇实验小学创办于 1938 年，因原校址位于石龙镇仙溪福地欧仙公文化景区欧仙寺内，学校曾以"仙溪小学"为校名。因其独特的地理性与人文性，学校的建设与发展继承了欧仙文化的优秀传统。2009 年 9 月，石龙镇黄家山村联合办学，学校正式更名为"东莞市石龙镇实验小学"。作为一所有 80 多年历史的老校，在这 12 年的新征程中，学校华丽蜕变、迅速壮大，迎来了崭新的面貌。石龙镇实验小学把中国象棋打造成学校美德文化建设的特色品牌，深入研究棋文化在全体师生美德文化建设中的作用，并进行了"以棋养德，以行致远"为主题的校园美德文化建设研究与实践。

【案例主题】

学校以市级课题《基于小学生象棋文化，构建特色品牌学习的实践研究》为抓手，以课题带动科研，以科研带动教育教学，引领全体师生走上至真至善至美之路。学校经过多年的探索与实践，于 2017 年被认定为"全国象棋特色学校"。中国象棋是中华五千多年优秀传统文化中的精髓，具有浓厚的文化特色与历史意义。学校一向重视中华优秀传统文化在师生间的传承和发扬，通过学棋先立品、学棋悟道、学习传统文化经典等方式，不断推进学校美德文化建设研究与实践，以棋文化涵养德行，引领全体师生走好每一步，步步致未来，用强有力的行动，实现远大的理想与抱负。

【案例描述】

石龙镇实验小学大力推进美德文化建设，与"全国象棋特色学校"的品牌相融合，设立了棋文化校本课程，出版了《乐在棋中》校本教材，开展了真善美系列的美德文化建设活动，形成了一个又一个鲜活而独具代表性的案例。

1. 以棋养德，扎下至真之根

德高为师，身正为范。一支具有高尚师德师品的教师队伍，是学校发展与壮大的源泉。学校高度重视教师的美德文化建设，努力打造一支师德高尚、业务精湛、充满活力的高素质教师队伍，激励全体教师以自己的人格魅力感染学生，做学生健康成长的引路人。学校坚持开展每月一主题的师德师风专题培训活动，以榜样的力量陶冶师者情操，鼓励全体教师不忘初心、牢记使命、奋发有为。培训结束后，年级组内还会组织讨论交流，对照自身，反思改进。

在学校这个充满正能量的大家庭里，涌现了一批模范教师。石龙镇实验小学廖六志副校长就是其中的代表。廖校长既是辛勤耕耘的好校长，也是同事心中行孝的楷模。刚到石龙镇工作不久，廖校长便把远在老家的母亲接到身边照顾，平日对母亲嘘寒问暖，关怀备至。到了节假日，他不管工作有多忙，都坚持带母亲外出游玩，多年如一日，从未间断。在母亲生病卧床期间，他一下班定到母亲跟前端茶喂饭，尽孝老人。他以行动践行了一位师者的风范，并于 2017 年荣获石龙镇的"孝德之星"。

图 2-7

家和万事兴，家庭和睦乃事业成功的保证。学校重视教师的家庭教育与家风塑造，以小家推动大家，激励师者以行致远。全体教师积极实践，走好每一步。学校张建芬主任、陈海明主任、高志光副主任、胡丽君老师、陈淑茹老师等的家庭，分别荣获省市镇级的文明家庭、健康幸福家庭、书香之家、学习之家、广东百名现代好丈夫、广东百组好邻里等荣誉称号。

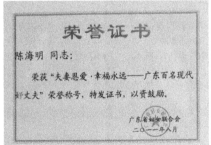

图 2-8

师者，心中有爱，眼里有学生。实验小学的教师始终坚持以生为本，呵护每一个成长中的个体，让学生发光发热。一幕幕师生相息的情景印入孩子的记忆中，一个个感情真挚的故事写入教师的随笔里。于是，就有了一篇篇打动人心的征文，这是用师德筑造起的长廊。近年来，学校师德师风建设迈上了新台阶。曹海鹰老师《为师有三德》、曾倩瑜老师《星星上的孩子不孤独》、吕惠娟老师《来自一位老师的告白：以心待你，予你予爱》《"特殊"的他》《那一年，他是我的学生》、吴素雯老师《三尺讲台 圆我育人梦》等征文先后荣获市级奖项。

2. 以棋修身，萌发至善之芽

学校是德育建设和学生美德培育的重要基地。师生间的相互促进，伙伴间的相互影响，正是儿童美德文化建设的重要一环。实验小学设有专门的象棋课程，每位实小学子从一年级开始就能接受系统的象棋课程学习。学校通过学棋先立品、学棋悟道、学习传统文化经典等方式，推进校园美德文化教育实践。2016 年，叶耀全校长为主编的东莞市基础教育科研课题《基于小学生象棋文化，构建特色品牌学校的实践研究》及校本教材《乐在棋中》出版，得到社会各界的一致好评。

书的扉页引出了棋道与传统文化经典《弟子规》的切合点，强调了学生在对弈中学习"道"，受传统文化的熏陶。下象棋最能培养儿童静心做事、独立思考的性情，最能培养儿童遵守规则、辩证思维的品德，最能培养儿童自信从容、不骄不躁的气质。《弟子规》中提到，"下棋前，先静坐。轻落子，勿有声""信心足，从容对。棋品佳，必成功"。学生每节课前必先朗朗诵读，耳濡目染。每一位入门的学子，都要熟读棋道之理，在实践中领悟棋道的真谛。

学棋先立品，良好品德的形成能促进中国象棋的学习，两者相辅相成，密不可分。楚河汉界，化作两大阵营；棋子行走，书写美妙篇章。棋子是有生命的，每颗棋子在儿童心中都有一段故事。比如兵与卒，每方各五只，它们只能向前，不可后退，深入敌阵，步步为营。小小士兵，大大力量。它们是儿童心中的英雄，独自去到陌生的地方，面临着各种未知、各种困难，但它们只管前行，勇往直前。一颗颗棋子，化为儿童心中的一首首童谣，一个个故事，口口相传，凝聚力量。

实小学子，从学棋中学做人，在对弈中修品德。就这样，礼义仁和、温良恭俭让等美好品德在他们心中萌发至善之芽。

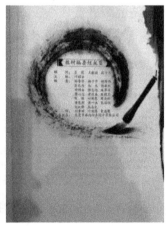

图2-9

3. 以棋习性，开出至美之花

学校致力于以中国象棋文化推动学校的美德文化建设，只要您漫步在实验小学，象棋广场、象棋长廊等独具特色的校园文化设计，将给您带来不一样的惊喜。一进校门，象棋广场便映入您的眼帘。那是一个宽大的广场，那是一个放大的"棋盘"，给人以规则、严谨之感。孩子们时而在棋盘上探讨象棋的故事，时而把自己化身为棋子，行走其中，成了校园中一道迷人的风景线。实小学子爱下棋，悟棋道，棋文化融入舞蹈元素，形成了实验小学独具特色的象棋舞蹈。孩子们披上"铠甲"，变成一颗颗灵动的棋子，他们把平日所感所悟呈现为优美的舞姿，伴随着悦动的音乐，让至美之花在校园绽放。

传承优秀文化，唱响传统歌曲。以棋养德，以棋修身，以棋习性，优秀传统文化在儿童心中扎根、萌芽、开花。以独具特色的象棋舞蹈为核心，以年级为单位，以班级为基础，棋文化在实验小学的校园里绽放异彩。您听，"来来来来来来，下象棋下象棋，驰骋经纬理万机……"一首《象棋天地》在耳边久久萦绕。您看，飞象过河、炮马争雄、举手无悔、乐在棋中……一个个四字词语跳入儿童心中，关于勇敢、关于严谨、关于优雅、关于自信……中国汉字蕴含字理，四字成语饱含哲思，而它们终将化为儿童心中最强大的信仰。

依歌伴舞，诵读践行。在实验小学的校园中，美德文化建设并不是单一的说教，它有着旺盛的生命力和强大的内驱力。实小学子朝气蓬勃，以自己喜爱的方式来传承文化之美。

图 2-10

4.以棋育人，结成致远之果

　　来实验小学学习的学子是幸运的，从踏入校门的那一刻起，他们便接受了优秀传统文化的熏陶。学校大力推进校园美德文化建设研究与实践，把中国象棋教学引进课堂，一至二年级设置每周两节象棋活动课，三到六年级设置每周一节象棋活动课。学校有固定训练场地，还专门聘请了石龙镇棋协叶鸿恩老师和有着"东莞棋王"美誉的蒋业彬老师到学校授课，同时邀请了中国象棋特级大师吕钦、柳大华亲临学校，指导实验小学象棋文化建设工作，推进学校美德文化建设实践工程。

美德文化建设持续推进，学校以棋育人，学生学棋艺、悟棋道，慢慢地结成了致远之果。2010 年开始，师生获市级以上各类棋王比赛个人奖励37 人次，团体获市级以上奖励 29 次。2020 年中国象棋网络定级赛中，在校学生获得十三级棋士 19 人，十四级棋士 34 人，十五级棋士 28 人，十六级棋士 11 人。良好品德的渗透，润物细无声。近年来，学校涌现了一批又一批品学兼优的学子，如吴雅丽同学荣获"广东省优秀少先队员"、郑旺达等同学荣获"石龙镇优秀少先队员"。良好的开端是成功的一半，未来，石龙镇实验小学将以更矫健的步伐，走在美德文化建设研究与实践的路上，培养一批又一批朝气蓬勃、勇担时代重任的好少年。

【结果与反思】

石龙镇实验小学高度重视校园美德文化建设，积极推进校园美德文化建设研究与实践工程，以叶耀全校长为核心，以学校行政为主导，在全体师生中抓落实，制定了自上而下的、系统性的研究与实践体系，具有持续性、可操作性、有效性。以棋养德，以棋修身，以棋习性，以棋育人，文化的内涵在师生中渗透、传承与发扬，于悄然无声处扎下至真之根，萌发至善之芽，开出至美之花，结成致远之果。学校自推行美德文化建设研究与实践以来，学生素质明显提升，变得更加彬彬有礼、更加自信大方、更加严谨好学，教师的奉献意识也在增强。教师们纷纷表示，学生素养提升了，班级管理也轻松了，课堂教学更加高效了。

一个个鲜活而独具代表性的案例表明，实验小学的美德文化建设实践是有效的，但还可以做得更好。因为教育是多方面的，如果把学校美德文化建设的范围扩大，推及学生家庭，推及学生的校外实践，形成有跟踪、

有反馈、内外联动的完善体系，则会更好一些。

（案例原作者：东莞市石龙镇实验小学　吴素雯）

【案例点评】

中国象棋文化有着深厚的历史，石龙镇实验小学巧抓机遇，把学校品牌建设与校园美德建设相融合，走出一条属于实小人特有的路子。吴老师立足学校实践，紧扣学校美德文化建设研究与实践的主题，列举出的案例都极具代表性，值得推荐与学习。

第三节　班级文化理论

一、班级文化的概念

美国教育社会学家沃勒在《教育社会学》（1932）中关于学校文化的论述，开班级文化研究之先河。班级文化是一种个性文化，它代表的是一个班级的形象，体现了班级的生命。另外，它是班级全体师生共同创造的财富，是全体师生共同劳动的结晶。班级文化建设是动态化、发展性的系统工程，会对班级师生产生潜移默化的影响。

班级文化是一个班级的灵魂，是每个班级所特有的。班级文化涉及与班级有关各类人群的情况，包括我们以往比较关注的学生与学生之间的关系、师生之间的关系，甚至我们容易忽略的教师之间以及教师与家长之间的关系。因此，班级文化的营造要求我们纵观诸如此类的情况。

班级文化可分为"硬文化"和"软文化"。所谓硬文化，是一种"显性文化"，可以摸得着、看得见的环境文化，比如教室墙壁上的名言警句、英雄人物或世界名人的画像，在美德文化墙上展示的学生日常表现，能激发学生学习兴趣的知识长廊，悬挂在教室前面的班训、班风等醒目图案和标语等。而软文化，则是一种"隐性文化"，包括制度文化、观念文化和行为文化，如班级制定的日常行为条例、美德教育约定等。这些思想文化弥漫在班级的各个角落，潜移默化地影响着学生，并从学生的言谈举止和精神面貌中表现出来。

二、班级美德文化的特征

陶行知说过："因为道德是做人的根本。根本一坏，纵使你有一些学问和本领，也无甚用处。"当前，教育部门一直强调必须把学生培养成德、智、体、美、劳全面发展的新时代青少年，以适应新时代的需要。欲成才先成人，因此学校应该树立起美德的标杆，班主任应该抓好一切可调整的机遇去打造适合学生发展的班级文化。

（一）向上性与教育性

自学校开展美德教育以来，很多班主任在班级文化建设方面探索了新思路，进行了新尝试，取得了新突破。基于学校的美德教育情况，以顺应其发展趋势，笔者大胆地将"有序、专注、守时"等美德融入班级文化建设的内容当中，极力打造"求真向善、团结进取"的班集体。笔者首先从班级文化理念开始，以《中小学德育工作指南》为引领，结合学校的美德教育这一大方向，确立本班的班级理念——求真向善，引导学生求真务实，积极乐观，善待周围的人事物。再者，笔者确立班级前进的总体目标：成为一个团结进取、积极向上的班集体。一个班集体只有拧成一股绳，具备集体向心力，才能取胜。

（二）制度性与民主性

国有国法，家有家规。班集体凝聚的是五十多名学生的力量，因此班级制度的制定尤为重要。这就需要班主任带领本班学生制定符合本班特点，并且适合本班学生的班级制度或者日常管理条例，将学生日常行为习惯的培养落实到每条具体的细则当中。当然，班级美德文化建设在讲制度性的同时，也要讲民主性。在这个方面，我们班充分发挥了班干部的作用，实行班干部管理制，由班干部进行日常行为的监督，班主任发挥辅助的作用。如此一来，既调动起班干部的积极性，也激发出学生的集体意识。

（三）内隐性与长久性

班级文化具有显性特点，也具有隐性特点。在结合美德教育内容来打造班级文化的过程中，班级文化主要以价值观的形式出现，潜藏在班级学生日常的思想观念、行为习惯中，对学生的影响是潜移默化的。换句话说，当班主任将美德教育融入日常的班级制度、奖惩制度、评价制度等方面的过程中，学生潜意识已经受到影响，并通过实践行为将这些美德内化成自己的思想品格，从而对其成长产生深远的影响。

三、班级美德文化的作用

（一）班级文化聚人心，学生自主得发展

在美德教育的影响下，班级文化建设很好地解决了班级缺乏向心力这个问题。班级文化寄托着班级全体成员共同的理想和追求。以"葡萄藤中队"为例，班如其名，像葡萄藤一样成为一个团结进取、积极向上的班集体。

创建之初，班级成员之间都达成共识：我们就要成为一个这样的班集体。随着日常管理条例和奖惩制度的落实，学生之间的矛盾变少了，学生自身变自觉了，积极性也提高了，从而班级荣誉感也变强了。每一位学生在成长过程中都能学会自主管理，提升自己。

（二）班级文化养美德，去除陋习促成长

两年多的实践证明，美德教育和班级文化建设是相辅相成、相互促进的。在日常的班级管理中，班主任要有意识地将美德教育融进学生的思想观念当中。美德习惯有助于学生各方面的提升，从而推动着班级文化更好地形成。再者，当更好的班级文化形成以后，学生便有意识地追求更高的道德水平，同时通过以面带点的方式，促使部分学生不断自己改正缺点，去除身上的陋习。

第四节　班级文化建设实例

一、灌溉、孕育、修枝、秋收

【案例背景】

作为毕业班的班主任，同时作为一个入行不到四年的教师，笔者一直在班级管理工作中不断摸索，好不容易有了些成果：2019 年，我们班被评为"广东省少先队红旗中队"；2020 年，被评为"东莞市少先队红旗中队"；同年，笔者也被评为"寮步镇优秀班主任"，学生曾倩被评为"南粤美少年"，还有其他一系列的奖项。

但是，获得荣誉的背后是心酸。回想起这个班三年级的时候，笔者还

是捏了一把汗。当时班上共有 52 人，男生有 29 人，女生有 23 人，其中来自单亲家庭的有 3 人，来自重组家庭的有 1 人。于是，笔者总结出最主要的班风问题：1.缺乏集体向心力；2.班上的"四大天王"太调皮了；3.单亲、重组家庭给学生带来的影响。这对笔者这个新手班主任无疑都是棘手问题，但这也激发了笔者主动学习，深钻业务，寻找突破口。打蛇要打七寸，既然是班风出现了问题，那么笔者就以班风为抓手，再者，结合我校美德教育并将其融入学生日常教学中，使学生受到启发，得到成长。

【案例主题】

在美德教育之下的班级文化建设，就像是栽花人在花园中栽花一样，需要手握锄头和犁铧，默默坚守与耕耘。本案例以本班为例，阐述美德教育之下的班级文化建设策略。

【案例描述】

1.灌溉篇：育人为本，德育为先

刚接手班级，笔者就从孩子们口中听说，班上有"四大天王"，分别坐在每个大组的最前方。果不其然，四位"天王"个性鲜明，行事风格与众不同。往后的日子里，课前课后的他们成了教师们的追踪目标。加上新手带班经验不足，各种班级问题暴露无遗。所幸的是，笔者一直坚持着自己的育人观，后来开始想方设法整治。笔者首先把目标放在"四大天王"身上，向前任教师、班内学生了解他们的习惯、爱好、生活，甚至是他们喜欢的、讨厌的人和事……其中最耗费心力的就是小杨同学。他最初与老师的对话就只有几个字：不是、不知道、不要，固执得让人抓狂。

在当时糟糕的局面下，笔者坚持"育人为本，德育为先"的理念，以

《中小学德育工作指南》为指导，结合学校美德教育课程开展班级文化建设。笔者首先建立"葡萄藤中队"，它的理念是求真向善，目标是成为一个团结进取、积极向上的班集体，口号是"一班的精神，不一般的干劲"。

整整一年的磨合期就像一场没有硝烟的战争，所幸的是，我们没有两败俱伤，反而同为盟友，共同成长。四年级开始，笔者就结合我们学校的"美德教育"，制定了班级管理制度，并在班里物色了一批得力助手，再结合"班级优化大师"这个法宝，实时将学生的表现反馈给家长。奖惩制度一实施，学生们表现十分积极，家长也经常询问和跟进孩子的情况。

教育绝非纸上谈兵，在对学生的美德教育上，笔者一向注重"知行合一"，引导学生从"学"中"悟"。

2. 孕育篇：沟通助力，家校共育

仅仅凭借一己之力是难以取得可喜的成果的，所以，笔者还有一个制胜的法宝，那就是"家长"。在"沟通助力，家校共育"这个方面，笔者遵循三个原则：（1）盟友原则，与家长结为孩子成长的共同体；（2）及时原则，对于孩子的问题，及时与家长沟通，荣辱与共；（3）正面原则，关注孩子成长的闪光点。

每位家长都希望班主任能够关注自己孩子多一点，因此作为栽花人，必须得尽可能做到雨露均沾。对于不同程度的学生，笔者有着不同的家校沟通策略。班级优等生几乎是品学兼优的，但是满足当下，无异于井底之蛙，因此笔者会提醒这部分学生家长善于引导孩子树立更高的目标，如多尝试竞赛活动，从中收获经验、找到差距、提升自我。中等生是潜力股，一般分为两种：一种是因缺乏自信，容易妄自菲薄，另一种是轻狂自负而不自知，他们都有机会进入优等生行列。面对前者，笔者会不吝啬地向家长肯定孩子的表现，激励孩子大胆往前走；面对后者，教育他们并不比后进生轻松，必须跟家长站在统一战线斗智斗勇，晓之以理，动之以情，必要时给他们发出一些警告。联系最为密切的，要数后进生家长了。孩子习惯差，学习积极性不高等问题在家长眼中成了烦恼，即便是再有耐心的家长也会有力不从心的时候。作为一条阵线上的盟友，笔者经常给家长分享孩子进步的点滴，鼓励家长重拾信心，一同找到适合孩子的教育方法。

家校共育是美德教育发展的枢纽，在美德教育课程的引领之下，与家长进行多方面的沟通，获得家长信任，班级文化氛围也因此而得以优化。

3. 修枝篇：巧借"犯错"，去除陋习

重视错误，及时改正，也是一种美德，知错能改也成了班级新风尚。学生犯错再正常不过，倘若我们能够充分利用学生犯错的机会，进行一番引导，就像对花草树木进行修剪，则会让它长得更茂盛。记得上学期，班上的小罗同学成绩突然下降。有一天下午没来上学，笔者询问家长后才知道，他最近迷上了玩纸牌，被妈妈发现了。妈妈一气之下把他关在房间里，让他闭门反思。笔者一边和家长交流，一边平复家长的情绪。笔者说："您如果愿意相信我的话，就把孩子带到学校，我跟他聊聊。"待小罗同学回校后，笔者跟他聊了将近一小时，话语当中没有生气，没有责备，更多的是疏导和化解。聊到最后，笔者问了他一句："你愿意努力一下吗？"他说："我试试！"后来笔者看得出他真的很拼，期末竟然拿到了"学习标兵"。就这样，笔者抓住了孩子宝贵的"犯错"，去除陋习，让其渐渐成为更好的自己。

笔者一向跟学生说："我不怕大家犯错，我只担心大家犯了错却不改错。"经过这样耐心地"修枝剪叶"，学生才能展示更"美"的自己。

4. 秋收篇：不负韶华，静待花开

成长是日积月累的收获，教育是持之以恒的润物细无声，教育不会立竿见影，需要我们耐心地守候，做一个坚守教育的"栽花人"。经过三年多的培育，缺乏集体向心力的班级成了"省红旗中队"，曾经的"四大天王"进步不少，小罗成了笔者的得力助手。这不得不归功于学校开展的美德教育，给笔者的班级管理带来了灵感和方向。

【总结与反思】

作为毕业班的班主任，同时作为一个入行不到四年的教师，笔者一直在班级管理工作中不断摸索，终于取得了些成果。

但是在获得荣誉的同时，笔者还看到自己的不足和未来努力的方向。

第一，进一步强化家校合作力度，让更多的家长参与其中，首先是以点带面去扩大辐射面，然后是以面带点地影响极个别特殊学生的家庭，让美德之风吹入更多的家庭，从而推动班级文化建设。

第二，尽可能关注更多的后进生的美德表现，通过美德教育，提升这部分学生的积极性，从行为习惯开始抓起，从而让他们自主地发挥能动性去提升学习方面的自觉性。

第三，加强宣传学生的优良行为表现，让美德之风影响班级，乃至每一位学生的家庭。

班级文化建设是打造优秀班集体的一个持久性的举措。本班级在学校美德教育的引领下，通过实践构建出良好的集体风貌，不仅推动着班级的发展，还影响着每一个个体的健康发展。

未来可期，笔者相信，只要不放下手中的锄头和犁铧，芬芳自然会四溢。在美德教育工作的引领下，在我们的默默耕耘和守候下，愿我们所有的老师都能如愿以偿，用责任与担当写出班级文化的新篇章。

（案例原作者：东莞市寮步镇中心小学　邓颂恩）

【案例点评】

以上案例介绍了实践过程中的一些具体做法。案例原作者作为一名年轻班主任，确实在带班方面存在着一些不足，缺乏一些经验。有一些班级管理上的措施可以更加细致一些，考虑得更加周到一些。如果在往后的教学过程中能够更加善于去捕捉班级学生的学习生活碎片，细致分析，这无疑是自己教学过程中的一大进步。

二、记录闪亮瞬间　点缀成长星空

【案例背景】

新媒体网络时代正迅猛地改变着人们的生活和学习方式，微信已成为家校沟通必不可少的工具。在"互联网＋教育"的大环境下，以及香市第一小学校园文化宣传理念与校级微信公众平台的引领、辐射下，一年级七班"星星中队"开设了班级专属微信公众号"星星写话"，将班级活动、学生作品、新年祝福等展现在班级专属微信公众平台上，用图片、文字与视频等多样的形式记录与宣传班级特色文化，给学生打造展现个人才艺的线上平台。这不仅将班级特色文化推广出去，形成积极向上、创新分享的良好班风，更让学生、教师、家长紧密相连，班级、学校与社会密切沟通，形成开放互动的学习、分享新平台。

【案例主题】

班级微信公众平台是网络时代下学生的一个小舞台，也是一张靓丽的班级名片。香市第一小学一年级七班鼓励学生用自己独特的方式发光、互相照亮，形成一片闪耀星空，将每个学生喻为星星，班级名定为"星星班"。为了更好地宣传班级文化、记录每一颗小星星的成长、给小星星们一片展示个人才艺与发表个人感想的平台，创建"星星写话"微信公众平台，打造一个紧跟时代、分享交流、创新多样的班级小天地。

【案例描述】

1. 思想引领，宣传班级文化

共同的教育理念、一致的培养目标、积极正能量的舆论导向，对一个班级的建设与发展是非常重要的。因此，"星星写话"班级微信公众号建设的重要目标就是做好思想引领，通过学生一点一滴的校园生活展现班级文化，营造和谐向上的班级氛围，让班级文化与建设理念得到学生与家长的认同，进而更好地开展各项班级活动。

对一年级新入学的小朋友而言，小学生活是未知与充满好奇的，每一天的校园生活都像是一场探险，各位家长朋友也非常关心孩子的校园生活。在根据学校办学理念以及班级学生特点确定班级文化之后，就及时将班名、介绍、口号、学习计划等以图文并茂的形式在微信公众平台推出，并且以"我是小学生""班级小主人""快乐学习吧"等每两周一个主题培养目标进行总结，全面展现刚入学小朋友的成长轨迹，让学生、家长以及其他读者在真实的校园生活记录中更好地了解班级氛围与文化理念，让班级文化与学生培养目标得到家长的了解与支持。

一年级七班的小星星们走进快乐的香市一小，翻开新奇的课本，成为一名一年级的小学生已经快两个月啦。新新的九月，美美的十月~小星星们克服起床困难，轻嗅智慧芬芳，拥抱新的朋友，培养良好习惯，努力适应新生活！

我们是43颗闪闪发光的小星星，天赋异禀，都有着自己最独特的发光方式。

我们努力发出点点星光，照亮彼此，照亮我们的小学生活。

入学以来的这七周，为了帮助小星星们更好适应小学生活，激发学习兴趣，培养好的习惯，每两周我们都有一个成长主题。

第一、二周的成长主题是"我是一名小学生啦"，重在让学生转变身份，认识到自己已经成为一名小学生。这两个星期主要以绘本、童谣、故事为主，我们一起阅读了《大卫系列故事》《爸爸的袜子》《小魔怪要上学》。

图 2-11

2. 记录成长，深化活动意义

微信公众平台可以永久将班级活动记录并保存下来，以图片、文字以及视频等多样的形式呈现学生成长过程，迅速而快捷地将文稿内容推送出去，且辐射范围广，是网络时代班级宣传最佳阵地。我们班的"星星写话"微信公众平台以"及时总结、注重过程、关注每个星星"的原则，不定期推送学生成长中的小惊喜与班级活动开展过程，记录学生的成长过程，关注生命成长。

学生认真说的一个小心愿、第一次参加校园体育文化节的感受、共度元宵佳节的美好记忆，都及时以图文形式记录，将美好记忆定格下来。及时的记录与宣传，可以让活动与学生的成长更有仪式感，深化意义，让学生与家长、教师都在每件事中有所思、有所得。

03 红包做灯笼，幸福再传递

家庭志愿者妈妈们教孩子
用新年利是封做灯笼
欢乐的气氛中
孩子们不仅熟悉了元宵习俗、了解了民族传统
也培养了动手、创造能力和合作精神

心中有梦，脚底有风 | 我们的第一个体育文化节

多图，慎点......

2020年12月12日

小星星们用这样独特的方式感受数字奥秘、走近诗词世界

一颗颗小星星充满好奇心，我们一定尽最大努力，把他们的好奇心放在心上。

孩子们最喜欢的是故事，在多姿多彩的故事里，聆听花开的声音；在想象奇特的故事里，感受梦幻的气息。为了培养学生的阅读能力和表达能力，让学生更加大胆、自信地展示自己，第一节107星星故事会隆重召开啦。

伴着春节未退去的洋洋喜气
伴着南国暖春的和煦春风
我们开学啦！

图 2-12

3. 自我展示，促进多元发展

"星星写话"微信公众平台创立的初衷就是：让小星星自由表达、大胆记录、积极表现。这就是他们的一个动态小舞台，可以展示他们的书写、绘画作品，以及各项才艺。例如，朗诵、舞蹈、运动等都可以通过录音或

者视频拍摄的方式在这里呈现。这些资料是鲜活的成长档案，记录着学生、家长和教师成长的点点滴滴，促进师生、家长共同发展，进而鼓励学生多元发展，培养个人兴趣爱好，成长为一名全面发展、有追求、有理想的小学生。

图 2-13

"星星写话"展现了学生们在运动场上的风姿、乐高 WEDO 课堂的创造力、迎新会的舞蹈表演以及课间一次助人为乐的行为等，让每一个小星星找到自己的特长与闪光点，使学生认识到自己的努力与闪光点会得到关注与认可。这样的方式更能引导每个学生在不断的尝试中找到最真实的自我，发展自己的优势，成为更好的自己。

4. 创新多样，开展线上活动

随着互联网的发展，现在越来越多的活动、比赛都以视频录制、在线提交的方式记录，运用网络资源、提取有效信息、参加线上比赛也是信息时代学生需要掌握的技能。班级微信公众号也是一个学习平台，可以将学生视频等形式的参赛作品进行展示，开展线上主题活动。等学生到了高年段，就可以在"星星写话"微信公众平台上更多地发声，他们还可以尝试作为公众号运营的管理者，在这个平台上创新创造，全面接触网络与自媒体运营。

01 动植物类

谁和谁好? 鱼儿和水好。
水往哪里流，鱼往哪里游。
谁和谁好? 青蛙和禾苗好。
青蛙吃害虫，禾苗欢欢笑。——莫雨芳
谁和谁好? 大树和鸟儿好。
大树摇一摇，鸟儿跳一跳。——赵健之
谁和谁好? 植物和水好。
植物喝饱水，精神立抖擞。——钟灏林
谁和谁好? 花和草好。
你和我好，开和关好。——徐可欣
谁和谁好? 花盆和花好。
花盆往哪里放，花往哪里长。
谁和谁好? 青蛙和庄稼好。
青蛙呱呱叫，庄稼哈哈笑。——朱煊
谁和谁好? 大树和叶子好。
大树长到哪儿，叶子就到哪。——胡龙伊

22
我想你心里一定住着一个很可爱的小天使，在这位小天使的陪伴下，你成长得很好，温暖又善良，热情又爱笑，是我们都愿意结交的好朋友。老师希望你能拿出勇气，坚强战胜成长中的困难，成长为独立又坚强的女孩。你的语言能力非常好，希望你坚持阅读，通过文字朋友了解更广阔的天地，积累扎实的文化底蕴。

24
你有一颗纯真的心，你的笑容如春风洋溢。这学期以来，你长大了许多。现在的你上课非常认真，读书有感情，最让老师欣慰的是，你积极举手回答问题，而且声音响亮，逐渐形成了良好的学习习惯。学习成绩稳步提高，我真为你高兴。老师想说的是，细心细心再细心，你会有很大进步，只要再努力一下，你的字就可以写得漂亮，老师和你一起进步。

图 2-14

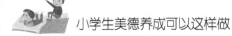

借助"星星写话"平台开展主题线上活动，家长、孩子都可围绕主题进行投稿，如母亲节我向妈妈说一句祝福、创意美术作品线上展示、《谁为谁好》仿写征文活动等。不同学年段可以用不同的方式进行书写与表达，如低年段以绘画与文字表达结合进行创作，激发学生创作兴趣。教师也可通过微信公众平台给予每个孩子鼓励与评价，让这里成为孩子们学习、沟通、分享的乐园。

5. 家校合作，追求幸福未来

微信公众平台是学生、家长与教师互动的平台，这里属于班级中的每一个人，人人都有表达观点与抒发情感的机会。借助微信公众平台，我们鼓励学生多样表达，如新年以视频录制的形式为大家送上祝福，既跟上网络时代发展，又鼓励每个学生自信大胆表达。在一年级第一学期，拼音学习是语文学习的难点，课后辅导作业让家长心力交瘁。我们借助平台将有经验家长的辅导形式以视频录制的形式分享给各位家长，推广课后"读拼音、用拼音"的良好学习方法。我们还借助平台开展亲子共读，帮助每个家庭更有方法、方向地进行亲子活动，营造班级内亲子互动、阅读交流的良好氛围。

"星星写话"让我们着眼未来，培养能够更好地运用和参与网络学习的孩子，让他们掌握现代社会必备能力；让更多孩子的个人优势与成长过程得到关注，鼓励他们发挥优势，追求自我成长；让更多家长理解活动意义，形成良好亲子关系与家庭氛围，共同培养具有幸福生活能力、学会爱、懂得爱的学生。

我的第一篇绘画日记，是送给您最好女神节礼物
2021年3月9日

自我探索
2021年3月5日

传统文化项目学习课程1 | 巧手闹元宵，传承中国味
2021年3月2日

我抽到的新年祝福是——乐哈哈，牛哄哄
2021年3月1日

图 2-15

香市第一小学"星星写话"班级微信公众平台，创造性地把传统教育和现代信息技术有机融合，打破了教育的时间、空间壁垒，让教室动态得到展现、成长过程得到关注、学生多样发展得到肯定，真正实现了开放与共享，更好地推动了家校共育。微信公众平台这个小小媒介，带给班级无限精彩，推动班级中的每一颗小星星面向未来，争取幸福，更好地在成长的天空中发光发亮。

【结果与反思】

香市第一小学一年级七班微信公众平台"星星写话"自 2020 年 11 月创建起反响良好，得到了班级内学生、家长、教师以及爱好教育者们的积极关注与转发，记录了本班学生自入学之时到一年级第二学年的成长，并且还将继续记录下去。截至目前，累计阅读量已达到 3800 余次，其中《今日双十一，最应该收获的是快乐》阅读量高达 448。部分文章荣幸入选香市第一小学师生记录册，刊登校园网。

"星星写话"微信公众平台建设与成功运营的案例，充分说明了新媒体时代借助网络平台，打造学生电子记录册是非常重要的。这可以是一个

舞台，让学生展现自己多样的才艺，鼓励学生多元发展；这可以是一个成长记录册，让学生日常学习生活的点滴得到关注与发现，放大学生的优点与进步，顺势扬长，帮助学生成为更好的自己；这可以是一个交流瓶，给学生与家长提供分享、沟通的机会，让大家都有一个表达与言说的平台。

"互联网＋教育"时代下，不仅教学需要新媒体技术丰富课堂，班级管理也需要跟上时代步伐，以实现网络化、动态化与形式多样化，这样才能培养出善用网络、未来视野、多样发展的学生。

（案例原作者：东莞市寮步镇香市第一小学　高媛）

【案例点评】

该案例能够抓住"培养面向未来的学生"这一理念，充分运用网络、关注多元、及时记录，打造班级特色名片。首先能够以学生为中心，以学生发展为核心，给学生搭建多样的自我展示平台；其次紧跟时代发展，运用网络、借助新媒体，打造不一样的班级记录册，同时也让学生具有会用、善用网络的意识；除此之外，通过记录推广让班级文化深入人心，起到育人效果，营造积极向上、创新活泼的班级氛围。该记录与宣传方式，具有借鉴意义。

三、绿水汇集　无懈可击

【案例背景】

苏霍姆林斯基说："孩子在他周围——在学校走廊的墙壁上、在教室里、在活动室里——经常看到的一切，对于他精神面貌的形成具有重大的意义。这里的任何东西不应当是随便安排的，孩子周围的环境应当对他有所诱导，有所启示。"我们知道 21 世纪教育的四大支柱是：学会求知、学会做事、学会合作、学会生存。那么，我们面对一年级的学生应该站在何种高度，如何引导呢？笔者秉承"真实、全面、共享、开放"的理念，坚守"让儿童站在中央"，根据学校文化，以"水能"为班级核心文化。笔者所带班级一（1）班取名"绿水"，原因有三：（1）源于学生熟记的诗句"白毛浮绿水"，以拉近距离；（2）植物根部的土壤存储的雨水（看不见的水），以表示努力蓄能，传递殷切希望；水为天之气、地之灵，姿态万千，活力无限，以传达不忘初心之愿。同时，笔者制定班训"有担当有格局，努力蓄能贡献力量"，通过一系列活动对学生进行情感的陶冶、健康审美力的培养以及健全人格的塑造。

【案例主题】

新时代背景下，一年级学生有着时代的印记，他们更具个性，对审美的要求更高。但是，无论哪个时代的一年级学生，都会面对同样的问题：从幼儿园升到一年级，如何适应不同的校园生活，如何学习课堂规则，以及如何在班级中找到自己的定位，实现自己的价值。教者之爱生，则为之计深远。要让一年级学生融入班集体，形成团结的班风，关键是引导学生学会认识自己、与他人合作，不断蓄能，为自己的点滴进步而喝彩。

【案例描述】

古人云："蓬生麻中，不扶自直。"同样，办学办的是"氛围"，育人靠的是"风气"。好的班风和学风能够为学生学习成长营造好气候，创造好生态。基于从众心理效应，班级风气能形成引导全体学生积极向上、共同进步的强大精神力量。基于任教的一年级学生特点与不断学习美德教育理念，笔者对班级文化建设进行了优化和改良。

1. 增强归属

班风是一个班集体所特有的占主导地位的行为习惯和群体风尚，体现为一种独特的心理环境，它稳定而具有导向性。在一个班级里，班风的力量最大、影响最广，它无处不及、无微不至。学生置身其中，会在不知不觉中受到影响和驱动，从而表现出与班级大多数人相一致的观念或行为，这便是所谓的"风化"。而好的班风形成，需物质文化建设以及给学生创设机会参与班级建设，更需班级活动推动。具体做法如下：

（1）物质文化建设

①收藏生活点滴，班级有我

紧跟班级精神文化建设，收藏学生生活点滴，将其作品作为班级物质文化建设的材料，可分为四大部分：

第一，"水滴石穿"（书写）；

第二，"源头活水"（阅读）；

第三，"柔情似水"（情商）；

第四，"水能载舟"（合作）。

笔者通过多方面展示学生的作品，让学生不仅增强了主人翁意识，也学会了欣赏班上同学的作品，互相学习，共同进步。

②调动参与热情，班级做主

每位学生作为班级的主人翁，都要学习如何为班级的发展奉献自己的力量，自己做好自己的事情，并提醒同学变得更好，从而让自己的班级变得更优秀。具体方法如下：

第一，水凝而成冰（发现问题）；

第二，水舒缓为溪（描述问题）；

第三，水浩瀚为海（解决问题）。

③感受情感变化，私人订制

水为云、为气、为雾、为露、为冰、为雪、为潮、为瀑，笔者通过观察，定制学生"个人情感预报"，并及时疏导。

笔者以水为元素定制班徽、班服、班章、奖杯、"领读员"胸章等。学生都希望自己能早点到教室，因为可以戴胸章；帮助同学可以得到教师的印章，到教室有所期待，满心欢喜。

图 2-16

（2）参与班级建设

①自主选口号

学生通过投票选出班级口号。根据一年级学生的特点，投票操作如下，每个选项只能选一次，已投票的学生需站到指定的位置。

a.绿水汇集，无懈可击

b.绿水一班，水滴石穿

c.绿水齐量，一班别样

d.绿水齐量，魅力绽放

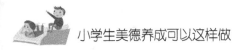

②自信选班干

班主任明确班干部选举的规则，规划班干部的发展。学生不断努力，自信、大方上台参与竞选。

表2-1　101班班干部团队建设

把孩子变成未来需要的样子（主见＋主动＋能干）		
自身具备	班级归属感	1. 认同班级文化
		2. 主人翁的态度
	自我认知力	1. 自我评价：优点＋缺点
		2. 高效执行力：反思＋步骤
	构建个人信仰	1. 明辨是非
		2. 团队意识
观察	自我	1. 自我情绪感知力
		2. 自我行为再现：你当时说了什么＋做了什么
	老师	1. 面部表情：学会观察
		2. 说话语气：学会判断
	同学	1. 面部表情＋说话内容（原话）
		2. 面部表情＋具体动作
沟通	自我沟通	1. 表达个人感觉：你当时什么心情（感觉）
		2. 脑海回放情景
	与师交流	1. 判断时间＋地点＋心情
		2. 练习表达态度＋语气
	与伴对话	1. 换位思考（怎么说，同学才会遵守）
		2. 可行建议（怎么做，同学才会配合）
发展	思维境界	1. 保持高效学习力：寻求帮助
		2. 整合信息敏锐力：发现问题
	自我反思	1. 当时这么做的原因：你当时为什么这么做
		2. 设想以后可以怎么做
	执行能力	1. 老师跟进：同学＋家长（有什么变化）
		2. 制定评价表，学生自行跟踪一周

表2-2　班干部竞选细则

竞选要求	个人魅力	1. 有责任心
		2. 有集体荣誉感
		3. 说话大声，执行力强
	个人学习	1. 学习成绩中上
		2. 主动学习
		3. 不断挑战自己

续表

竞选准备	个人准备	1. 平时严格要求自己
		2. 准备竞选稿子
		3. 练习台风
	同学观察	1. 自我管理能力
		2. 主动帮助他人
		3. 集体意识感强
竞选标准	老师（60%）	1. 学习成绩中上（20%）
		2. 积极主动为班级奉献
		3. 家长配合
	同学投票（40%）	1. 公平公正
		2. 认真严肃
		3. 平时观察

③自觉要劳动

劳动最光荣，学生通过值日参与班级建设。首先，根据一年级学生爱表现以及爱被老师表扬的特点，班主任可以先在班级里铺垫：做好自己的事情，才可以在教室值日，且在学生自觉之后，在班上大力表扬。接着，班主任将班上学生分小组，选好小组长，并不断示范值日，引导学生学会值日。每组值日后，班上其他学生进行评价，若小组表现好的，则点赞，若需改进，大家一起想办法。一周后，评选最佳值日小组。

班主任通过以上方式可以充分调动学生参与班级活动的积极性，提高学生作为班级主人翁的意识。

2. 优化活动

美德教育把教育置于人的活动之中，是人活动的一部分，是人的价值体现的方式，也将文化的智慧传承给每一个人，使所有的个体以人的方式即自由的方式而生活。

（1）多彩理念

班主任要不断学习优秀教育理念，如肯定进步、看见努力、及时引导，适当"延迟满足"、正面管教教步骤、"你说我听"沟通法等。教育无处不在，我们要在学生行为规范的细节中，抓住教育的契机，从而引导学生认识自己，学会解决问题。班主任也要不断进行反思，形成文字记录。

图 2-17

（2）多样活动

美德教育必定在德育活动中落实，我们根据学校的安排或者班级制定的"换换日"来开展主题活动，如感恩卡片制作、祝福手抄报、手写心愿卡、点滴集印章、小舞台展示自己等。

图 2-18　一小全息运动会

（3）多种仪式

仪式感能提升幸福感，在活动中增强仪式感可以让学生更重视自己的言行，提升自己的内驱力。

图 2-19　一年级下学期开学第一天

①一日一清

每天利用饭后 15 分钟全班交流。学生以自己的学习为中心，留意自己的言行，不断强化自己做得好的地方，也互相学习。

②一周一汇

每周五汇总班级情况，以问题"这周班里发生什么有趣的事了吗，哪些让你印象深刻"引导学生表达自己在学校的快乐见闻，分析自己的所学所得，将现在的自己跟过去的自己比。每周评选出"自律""坚持""进步""积累"水滴奖。

图 2-20

③一月一结

每个月汇总四周来的情况，提炼最常见的 2 个问题，全班讨论交流解决办法。

班主任可以通过以上的"三个一"，规范学生的学习习惯和行为习惯。

小小绿水滴，满满希望袋，学生带着希望不断壮大力量，更好地走向未来。

3. 家校合作

孩子的成长离不开家长的陪伴，孩子的学习也离不开家长的关注，孩子汲取养分路上需要家长的保驾护航。家校合作是我们沿途最美的风景，孩子、家长、教师一起创造未来。美德教育体现在奉献行动中，而家长的以身作则，树立榜样，则是学生美德教育的又一素材。班主任需调动家长参与班级活动，可以从以下几方面着手：

（1）温暖家长

引导学生见到家长到班级参与活动时要及时问好；并在每次活动结束后都全班起立看着到场家长，真诚地说声谢谢；及时用温暖的文字和图片，在班级群里肯定奉献的家长；引导学生回到家也跟自己的父母说声谢谢或者给一个拥抱，引导学生给父母送上节日卡片。

图 2-11

（2）积累素材

孩子成长是时间的杰作，家长永远是最忠实的粉丝。班主任要想寻求家校合作，就需要积累素材，如家长协助拍照片或者录小视频，或者教师通过软件制作纪念视频。家长看到这一张张图片，看到这一段段视频，感受着这一片片深情，定会更有动力参与班级活动。

【结果与反思】

经过一学期的努力，绿水一班获得了荣誉。在书写测评中，获"最佳双姿班" 2 次，获"年级最佳示范班" 1 次，获"最佳执笔班" 1 次；在

全息体育文化节中，获"道德风尚奖""班级最佳风采奖""团体总分二等奖"；在卫生评比中，获"劳动标兵班"。班级凝聚力来自班级活动，班主任作为活动的策划者或执行者，为更好地在活动中进行美德教育，可以从以下几个方面进行尝试：

（1）加强美德教育理论学习。班主任要坚持"以人为本"初心，贯彻"适顺扬长"的教育理念，不断地阅读关于美德教育的书籍或相关文献，也需更准确地掌握学生的心理特点，有针对性地进行引导。笔者坚信，每一位学生都是独特的个体，身上都会有美德，需要我们去发现、去放大、去赞美。

（2）细化美德教育活动步骤。美德教育需落实在活动中，而作为活动的策划者或组织者，我们要把德育渗透在活动的每个环节以及每个细节，也可以将美德教育序列化，从而让美德教育之花时刻绽放，熏陶你我。

（3）关注个体在集体中的定位。一年级的学生需要在集体中认清自己的位置，也就是不仅认识到自己的优缺点，更能真诚地祝福表现比自己好的同学，并在集体活动中知晓自己将扮演什么角色。如何在一个班级中找准自己的"定位"，即如何在班级中实现自己的价值，这是以后在美德教育中需关注的问题。

随着人工智能时代的到来，学生学会认识自己以及学会合作都是通向未来的一扇窗。现在，我们需将美德教育的种子播种在孩子的行为习惯中，让他们勇当时代的弄潮儿。

（案例原作者：东莞市寮步镇香市第一小学　叶梦佳）

【案例点评】

本案例中，以学校的德育理念为引领，结合一年级学生特点，对班级文化建设进行优化和改良，在班级活动中进行美德教育，让学生在活动中认识自己，发现自己，从而遇到更好的自己，在集体中更好地走向未来。

四、缅怀先烈寄哀思　谙晓习俗话清明

【案例背景】

东莞市寮步镇香市第一小学坐落在寮步镇香市公园附近，配备了现代化一流的设施设备，有迷人的风景。作为一所新学校，该校拥有全新的办学理念。在郝洁校长的带领下，学校秉承全息育人的办学理念，依照"办一所具有生命活力的未来学校"的愿景，致力于培养具有"中国心灵、国际视野、与时同行"的未来公民。岁月更替，日新月异，在时间的长河中经久不衰的，是优秀的传统文化。了解和传承中国优秀传统文化，是每一位中国人的神圣使命。香市第一小学作为一所未来学校，不仅看向未来，还必须继承过往文化精髓。"为未来而学，让探究成为习惯。"每逢传统节日，都是继承传统文化的契机。学校让孩子们在传统节日中通过探究与践行，认识中华文化，感悟其中的情怀。

【案例主题】

在仲春与暮春之交，有一个非常重要的传统节日：清明节。无论身处何地，在这个日子里，中国人都会回乡祭祖。清明节凝聚着民族精神，传承了中华文明的祭祀文化，寄托着后人对先祖、先烈的无限思念。为了弘扬和传承中华优秀传统文化，增强新一代青少年的民族凝聚力和认同感，香市第一小学开展了"缅怀先烈寄哀思，谙晓习俗话清明"主题系列活动。

【案例描述】

1. 以歌寄情，以诵表意

3月29日升旗仪式中，501班全体学生在国旗下为大家带来《清明时节忆先烈》的节目表演，在低沉有力的朗诵和深情哀伤的歌曲中，传达出他们对先烈伟绩的感念和追思。台下的师生们一片肃静，深受感动。

图 2-22

2. 认识节气，了解习俗

为了加强新一代青少年对清明节的认知与了解，香市第一小学开展了清明主题探究活动，鼓励学生在课前主动探究，在提升其探究能力的同时，培养学生对优秀传统文化的学习兴趣。学生认真搜集资料，并在班级分组展开了分享。通过此次活动，学生明白了清明节的由来与相关习俗，深入了解了清明节背后的文化内涵。

图 2-23

3. 慎终追远，缅怀先烈

4月1日下午，401中队在学校大队委的组织下和家长志愿者的协助下，怀着对革命先烈无限的崇敬之情，前往浮竹山烈士纪念碑所在地举行祭扫活动。孩子们在神圣的纪念碑前深情鞠躬，献上圣洁的鲜花，缅怀革命先烈。随后，少先队员代表致辞，追忆先烈，致以最真切的感谢。

图 2-24

在本次清明节主题活动中，其他中队也共同参与了"网上祭英雄"留言活动，寄语伟大的先烈们。

图 2-25

4.诗韵清明，吟诵经典

为传承中华民族传统文化，感受清明传统节日的独特魅力，一年级各班举办了清明主题诗歌吟诵，用稚嫩的童声传递文学的力量，在吟诵中了解古代清明节的文化内涵。

图 2-26

5.温馨清明，青团寄情

清明节气，艾草碧绿，是制作青团的好时机。本次活动中，二年级组织了亲子制作青团活动，让学生在美食制作中获得快乐，更在实践中获得知识。

图 2-27

6.绿色清明，巧做纸花

为倡导文明环保的绿色祭奠方式，三年级开展了"巧手做纸花，绿色过清明"的手工活动。随着一朵朵清新美观、圣洁素雅的纸花在巧手中盛开，清明节的意义在学生们心中更明晰了。

图 2-28

7.云端清明，精美海报

四年级组织了设计清明节电子海报的活动，学生们纷纷流露灵感，借势海报，云寄哀思。一张张精美的电子海报，承载着孩子们对清明传统的学习成果，让孩子们的巧思在清明节绽放出不一样的光彩。

图 2-29

8. 墨香清明，手写诗章

五六年级开展了书写清明的活动，学生们拿起手中的笔，在纸上书写有关清明、缅怀先烈的诗句篇章。笔墨飘香的文字间似乎传来余音袅袅，寄托着悠悠哀思，一幅幅书法作品饱含着学生们对先烈的敬仰之情。

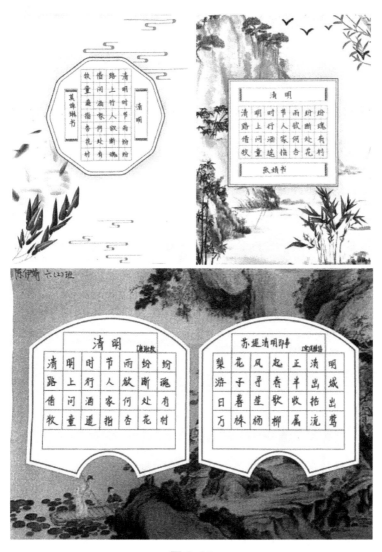

图 2-30

【结果与反思】

　　此次清明节系列活动成功开展，通过丰富的活动形式，由理论到实践，循序渐进，让孩子们度过了一个有意义的清明节，在活动中深刻地体会到清明节的文化内涵和人文价值。知往鉴今，在先烈高尚品格的感染下，孩

子们将怀着崇敬和感恩之心，传承红色精神，接过先烈传递给我们的伟大旗帜。香市第一小学将在未来不断通过各类活动培养学生认识美、爱好美和创造美的能力，塑造学生健全的价值观。

（案例原作者：东莞市寮步镇香市第一小学 张祝雅 陈迎君）

【案例点评】

美育包括很多方面，行为美，心灵美，形象美等。美育的终极，在于心灵之美。本次清明节系列活动全方位、多方面地顺利开展，让清明节的传统文化在香市第一小学的学子们心中生根，发芽。在此次活动中，学子们不仅动手做出了美的作品，欣赏了震撼的表演，还在先烈的事迹中感知了心灵美。相信在这种美的活动教育下，香市第一小学的学子们能够在生活中发现美，创造更多美的作品，用美好的心灵面对这个世界。

五、同心逐梦 超越自我

【案例背景】

首先，笔者根据态势分析法（SWOT），浅析该班级情况：

S：大部分学生学习基础及学习习惯较好，有积极进取的心态。"领头羊"在班级管理中发挥着重要作用。此外，部分学生能歌善舞，多才多艺。

W：该班级成员构成复杂，学生多为独生子女，自我意识较强，班级缺乏凝聚力。

O：以我校"有素养，会合作"的校风为指引，有效践行中国学生发展核心素养内涵中的"社会参与"。

T：家长、学校对班级的期待值高，希望该班能成为一个有特色、有朝气、有理想的团结模范班级。

然后，笔者按照我校"尽享灵动之美"的办学理念，以培养"灵动少年"为育人目标，发扬"有素养，会合作"的校风，基于班级学情，确定我班的班级美德教育目标为"同心逐梦，超越自我"。

【案例主题】

笔者以实现"同心梦"为目标，切合学生核心素养倡导的"责任担当"，要求学生诚信友善，宽和待人，具有团队意识和互助精神，能主动作为，对自我和他人负责，实现自我价值，通过系列活动，打造"互爱、互助、互惠"的优秀班集体。

班级美德教育总目标为：（1）互爱——真诚友爱，宽和待人；（2）互助——团结互助，精诚合作；（3）互惠——携手共赢，实现自我。班名为同心梦。班魂为互爱、互助、互惠。口号为同心逐梦想，齐力创未来。

【案例描述】

一个班级是由一个个小组组成的，这些小组都是独一无二的。俗话说，一个人可以走得很快，但是一群人可以走得很远。在当今社会中，会合作，有素养是一种美德，具备这个美德的孩子能够走得更远。在班级建设中，笔者分三个阶段开展小组合作。

第一阶段：（五年级上）梦初展翅

1. 合理建构合作小组

通过咨询科任教师以及查阅班级学生资料，笔者全面了解班级情况，详细分析学生个体情况，成立了 8 个实力相当的合作小组。小组建构完成后就是小组成员的角色搭配，笔者引导学生根据组员的特点，商量讨论确定小组的组长、作业官、纪律官、发言官以及记录官，保证在班级管理中人人有工作，人人都参与，人人有价值。

2.巧妙触发小组活力

小组成立后，为帮助孩子们快速地与组内成员凝聚起来，笔者组织了不同的团建游戏和活动。例如，笔者组织开展团建游戏"小草摇摆"，寓教于乐，让学生在玩中感悟小组的力量。团建活动结束后，孩子们纷纷向笔者表达了对这个活动的真切感受：有的孩子说有找到组织的感觉，也有的说对自己小组的未来充满了信心。这个团队游戏的目的是让学生明白"互信"不但需要口头承诺，更需要行动兑现。在游戏中，学生建立了对团队的信任感，产生了心灵归属感和班级认同感，提升了小组凝聚力。

小草摇摆◀

游戏规则：

组员围成一个圈圈，一组员站在圈中间扮小草，其他组员牵手。

小草喊：我可以信任你们吗？

大家喊：我们值得信任！

小草在暴风雨中前后左右倾倒，组员们牵手保护。

图 2-31

3.精心建设小组文化栏

在笔者的引领下，各小组长积极组织本组组员创设小组文化，小组成员共同商量完成小组文化海报，一起上台展示自己的小组文化成果。小组文化成果展示平台的搭建为孩子自主设定目标和制定小组制度提供了机会，增强了学生的责任感，提升了学生参与小组合作与建设的积极性。笔者这位班主任妈妈也会在背后默默地支持他们，适时提供帮助，给予他们信心。在孩子们展示的过程中，笔者一次次被他们的想法和创意所震惊。这样特别的一个展示机会也提高了孩子们的自信心，真正把学习的主动权交还给孩子们。

图 2-32

4. 日常修剪情绪枝节

在合作的过程中，学生与学生之间难免会互相抱怨，产生矛盾，也会存在一直不被接受的组员。每当此时，教师的帮助显得格外重要。笔者会在这个时候进行调节，并为他们传授一些合作小技巧。小灵同学一直是一

个孤僻的人，他情绪易爆，同学们都不喜欢和他在一起玩，笔者常在校园中看到他孤独的身影。有一天，他又因与组员们产生矛盾而争吵。于是，笔者找到他的组长小巧了解情况。小巧很不满地向笔者反映：小灵太不讲卫生了，经常吃笔，太恶心了。而且他还总是神经兮兮，动不动就大喊大叫发脾气……笔者边听边点头，表示对小巧感受的理解，与小巧共情。小巧讲完后，笔者通过自我表露的方式和她说道："有这样的一个学生，老师也很烦恼哦。但是我能放弃他吗？"小巧思考片刻后说："不行啊，因为你是他的老师。"笔者又继续问道："你觉得有方法帮助他吗？"小巧想了想说道："其实是有办法的。我们可以多提醒他，多关注他的闪光点，欣赏他，我们也可以做他的榜样……"笔者说："你很有办法哦。知道为什么我会选择你当组长吗？因为在我心中，你是个很厉害的孩子，你肯定有办法帮助他。你愿意带领你们小组成员与老师共同帮助他吗？"小巧肯定地点了点头。笔者当时就抱着她真诚地说："老师真开心。"小巧得到老师的肯定后更加有动力帮助小灵了，而小灵感受到组员的宽容尊重和帮助后也悄悄地发生了改变。小灵学会了欣赏他人，也尝试与他人交往，而且他为了不拖小组后腿而在学习上更用功了。看到他的转变，笔者不禁喜在心里。

在日常的班级管理中，笔者常常会像引导小巧一样引导学生们，通过"自我表露"等方式晓之以理，动之以情地启发他们，提高学生的合作能力。久而久之，学生逐渐学会了悦纳、尊重和宽容他人。除此之外，笔者还会根据实际情况举行一些特别的活动，例如跳蚤市场、大食会，以及开展特别的主题班会，教授学生合作的方法，增强组员间相互欣赏的能力，从而提高小组战斗力。

这样，班级愿望与学生个体发展目标有机结合，真诚友爱，宽和待人在小组合作中初见成效。

第二阶段：（五年级下）梦中腾飞

1. 完善艺术激励机制

（1）竞技上榜

为使小组合作真正焕发生机，笔者完善了两级激励机制，合理利用变化间隔强化方法，给孩子不同种类的"胡萝卜"。首先是一级激励，我们班设有"竞技榜"，每当个人通过努力帮助小组获得积分时，也能给个人竞技榜积分，在双重荣誉的刺激下，孩子们自我管理能力也日渐提升。笔者把竞技表放在班级最显眼的地方，让每一个小组都看得见自己的分数，清楚小组每一天的表现。班上的小组相互比拼，在纪律、卫生、学习、作业等方面你追我赶，小组凝聚力不断增强。为了强化小组的优秀行为，笔者每周会评出表现突出的三个小组作为"灵秀小组"，奖励一些不同的"胡萝卜"，让小组进行分享，并把代表他们荣誉的照片分享到班级群，进一步增强激励的效果。久而久之，孩子们都形成了"我且定严于律己，任尔东西南北风"的习惯。

图 2-33

（2）现场问政

除此之外，为了激发小组的战斗力，笔者还会进行现场问政评价。现场问政评价分为四个环节：组长述职、监督问政、观众问政、整改落实。现场问政，能不断完善团队自主管理。以班级中的博学组为例：

①组长述职

组长述职："我们组这周配合挺好的，积分可以稳居前三。但是我们有个烦恼，我们组的学习动力比较低，本周的测验平均分不太理想。昨天和老师聊天后，我想到了新办法来鼓励小组成员进步。希望下次我们有进步吧！"

②监督问政

教师向博学组问政："请问你们在处理成员违纪上采取了哪些有力措施？"

组长回答："我们会在小组内部采取处罚措施，每周开会进行上周工作总结，落实奖惩，我们目前执行还是很好的。我想向大家分享一点感受，奖勤惩懒在小组里要坚持下去。"

③观众问政

学生A："博学组，你们在职责安排上是如何安排来提高小组凝聚力的？"

④整改落实

每周坚持完善艺术激励评价，学生越来越有战斗力，并且形成一股互帮互助，拼搏向上的良好氛围。现场问政评价，不但能激发小组战斗力，同时能使各小组间相互学习，不断完善和提升小组成员的自主管理能力。

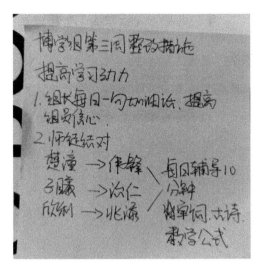

图 2-34

2. 全面推行自主管理

在这一学期,笔者以小组合作模式,在生活、学习方面全面推行自主管理,邀请科任教师共同使用该模式,成立学生学习共同体。例如,在刚开始接手班级时,笔者给每位学生合理分配值日任务,以达到环境保洁,人人有责。一学期后,笔者把值日安排的权力交还给学生,让组长自主管理。起初,我班的值日情况不理想,经过一段时间组内调整后,值日生的负责行为多次受到学校行政的点赞,这期间发生了什么?笔者偷偷观察了一段时间,发现原来各个小组的成员在完成自身的值日任务后,仍会继续主动帮助还没完成任务的组员。在这种互帮互助的氛围中,我们班的值日环境区打扫得越来越干净。

激励机制与自主管理双管齐下,让学生形成意识形态上的团结互助,精诚合作。

第三阶段：（六年级）梦想成真

1. 开展"夸夸你，赞赞我"活动

这学期，我班开展了一系列"夸夸你，赞赞我"活动，比如，让每个孩子在纸条上分别写下自己对班级中其他五名同学的赞美、鼓励或感谢，或组长精心为自己组员设计特别的奖状，亲自上台颁发。

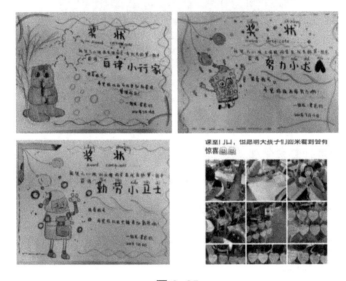

图 2-35

学生在活动中获得了同伴肯定，提高了自信心，实现了自我价值。

2. 开展职业规划分享会

学生在权衡自我优劣的基础上，根据教师布置的思考任务"你未来打算从事什么职业？"上网搜集与该职业有关的资料，以小组为单位，课堂上在组内进行小组职业规划分享。分享完毕后，组长组织组员共同完成小组职业规划海报，并在班级内进行分享。

小组职业规划帮助学生真正了解自我，为自己定下职业大计，筹划未来，拟定发展方向，根据主客观条件设计出合理可行的职业生涯发展方案。

这有助于学生明确目标，奋力前行。

图 2-36

通过系列活动，学生在互评活动中获得同伴肯定，开展职业规划分享，最终达成"携手共赢，实现自我"的终极目标。

【结果与反思】

在将近两年的小组合作实践中，笔者看到了小组合作的力量，这不但促进了学生个人的成长，让他们学会了真诚友善，宽和待人，而且学生个人的进步促进了班集体的成长，也改善了班风。现在，我们班形成了团结互助、精诚合作、拼搏向上的良好班风。班集体的成长也造就了学校，笔者经常收到家长对学校的点赞。例如，图中爸爸点赞我们学校的学生有爱心；教练发信息和笔者分享，说我们班篮球队的队员们在校外也不忘为学校争光，他们深信自己就是学校的代言人，时刻彰显文明有礼的班风，以他们的一言一行见证我校"有素养，会合作"的良好校风。

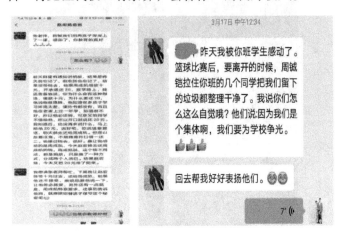

图 2-37

在过去的大半年中，笔者常常反思自身，如何才能让小组合作发挥更大的作用。通过不断地思考研究，笔者也与学生形成密切的合作关系，我们都在慢慢地成长，成为更好的我们。我们一起同心逐梦想，齐力创未来。

（案例原作者：东莞市寮步镇河滨小学　张敏华）

【案例点评】

班级中的团队组织结构将决定班级建设的成效，进而影响学习活动的效能和业绩。《基础教育课程纲要》也指出，"改变课程实施过于强调接受学习、死记硬背、机械训练的现状，倡导学生主动参与、乐于探究、勤于动手，培养学生搜集和处理信息的能力、获取新知识的能力、分析和解决问题的能力以及交流与合作的能力。"组建合作小组的目标是学生自我管理、自我调节和自主发展，这是一个管理的目的和方向，也是组织发展到某种程度后的一种理想境界。教育需要这种自组织的力量，需要让学生自己管理自己，自己发展自己。透过合作小组的构建，教师可以有效地培养一批有素养，会合作的幸福成长的学生。

六、适顺扬长育少年　悦纳自我创未来

【案例背景】

《中小学德育工作指南》中提出：小学中高年级的育人目标是教育和引导学生热爱中国共产党、热爱祖国、热爱人民，了解家乡发展变化和国家历史常识，了解中华优秀传统文化和党的光荣革命传统，理解日常生活的道德规范和文明礼貌，初步形成规则意识和民主法治观念，养成良好生活和行为习惯，具备保护生态环境的意识，形成诚实守信、友爱宽容、自尊自律、乐观向上等良好品质。本班共有 47 名学生，男生 25 人，女生 22 人。他们活泼热情，好奇心强，但是由于刚从不同的学校分流而来，学情基础不一，两极分化大，学生对学习的自信度与对个人的认可还不够。加上处于小学高年级段，他们容易冲动，不能很好地控制自己，自律性和很多行为习惯还有待进一步改进。

【案例主题】

依据育人目标的指导以及结合本班学生的实际情况，505 班制定了《适顺扬长育少年　悦纳自我创未来》班级育人方略。该方略的德育工作重心放在培养学生的长处和优势上，通过发现和弘扬学生中存在的正气，鼓励学生以积极面去克服消极面，以"适顺扬长，让儿童站在中央；悦纳自我，让未来绽放辉煌"为教育理念，使他们认识自我、悦纳自我、快乐成长，培养积极向上、温暖明媚、特长突出的未来公民。

【案例描述】

经过分析班级学生情况确定育人方向后，香市一小505班班主任紧扣《中小学德育工作指南》中的德育实施六大途径，设计了本班的育人策略。

1.课程育人：联系生活实际，挖掘课程内涵

课堂是教学的主阵地，505班的各科教师按照课程要求将中小学德育内容细化落实到教学目标之中，融入渗透到教育教学全过程，其中做得最为突出的是班级根据学校课程设置开展的PBL项目式学习。

505班结合学生的生活实际，通过各学科与劳动教育课相融合的方式，开展了一系列的项目式学习活动，如汤圆的制作、刺绣工艺培训、植物生长探究、班级劳动基地的规划、班级绿植的养护等。通过项目式学习，学生对传统文化、环境保护、家乡发展等方面的情况了解更深了，动手能力也更强了。

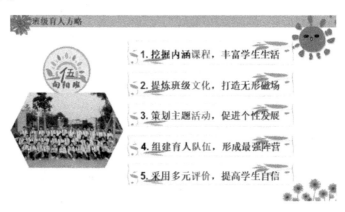

图 2-38

2.文化育人：提炼班级文化，打造无形磁场

班级文化是校园文化建设的重要组成部分。在学校，一切教育和教学活动都是通过最基本的活动单位——班级进行的，班级文化建设对学生具有潜移默化的教育影响力和感染力，对学生的教育、教学以及成长、成才

起着不可估量的作用。因此，班主任要结合班级学生的特质，从学校的发展定位、办学理念、办学特色出发，关注细节，提炼出富有鲜明个性的班级文化。以下是 505 班班级文化建设方案的部分内容：

表 2-3

班　名	向阳五班	班主任	叶静轩
班名释义	向阳，出自宋代曾巩《明州到任谢两府启》："草荕之质，使遂於向阳。"即向着太阳生长，生活。		
班级概况（200字）	1. 班徽： 将向日葵的元素与太阳光结合，既呈现出一朵正在朝向太阳生长的向日葵，又像一个从地平线升起的太阳。"伍"代表着五班，湛蓝色代表水分。 2. 班级口号：五零五班，意气风发。尽情向阳，绽放辉煌。 3. 班风：积极向上　明亮照人。 4. 班训：仰观宇宙之大，俯察品类之盛。格物以致知，向阳以悦己。 5. 班歌：《心愿》。 6. 班级节日：播种日、守护日、赏花日、听雨日……		
主要理念（100字）	1. 心如花木，向阳而生。像花木一样追随阳光的脚步，汲取养分，不断生长。 2. 积极向上，温暖明媚。像太阳一样积极乐观地面对生活，内心明媚，温暖他人。 3. 周而复始，生生不息。地球上的花木追随阳光生长，花开花落；太阳系中的行星围绕太阳公转，日复一日。阳光，是生长的前提条件；向阳，是周而复始，生生不息的法则。世界赋予我们生命的意义和存在的价值，愿能始终保持一种姿态，朝着美好的方向前进。		
班级公约（200字）	课上积极勤思考，课下文明不打闹。 仪容仪表多注意，校舍环境共爱惜。 睦邻友好同窗谊，勤俭卫生爱干净。 预习复习双保险，读书锻炼两手抓。 求真务实是原则，守时守纪是底线。 发挥优点补短板，共同成长最重要。 万里长征自此始，五班迈步齐腾飞。		

续表

班 名	向阳五班	班主任	叶静轩
发展规划 （300字）	1.建设有爱、温暖的班集体。引导学生建立良好的同伴关系，学会在社交中发挥自身长处，推己及人，学习他人闪光点。儿童只有在小伙伴之间经受锻炼，在孩子们自己的社会生活中，才能真正成长。 2.从规范学生行为逐渐转化为促进学生自省成长。早期通过"积分榜""荣誉勋章"等正强化手段，奖励表现优异的行为；后期经过班级文化的渗透教育后，学生能逐渐形成好习惯，达到自知自省而自正的效果。 3.创设良好的学习氛围。学生在教室里能自由地阅读、学习、成长，学习上的优异与不足都能得到教师的青睐或接纳。永葆对世界的好奇，永远有一颗渴望学习与汲取知识的心灵。		

图 2-39

3.活动育人：策划主题活动，促进个性发展

"适顺扬长，悦纳自我"是505班的班级育人理念，围绕这一理念，班主任常常组织班级的最强阵营共同商讨，一起策划适合班级学生开展的主题活动，制造尽可能多的机会展示学生的能力和特长，为他们搭建展示与学习的平台，使他们学会动手、彰显长处、释放魅力、悦纳自我、绽放辉煌。以下是505班这学期的班级主题活动计划表：

表2-4

周次	主题活动	负责小组
1	争当小主人，民主齐当家——505班班干部选举活动	晨曦小组
2	三月春风吹，雷锋精神归——505班学雷锋主题活动	霞光小组
3	事事讲安全，时时重安全——505班主题班会	春草小组
4	相约春天，共植希望——植树节系列活动	劲松小组
5	拒绝欺凌，共建和谐——505班防欺凌主题班会	翠柏小组
6	童心向党，礼赞中国——班级第一期诗词朗诵大赛	绿竹小组
7	学劳动，会劳动，爱劳动——向阳中队亲子主题活动	繁花小组
8	清明时节 缅怀英烈——书画展示活动	晨曦小组
9	舞动唱响，童心飞扬——505班小舞台展演活动	霞光小组
10	趣味英语周，我行我秀——班级英语口语大赛	春草小组
11	我是收纳小达人——班务能手评比活动	劲松小组
12	六一文艺汇演海选活动	翠柏小组
13	民俗风 端午情——传统节日探究活动	绿竹小组
14	班级管理靠共性 班级管理靠个性——主题辩论赛	繁花小组
15	爱护公物，保护环境——主题标语征集活动	晨曦小组
16	体育健儿竞技场	霞光小组
17	分小组，做方案，互帮互助齐备战——期末阶段复习活动	春草小组
18	站如松 坐如钟——集队及上课常规评比	劲松小组
19	班级期末奖项设立讨论会	翠柏小组
20	共同总结 一起进步——期末分享会	绿竹小组

图 2-40

4.协同育人：组建育人队伍，形成最强阵营

独木难成林，育人需同心。班主任如果能获得同事的协作、赢得家长的信任、获取社会的支持，定能取得事半功倍的教育效果。俗话说：三个臭皮匠顶个诸葛亮，如今的时代是一个讲究团体作战、抱团取暖的时代。作为学校的一线德育工作者，505班班主任组建了一个由班主任、副班主任、生活老师、家长志愿者构成的最强育人阵营。他们全面规划、分工合作、各司其职、及时商讨，大大提高了班务管理成效，使学生的各方面常规得到了很大的改善。

班主任：主要负责班级事务的常规管理，处理突发事件，参与学校组织的会议和活动。

副班主任：主要协助班主任管理学校大型活动及大课间的纪律，进行班级宣传栏布置，合作开展家校沟通活动。

生活老师：主要负责学生午餐、午休的管理，班会课全程参与，以学生一周的表现为内容进行专题教育，与班主任形成教育合力。

家长志愿者：主要负责开展家校活动，如劳动教育、志愿服务、校外辅导员到班授课、外出实践活动的纪律维持等。

5. 管理育人：采用多元评价，提高学生自信

在班级管理中，建立一套健全的、多元化的、行之有效的评价机制是非常重要的。在接手这个班以后，班主任采用多元化的评价方式，充分肯定学生的多元智力，通过自评、互评、组评、师评等方式对学生进行正面、侧面、多维度的综合评价。班主任在评价中要考虑以下几点：

（1）学生是平等的人

师生、生生是平等的，教师不能人为地用一种标准把学生分成好与差，分成干部与非干部，这是错误的。教师应认识到学生的"好"与"差"是相对的，学生在这方面能力不如别人，并不代表样样不如人。例如，有的人擅长记忆，有的人擅长表达，有的人擅长唱歌，有的人擅长跳舞，有的人擅长运动等。所以，班内的学生实在没有绝对的"好"与"差"。

（2）学生是具有个性差异的人

教师培养学生不是工厂生产产品，没有完全一致的学生。学生虽然在同一个班级，但是不可能整齐统一，也不可能成为标准件。每个学生都存在差异，学生在不同的教育情景中会呈现不同情况，不同的学生在同一群体中迥然各异。教师应高度重视学生的个性，从学生的个性出发来考虑学生的发展，培养学生的独立人格，发展学生的个性才能。

（3）学生是具有创造性的人

每个学生都是具有创造性的，有很强的创造能力。关键在于我们在教育中能不能开发学生的创造思维，能不能给学生创造出这样的氛围。

（4）学生是不断发展的人

学生是在发展的，所以一切教育活动都应有利于学生的发展。每个学

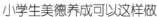

生都是一片有待开发或进一步开垦的土地，都是"宝"，教师应视之为宝贵的财富加以开发和利用。每一个学生都是动态发展的，其发展受家庭、社会、学校等多种因素的制约，其中任何一种因素的微妙变化，都可能改变其发展方向、程序、速度和结果，因此教师不能孤立地看待学生，而应着眼于学生整个人生的成长。

综合考虑以上因素后，505班利用班级优化大师、智慧校园系统等数据软件，及时输入学生的各方面表现，并通过日常的多方打分给每一位学生做出综合性的评价报告，形成学期末的评价表单，直观形象地体现学生一学期的表现。这样，学生就能根据反馈发挥优点，补齐短板，明确努力的方向。

【结果与反思】

根据"适顺扬长，悦纳自我"的班级管理理念，向阳五班的学生愈发积极向上，正如向日葵般阳光，内心充满了温暖。现在班风正、学风浓，才艺突出的学生在各特长班表现突出。运动健儿的风采也在校运会上充分展示。更显著的变化是，他们更好地认识了自我，在不知不觉中摒弃了很多的不安与躁动，越来越平稳、从容。

经过一段时间的观察，孩子们各方面都有不同程度的进步，班集体的凝聚力、荣誉感都在不断增强，良好的班风逐渐形成，在参加集体活动时也都名列前茅。

半个多世纪前，陶行知曾有过这样的比喻："培养教育人和种花木一样，首先要认识花木的特点，区别不同情况给以施肥、浇水和培养教育。"最近，一位教师总结自己30余年的从教生涯，写下这样的心得："每个学生身上都有自己的闪光点，如果教师能把握好，闪光点就会成为学生进步的起点。"时代不同，环境各异，但给出的答案基本相似，追求教育立德树人的目标始终如一。

"白日不到处，青春恰自来。苔花如米小，也许牡丹开。"清代诗人袁枚的这首诗感人至深，启迪我们：教育的目光不能总是盯着花园里耀眼的牡丹花，而要更多投向墙角处不起眼的苔花。事实上，牡丹也好，苔花也好，都应当给予悉心呵护、精心浇灌；公平公正对待学生，让每一个孩子都能快乐成长，成为有用之才，这是教育公平的题中应有之意。505班适顺扬长的教育理念也正是在公平的基础上让每一个孩子的优点更亮，成为自信的未来主人。

（案例原作者：东莞市寮步镇香市第一小学　黄雅洁　叶静轩）

【案例点评】

该案例围绕《中小学德育工作指南》中的年段德育目标，从六大育人实施途径介绍了505班的班级育人方略。该方略结合学校的办学理念以及班级学生的实际情况，创造性地设计了有助于班级学生发展的德育活动，打造了班级的特色文化，真正做到了适顺扬长，让学生学会了悦纳自我。

七、积水滴　筑彩虹

【案例背景】

班级文化是一个班级的灵魂，它有着无形的教育力量，就像一句诗：随风潜入夜，润物细无声。它也是一种灵活、适度、人文的心灵清洁，是一种无形的教育力量，它自觉或不自觉地影响着小学生的行为，促进着学生的全面发展。笔者带的是二年级的一个班，我们班的中队名是彩虹中队。

我们班以学校"知羞恶　行美德"的德育理念为引领，制定出班训"积水滴，筑彩虹"，寓意引导孩子积累一点一滴美德，成就以后的七彩人生，紧紧围绕学校理念开展班级文化建设。

【案例主题】

二年级是培养孩子自信心的关键时期。他们很在乎别人对自己的评价，能在别人对自己的评价中发现自己的价值，特别是当受到鼓励、表扬、奖励的时候，他们的自信心会急剧增加。相反，如果某些方面表现不好，成绩欠佳，别人的评价很低，就会产生自卑情结。不仅如此，二年级的孩子开始表现出强烈的独立性，有强烈的独立欲望，但他们自己想做的事情往往做得不够好，这时就需要父母、教师的帮助。虽然想独立，但他们仍有很强的依赖性。如果我们了解孩子的特点，就可以让他们独立完成一些事情，这有助于培养孩子的独立性和自信心。

【案例描述】

根据低年级孩子的特点，再结合学校"有素养，会合作"的校风，笔者对班级文化建设进行了新的构建。

1. 把小化大

把小化大是让孩子们知道勿以善小而不为，勿以恶小而为之。例如，在一次评讲试卷的过程中，一位学生举手说："老师，我这道题做错了，您不小心改成对的。"于是笔者立即表扬她诚实的行为并给她加分了。其实，这是一件非常细小的事情，但在笔者眼里很重要。因为这体现了孩子诚实的品德，而表扬典型、树立榜样有利于传承美德。德国哲学家雅斯贝尔曾说过："教育过程首先是一个精神成长的过程。"一位学者曾指出，"价值观并非在驱动着人，不是在推动着他，而是在引领着他。"

2. 长善救失

这一点是在我们学校的班主任培训中黄艳芬老师给笔者的启发。她说："在我们班上，如果有学生欺负了别人，根据班级规则要有以下的对话'对不起，刚刚我打了你；你当时一定很生气吧？我应该要怎么做？今天我的任务就是要把你哄开心。'学生犯错从来都不可怕，甚至是不可避免的，作为老师，我希望孩子们知道，犯错就要承认，知错就要改正。"低年级是培养孩子美德的初期，他们理性不足，感性十足。虽然班级规则是理性的，但是实施的方法可以更加个性化和人性化。一方面，我们要追求教育的个性，因为学生的个性需要教育的个性来滋润；另一方面，还需要进行规范，需要有共性教育为他们将来的发展奠基。

3. 携手共进

本着"人人有事做，事事有人做；人人抢事做，事事能做好"的理念，我们班运用了小组管理制度。除了正副班长 3 名学生，其余学生分为 5 组，每组 7 个成员，每位成员都有岗位职责，如组长负责小组整体管理，学习组长管理学习，他们会想办法让自己小组成员通力合作，取得优异成绩。班级的卫生每一天是由一组负责，谁负责哪个岗位也是由小组内部分配，卫生负责人负责，教师不会做过多的干预。纪律组长管理纪律，关注自己小组在班级优化大师中的分数。每个人都有相应的任务，有不同的分工。

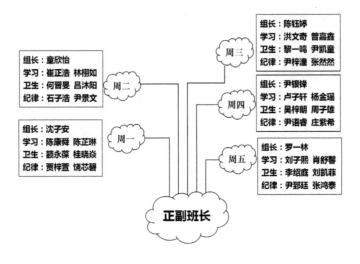

图 2-41

　　另外，笔者从合作的角度出发，制定了班级管理公约。在这个学期的开始，笔者与学生一起协商制定了有益于大家各方面素养提高的班级公约。笔者先让每位学生根据班上目前的状况写一条适合大家并有益于大家的公约，然后小组交流，最后大组通过，把适合的记录下来，贴在教室的墙上。这学期，全班学生都参与了班级公约的制定，所以他们在平常的行为习惯中都很注意自身的言行，各方面表现更加活跃。在班级公约制定这一方面，笔者特别注重的是美德的培养，将中华民族的传统美德作为处理学生之间关系的道德准则，使学生成为具有丰实的中华民族美德和科学的现代意识的"四有"新人。

【结果与反思】

　　经过两年多的不断努力，全班学生现在相处得很融洽，感觉就像一个大家庭，而笔者就是这个家庭的家长。学生的自主管理能力大大增强，很多事情都可以放手让他们自己去组织安排，如班里的卫生、纪律等，他们都能自觉管好做好。

在班级文化建设过程中，笔者能明显感觉到学生的变化。例如，我们班的一位女生以前总会跟同学斤斤计较，有一次甚至吵了起来，但慢慢地，她就意识到自己那样做很不好，还在日记中写道："我为以前跟同学斤斤计较的事感到很不好意思"，而且她变得开朗了很多，每天总是笑容满面的。另外，小组管理可以让每一个学生更好地融入班集体里。我们班有一位男生，在刚进入这个班级时，他看到笔者和其他教师在一起的时候会主动和所有教师问好，但是当笔者不在的时候，看到其他教师就会绕道走，见了面也装作没有看见，低头走过。并且，他总是挑难题怪题来挑战其他任课教师。有一次，笔者在班级内部问谁愿意帮助某些同学解决问题时，好多学生举手，笔者夸赞自己班级的学生乐于助人。但是在笔者离开后，当有同学向他提出疑问时，他总会说"不是有指定同学帮助你们了吗？"自从开始班级文化建设，这位学生真正融入他们小组里，感受到来自小组其他成员的温暖，他现在改变了不少，就像我们学校的校风"有素养，会合作"。

作为班主任，笔者还有不足。笔者还要关注学生情绪习惯和健全人格的养成，通过班级文化建设，唤醒学生向上向善的精神，让其培养好习惯，磨炼好体质。作为班主任，笔者的育人目标越发清晰，工作思路更加明确，职业幸福感更强。

（案例原作者：东莞市寮步镇河滨小学　殷晓晴）

【案例点评】

本案例以学校"知羞恶　行美德"的德育理念为引领，结合低年级学生的特点，对班级文化建设进行构建，从班级文化中吸取美德的力量。人本主义心理学家马斯洛认为，人身上潜藏着人性的优良品质，就看我们如何加以引导，使其潜力充分发挥。美德不是一门学科，而是全员、全心、全方位的育人过程。在教与学之间产生情感的共鸣，在道德生命的成长之路上携手共进。

第三章　美德评价制度

第一节　美德评价制度构建

　　构建美德评价制度，是完善学校制度建设、促进学生成长的重要举措。有规可循，以评促进，是学校德育管理的一种有效途径。

　　陶行知先生非常崇尚这样一句话："假如你有两块面包，你得用一块去换一朵水仙花，因为面包是身体的粮食，水仙花是灵魂的粮食，中华美德是中华民族赖以生存的灵魂粮食。"小学阶段正是世界观、人生观、价值观的形成期。我们应该抓住这个有利时机，通过多种活动载体，把传统美德教育渗透到小学的全部教育活动和行动准则中，让中华民族的传统美德经久不衰地影响一代又一代的思想行为和人格追求，培养一代又一代具有高尚道德的新人。美德评价制度的构建，有利于更好地实现培养学生美德行为的目标。

一、学校制度建设的重要性

　　学校制度，可以理解为能够促进学生、教职工、学校、学校所在社区的协调和可持续发展的一套完整的制度体系。学校制度的建设是指构建一整套学校制度，以现代教育观为指导，能够促进学生的充分、全面、终身的发展，能够引导学校致力于研究教师的教和学生的学，能够引导学校持续地提高效能，实现学校内在精神的更新和整体发展，从而促进人的成长。

学校制度建设，对于规范学校管理、建设和谐校园、提升学校办学水平意义重大。重新审视学校制度的功用和意义，探讨如何构建一套科学规范的制度系统有着十分重要的现实意义。

二、学校制度建设的校本性

目前，每所学校都在谋求发展，精心设计自己学校的发展规划。学校的发展规划是每所学校针对自己的现状，在反思、研究的基础上，预设自己的发展目标和工作规划。为推动发展规划的实现，所有的学校都在策划和运用各自的学校管理策略。从微观的意义上来说，学校内部的管理制度，是学校教育改革的重要保障力量，它不但具有规范学校行为的价值，而且是推动学校发展的力量。学校制度建设必然是每所学校求得自身发展的需求。

学校制度建设能体现现代学校发展的本质价值，在满足每一个人自主而和谐发展要求的过程中促进社会和谐发展。学校的运行、学校教育的发展，最终是人参与其中的，而人是有灵性、有精神的，有体验能力和需要。学校制度建设的具体思路既然是建立在开放有利于人主动发展的空间，那么它的具体内容与方法也就要尊重人之本性，而且是能促进人发展的。

三、美德制度建设对学校管理的影响

在日常的教育教学实际中，我们会发现，班风好的班级学风也自然而然很好。立德树人，培养学生良好道德品格，是教育的追求。重视美德制度建设，有利于实现立德树人的目标。

加强美德制度建设，可以防患未然。古人说："礼者，禁于将然之前；法者，禁于已然之后。"伦理道德的教育，礼仪的教化，都可以防患于未然。我们伟大的祖国素以"礼仪之邦"而著称于世，在几千年的历史长河中，以礼待人的故事广为传颂，家喻户晓的《孔融让梨》的故事，在今天仍是对启蒙学生进行思想教育的典例，孔子的"非礼勿施"的古训更是作为礼仪的重要思想内容教育着一代代炎黄子孙。学校加强美德制度建设，树立美德行为细则，可以让学生清楚美德要求，明白美德细节，践行美德行为，从而防范不良习惯的养成。

加强美德制度建设，可以提升素养。礼仪是人类为维系社会正常生活而要求人们共同遵守的最起码的道德规范，它是人们在长期共同生活和相互交往中逐渐形成，并且以风俗、习惯和传统等方式固定下来。对一个人来说，礼仪是一个人的思想道德水平、文化修养、交际能力的外在表现；对一个国家来说，礼仪是一个国家社会文明程度、道德风尚和生活习惯的反映。加强美德制度建设，有利于校园礼仪之风的形成和学生素养的提升，从而促使学校管理更趋于生本化。

美德是精神文明的一个重要内容，是一个人道德品质的外在表现，美德养成教育不仅是个体道德品质和个性形成的基础教育，也是提高全民族道德素质、振兴民族精神、建设社会主义精神文明及构建和谐社会的基础教育。在学校进行美德养成教育，就是教会学生"如何做人"，让学生学

会与现代社会相适应的具有现代文明内涵的社会生活规范，使学生具有高雅、得体、大方、文明的涵养，从而提高学生的文明素质，让其养成良好的美德素养，在社会上展示学校良好的办学形象。

四、美德评价制度的构建方法

（一）践行学校理念

美德评价制度的设立，应紧紧围绕学校理念，结合学校实际制定，是学校理念文化的具体体现，是学校理念文化的具体践行，是学校理念文化的内化措施。学校的育人目标是什么？要培养什么样的人？如何培养这样的人？这些都是美德评价制度制定过程中需要思考的问题。

（二）加强宣传学习

制定好美德评价制度后，需要大力宣传学习，让学生、家长、教师都清楚学校美德要求，从而实现教育同步，实现教育内化，实现知行合一。

1.针对小学教育的特征，我们强调美德教育做到"四入"。一是入目：办传统美德礼仪手抄报，设礼仪画廊、板报，立礼仪标语，做礼仪连环画，编写美德礼仪教材。如《弟子规》《走进儒家文化》《传统美德故事》《中华美德在闪光》等文学作品融知识性、故事性、思想性和教育性于一体，以达到明理、激情、导航的目的。二是入耳：开设礼仪课，办礼仪广播站，看礼仪小视频，让学生广泛歌唱《义勇军进行曲》《爱我中华》《把根留住》《走进新时代》等爱国歌曲。三是入心：榜样的力量是无穷的，从正面树立典型，让美德、礼仪走进课堂，落实到学生的行动中，让学生注重文明举止，爱护公物，保护环境，善待动物，体味博爱。四是入魂：从自知到自律，养成好习惯，把美德教育和学生的理想前途教育相结合，树立"先天下之忧而忧，后天下之乐而乐"的世界观，放飞理想，立大志，使学生的道德情操在理想中完善，在礼仪中升华。

2. 立足正面"灌输"。"灌输"是一种让受教育者汲取精神营养的教育方法，小学生在世界观尚未成型的时期，需要大量灌输健康有益的精神营养，让他们树立正确的世界观、价值观和荣辱观，分清什么是真善美，什么是假恶丑，什么是光荣，什么是耻辱，什么是正义，什么是邪恶，养成怎样的言行习惯才是文明之举。

（三）重视多元评价

学生是千差万别的，个性、能力等亦存在不同，评价制度多元化才能有效促进学生的发展。

1. 兼顾结果性评价和过程性评价，提升评价制度的综合性。有些学生不处于优秀群体中，个体综合能力又不突出，因此在评价体系中被忽视。就通常采用的总分评价制度而言，表面上是标准统一且公平公正的，但往往只能筛选出优秀个体或优秀个体相对集中的群体，综合能力不强的个体积极性容易受挫。真正的公平是"让不同的学生得到不同的对待"，而采用过程性评价更有利于呵护个体持续努力的意愿，达到激励作用。过程性评价要遵循发展性理念，充分关注学生发展的过程，关注学生进步、变化和未来发展的可能性，对学生在活动过程中的表现、取得的成绩、反映出的情感、态度、策略等进行评价。比如，设置进步奖，有利于对不同层次的学生进行科学评价；建立学生个人档案，记录学生的成长变化过程，以便用发展的观点看待学生。有些评价往往按照分数计算，总分最高的会获得表彰。如果对这种结果性评价稍作调整，便可使之转

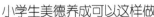

化为项目式评分模式，即按照个体负责项目的完成情况进行横向和纵向比较。这种评价方式除了能够发现个体在群体中的能力定位，还有利于分析个体自身在横向对比中的上升或下降趋势，从而更好地分析部分能力较弱个体的行为，不仅能看到学生的现有水平，还能看到学生的潜在发展。

2.丰富评价制度的内容和方式，提高评价制度的全面性。评价制度可以由自我评价、同伴评价、家长评价、教师评价等组成，但要协调好比例，处理好评价结果的运用问题。评价时应秉持友善的态度、真挚的情感、适切的表达。班主任可以在每天结束后进行阶段性评价，将评价结果反馈给学生，逐渐缩小"我眼中的自己"和"别人眼中的我"的差距，帮助学生正确认识自己。同时，作为学生的重要他人，班主任要及时对学生进行精神鼓励，使学生的情感需求得到满足。

（四）制度具体可行

教育部颁布的《中小学教育质量综合评价指标框架（试行）》在"品德发展水平"这项关键指标后面列出了指标考查要点，如"行为习惯"的考查要点是：学生在文明礼貌、勤俭节约、热爱劳动、爱护环境等方面的认知和表现情况。在这样的要求之下，具体活动的评价标准需要细化，更具操作性。比如，在热爱劳动方面，班主任可以从活动项目、活动流程以及活动效果等方面进行具体评价内容的划分，学生也可参照标准提升自己的行为。同时，班主任在评价方面还可以在数量、范围上提出要求，使学生在实践中有的放矢，有据可考。班主任可以对过程中的活动参与度、成果完成度、学习与探究的态度、竞争与合作的能力等进行评价，将笼统的感性评价拆解为具体的理性评价。这有利于师生了解个体的优势和不足，进而发现更适合自己的发展渠道和方法。

传统美德教育在中小学校的道德教育当中占有非常重要的地位，它对一个人的成长、成才起着至关重要的作用。因为传统美德教育属于道德教育的一部分，突出实践性，是养成良好品质，形成完善人格的关键。构建美德评价制度，有助于学生整体道德水平的提高。用美德教育这道精神大餐时时刻刻充盈少年儿童的思想，是我们每一个教育工作者义不容辞的使命。

制度是底线，合理、适切的制度能够帮助学生了解行为的底线，明晰理性行为的边界。制度是灯塔，制度可以引领学生努力前行的方向，并在其接近灯塔的时候照亮学生。但请注意，在努力前行的途中，别忘了回头看看，每一步基于自我提升的自我认可都是持续努力前行的动力。

第二节　美德评价制度实施

一、午餐午休"两自"制度

【案例背景】

寮步镇河滨小学校园环境可谓小巧而精致，为了解决部分学生中午接送问题，河滨人依托仅有的条件，团结一致，迎难而上，克服种种困难，于 2020 年 9 月顺利开展了学生午餐午休服务。午餐午休是学生非正式学习的一次机会，因此，该校开展了一系列午餐午休的美德培养工作。

【案例主题】

河滨小学午餐午休美德制度建设主要体现为"两自"，即"自主管理，自我服务"。自主管理是一个从自律到自主的过程，这个过程伴随着从纪律到规则的转变，从外驱到内化的升华。为了让学生养成良好的日常行为习惯，做到"自我教育、自我监督、自我约束"，该校学生资源中心成立了"寮步镇河滨小学学生午餐午休自主管理委员会"（以下简称午管会）。

【案例描述】

"寮步镇河滨小学学生午餐午休自主管理委员会"的成立是为了让参加午餐午休的学生养成良好的美德习惯，开启美好生活。午管会的成立，意味着学生"自主管理，自我服务"培养在非正式学习中启动。

1. 招募成员

午管会的宗旨是"自主管理，自我服务"，因此从成员的组成上，就采取了面向全体参加午餐午休的学生展开招募的形式。学校少先队把午管会的简介、运作、岗位设置、岗位职责、申请表等编成招募信息，通过学校公众号推送给全体学生、家长，班级上也大力宣传。有意向的学生通过提交申请表报名，最后由午管会成立筹备小组根据申请表商定第一批成员名单。

2. 成立仪式

该校午管会的成立，受到学校领导的重视，在成立大会上，邀请了该校校长、分管德育副校长参加。会议主要有以下几个议程：①主持人介绍领导嘉宾。②分管德育副校长宣布午管会成立。③少先队辅导员宣读午管会成员名单。④成员代表讲话。⑤校长讲话。通过成立仪式，学生进一步明确了自己的责任和使命，并表示有信心能履行岗位职责，带领同学们实现"自主管理，自我服务"。

3. 民主推选

午管会成立后，少先队组织所有成员进行相互认识，通过自我介绍、个性海报、才艺展示等环节，使成员间加深了解，并民主产生会长、副会长、组长、副组长等。有了具体的岗位分工后，大家进一步学习岗位职责，通过问卷的方式完成对岗位职责的熟悉和明确。对问卷完成情况不达要求的学生，少先队会对其进行辅导，并进行二次答卷，通过后才能继续录用。

4. 交流学习

第一阶段，午管会主要就午餐午休存在的问题展开交流讨论，共同商量制定一些午餐午休的管理要求，借此开展午餐午休中的美德养成教育。例如，午管会成员就"午餐有序一定行"这个主题，商量出一些管理办法。如，"走廊集队"要做到：（1）组长清点人数，了解缺席同学的去向。（2）组长检查同学的装备是否规范：①佩戴口罩；②健康包、水壶；③包。又如，"用餐后"要做到：（1）放好餐具，洗手漱口，清洁餐桌。（2）由副会长安排，每天由一个小组负责清洁本队全体队员的餐桌。（3）抹布和桶放在饭堂外面，请自己去拿，用完后，清洁好工具，放回原位。

5. 及时反馈

午管会新成立，学生的管理能力有限，需要及时反馈改进并加以指导。开始的一个月，少先队坚持做到"每天一小会，每周一大会"。每天下午放学召开午管会会长、副会长会议，由会长们反馈当天管理存在的一些困难，并一起商量解决方法。每周周四放学召开午管会全体成员会议，及时处理当周的一些问题。

6. 表彰优秀

学生在开启"自主管理，自我服务"的过程中，会出现各种各样的情况，有管理很到位的，也会有不知所措的。作为午管会主管部门的少先队，会以各种形式对优秀的学生进行表彰。例如，午管会成立之初，少先队通过学校公众号公布了第一批成员的名单及分工；午管会运作两周后，少先队又回顾了午管会的工作点滴，让全体学生、家长、教师进一步熟悉了解；一个月的时候，成员逐步通过考查，少先队给成员们颁发了"午餐午休管理委员证"的胸章，让同学们管理起来更加有气势。

对于午管会的管理和运作，该校全力以赴，力求充分培养学生的自主能力，推动学生成为未来学习的佼佼者。

寮步镇河滨小学学生午餐午休行为规范（试行）

1. 用餐（70分）

（1）列队：（20分）

①中午放学后，准时在指定地点排队，若不能准时随队伍前往饭堂，要提前跟生活老师打招呼。

②列队行进过程中保持安静，不得打闹喧哗。

（2）分餐：（10分）

①进入饭堂迅速到位置上站好，保持安静。等待拿餐。

②负责分餐的同学戴好头套、手套，协助生活老师分餐。

③移动餐盘过程中，双手轻扶餐盘、眼光专注、速度适中，保证汤水不洒出来。整个过程保持安静，不得说话。

（3）餐前感恩：（10分）

①拿到餐的同学站好，听从指令。

②念感恩词声音响亮，态度诚恳。

（4）用餐：（10分）

①念完感恩词，轻轻打开饭盒盖，放在餐盒下。

②专注用餐，感受食物不同的味道，细嚼慢咽。过程中不交流，咀嚼饭菜不发出声音，使用餐具不发出声音。

③需要加汤加饭的，注意行进过程中不碰到别人。

④珍惜粮食不浪费，尽量光盘。

（5）餐具回收：（20分）

①餐余要倒进回收箱中间洞口，不要撒到外面。

②餐具摆放要整齐，过程中注意行进，不碰到别人。

③放完餐具，清洁双手、嘴巴、桌面。

④安静坐在原位，等候排队，不得喧哗打闹，影响别人用餐。

⑤跟随生活老师指令，安静排队，有序前往午休点。

2. 午休（30分）

①在寝室外有序等候，脱鞋，轻声进入寝室。

②整理自己的寝具，保持安静，不打闹，不喧哗。

③午睡过程中保持安静，睡不着也要闭上眼睛，不得交谈。

④盖好被子，以免着凉。

⑤起床后迅速收拾好寝具，安静排队，有序到寝室外穿鞋。

⑥排队回教室，行进过程中不得喧哗打闹。

【结果与反思】

午管会的成立，是学生美德培育的创新方式，它的持续开展，有利于学生的管理能力、自主能力等综合素养的提升。午管会的模式新颖，受学

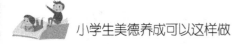

生欢迎。在运作初期，教师需要跟踪指导，及时改善。当学生初步掌握管理模式后，教师可以逐步放手让孩子真正实行自我管理，教师仅需指导提醒便可。

（案例原作者：寮步镇河滨小学　邝艳娥）

【案例点评】

　　该案例详细介绍了河滨小学学生午餐午休管理委员会的成立及运作实施情况，体现了该校美德制度建设的创新性及远见性。案例详细介绍午管会的操作模式，清晰地呈现了该校午餐午休美德评价制度的探索及成效，具有较好的推广和借鉴作用。

二、"四美"少年评价制度

【案例背景】

　　促进学生德智体美劳全面发展，是教育工作者的目标。为了更好地对教育教学过程实行及时有效的评价，以实现更好的教育教学效果，寮步镇河滨小学制定了"灵动少年成长手册"，里面包含了"河滨小学学生评优制度"和"美德成长、健康成长、艺能成长、科创成长、学业成长"五大成长的评价标准。

【案例主题】

　　河滨小学美德制度建设主要体现为"四美"，即形象美、语言美、行为美、心灵美。该校把培育学生成为"四美"灵动少年作为美德培育的目标，通过形象生动的评价标准，让学生逐步建立"四美"灵动少年的形象，并以该形象严格要求自己，促使自己成为"四美"灵动少年。

【案例描述】

河滨小学的办学目标是培养灵动少年。为了让学生有一个明确的奋斗目标，该校努力形成一套符合本校实际且合理公平的评价制度。近两年不断完善的《寮步镇河滨小学灵动少年成长手册》，里面主要包含了"河滨小学学生评优制度"和"美德成长、健康成长、艺能成长、科创成长、学业成长"五大成长的评价标准。其中，"美德之星"的评选便是该校美德制度建设的主要体现。

1. 灵动少年

在介绍美德之星评选之前，需要先向大家介绍灵动少年的评选。灵动少年的评选要求是：

（1）评选人数：全校共 36 人，每班 2 人。

（2）评选条件：1. 期末获奖数量在班中名列前茅；2. 德智体美劳全面发展，"五大成长"得"优秀"数量较多；3. 有较强的集体观念，工作能力强。

（3）评选方法：1. 参选人数：每班 2 名学生；2. 上交材料：学生突出事迹和获奖情况；3. 宣传投票：学校统一将上交材料制作成网页，进行网络人气投票；4. 由学校灵动少年评委团进行审核决定。

灵动少年可谓是该校学生评优的最高荣誉，获得该称号的学生，会在台上被校领导授予"灵动少年徽章"。从评选要求中可以知道，该称号不是一项单一的评价，它体现了德智体美劳各方面的情况，这样评选出来的灵动少年，才是真正全面发展的学生。

2. 美德之星

"河滨小学学生评优制度"中一共有"十星"，"美德之星"是其中的一星，而且位居榜首，可见，该校对美德教育的重视。该星评选的要求是：

（1）评选人数：每班 10%。

（2）评选条件：1. 在月主题活动中被评为班级的"美德之星"；2. 美德成长各项评价指标为良好或以上；3. 道德与法治课学期总评为良好或以上。

河滨小学学生评优制度

一、"美德之星"
（一）人数：每班 10%；
（二）评选条件：
1. 在月主题活动中被评为班级"美德之星"；
2. 美德成长各项评价指标为良好或以上；
3. 道德与法治评学期总评为良好或以上。

二、"健康之星"
（一）人数：每班 10%；
（二）评选条件：
1. 在月主题活动中被评为班级"健康之星"；

图 3-1

评选的第一个条件是在月主题活动中被评为班级的"美德之星"，这需要从该校的月主题教育说起。该校以"月主题教育"体验式课程创新学生美德培养，结合学校科技节、体育节、读书节、艺术节四大节，每月围绕一主题（美德三月、阅读四月、艺术五月、慧学六、七月、美德九月、创新十月、健康十一月、慧学十二月、一月），以"五个一"形式落实，即一次集会、一节班会、一项活动、一批典型、一个表彰。"一次集会"指每周一的国旗下讲话，以讲故事、相声等形式进行国旗下讲话，形象生动地诠释当月主题；"一节班会"指每月第一节班会课，围绕当月主题内容，深化教育；"一项活动"指积极参与月主题卡里设计的主题活动；"一批典型"指班级根据本班月主题教育的参与情况和自评、他评情况，评选一批学习典型，树立榜样，引导学生学习身边的榜样，这就是月主题活动中班级的"美德之星";"一个表彰"指各班利用每月最后一节班会课，对当月活动进行表彰总结。例如，为了进一步培养学生的文明习惯，说文明语言，做文明行为，该校开展了"文明九月"月主题活动。该月的第一周，五（1）中队的两位学生代表进行了"我是友善的河滨学子"国旗下讲话，带着全校师生了解了本月的文明活动。第二周，该校开展了"我是礼貌小少年"活动，一年级大部分学生做到了主动向师长行礼问好；二至六年级的大部分学生做到了"五个一"，即一个微笑、一声问候、一声"谢谢"、一声"再见"、一句"对不起"。第三周，该校开展了"我们是合作小伙伴"活动，一年级学生做到了上课认真听讲，下课一起文明玩耍、互相帮忙；二至六年级学生在学习中能听从组长的安排，积极参与讨论和分工合作，能按要求较好地完成学习任务。第四周，该校开展了"我爱身边的人和事"活动，学生学会了"每天一夸"，学会了欣赏自己、欣赏他人的优点，并经常送出自己的赞美。第五周，各班进行了本月月主题活动的表彰总结，对班级获得"美德之星"称号的学生进行了表彰。

评选的第二个条件有关"美德成长评价标准"，具体如下：

第一部分，形象美：符合"灵动少年形象"标准。该校以图片的形式向全体学生呈现了形象美的标准，从衣着、头发、指甲、鞋袜等几方面作出了明确的要求。

第二部分，语言美：①会讲一口流利的普通话。②在日常生活中践行"五个一"，即一张笑脸、一声问候、一声道谢、一声致歉、一声再见。

第三部分，行为美：①文明集会。集会做到快静齐；活动过程中适时适度鼓掌，不喝倒彩，不吹口哨，不走动，不离场，不吃零食，保持场地清洁卫生。②文明课间。动静结合，进行安全有益有序的活动，不妨碍他人休息，爱护学校公共财产。③文明午间。能按照"学校学生午餐午休行为习惯"严格要求自己，文明用餐，文明午休。④文明出行。遵守交通规则，不闯红灯，不翻越护栏，乘车主动让座；不随地扔垃圾，不破坏文物古迹；提高警惕，不随便与陌生人交往，保护自己。

第四部分，心灵美：①爱自己。拥有一颗阳光上进的心，悦纳自己，做最好的自己。②爱他人。懂得感恩父母、师长以及帮助自己的人；无私奉献，积极参加学校、社会的公益活动；尊重他人，乐于助人。③爱环境。不乱扔垃圾，坚持做到垃圾不落地；看到地面有垃圾，主动捡起放到垃圾桶；爱护公物，不攀折花草树木，不乱涂乱画；节约水电；保管好自己的物品，养成良好的收拾习惯。④爱祖国。热爱国旗，仪式前佩戴好红领巾，仪式时保持肃立，面向国旗庄严行队礼，唱国歌时声音洪亮。

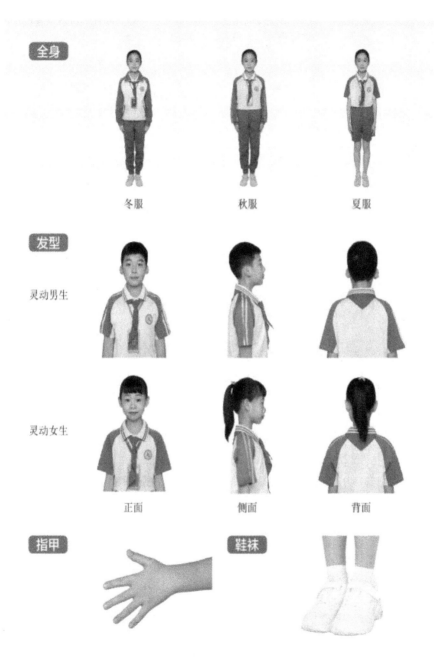

全身

冬服　　　　　　秋服　　　　　　夏服

发型

灵动男生

灵动女生

正面　　　　　　侧面　　　　　　背面

指甲　　　　　　　　　　　　鞋袜

图 3-2　灵动少年形象

_____ 至 _____ 学年度第 ___ 学期 ___ 年级 _____ 班 _____ 中队

类别		内容	评价				备注
			优秀	良好	达标	未达标	
美德成长	形象美	1. 符合"灵动少年形象"标准。					
	语言美	2. 会讲一口流利的普通话。					
		3. 在日常生活中践行"五个一",即一张笑脸、一声问候、一声道谢、一声致歉、一声再见。					
	行为美	4. 文明集会。集会做到快静齐;活动过程适时适度鼓掌,不喝倒彩,不吹口哨,不走动,不离场,不吃零食,保持场地清洁卫生。					
		5. 文明课间。动静结合,进行安全有益有序的活动,不妨碍他人休息,爱护学校公共财产。					
		6. 文明午间。能按照"学校学生午餐午休行为习惯"严格要求自己,文明用餐,文明午休。					生活老师评价
		7. 文明出行。遵守交通规则,不闯红灯,不翻越护栏,乘车主动让座;不随地扔垃圾,不破坏文物古迹;提高警惕,不随便与陌生人交往,保护自己。					家长评价
	心灵美	8. 爱自己。拥有一颗阳光上进的心,悦纳自己,做最好的自己。					
		9. 爱他人。懂得感恩父母、师长以及帮助自己的人;无私奉献,积极参加学校、社会的公益活动;尊重他人,乐于助人。					
		10. 爱环境。不乱扔垃圾,坚持做到垃圾不落地;看到地面有垃圾,主动捡起放到垃圾桶。爱护公物,不攀折花草树木,不乱涂乱画;节约水电;保管好自己的物品,养成良好的收拾习惯。					
		11. 爱祖国。热爱国旗,仪式前佩戴好红领巾,仪式时保持肃立,面向国旗庄严行队礼,唱国歌时声音洪亮。					

图 3-3

评选的第三个条件是道德与法治课学期总评为良好或以上,主要从"学习态度及习惯""期末测试""学习总评"三方面进行评价。

类别	学科	内容	评价				备注
			优秀	良好	达标	未达标	
	道德与法治	学习态度及习惯					
		期末测评					
		学期总评					

图 3-4

【结果与反思】

回顾该校的美德制度建设，从月主题教育到美德成长，充分体现了过程性评价的重要性，把常规教育作为评选条件之一，既能调动学生的积极性，也保障了评价的及时性。在评价的具体操作中，需要进一步思考和落实的是，评价人员对评价要求的熟悉以及对学生情况的掌握，例如，行为美中的"文明午间"有生活老师评价，"文明出行"由家长评价，这就体现了评价人员对情况的熟悉，能作出公平、公正的评价。

（案例原作者：东莞市寮步镇河滨小学　邝艳娥）

【案例点评】

该案例详细介绍了河滨小学美德制度建设的实施情况，并能对相关联的评价制度作出介绍，如灵动少年的评选，并且对美德之星的评选条件也作了详细的介绍，清晰地呈现了该校美德评价制度的完整性以及可操作性，具有较高的推广和借鉴作用。

三、灵秀班级评选制度

【案例背景】

自"灵动少年成长资源管理架构"试行改革一年来，河滨小学在灵动教育理念文化的指导下，践行"知羞恶 行美德"的德育理念，以培养灵动少年为工作目标，制定了河滨小学 "灵秀班级"评比方案，通过抓日常规范，培养学生的良好行为习惯，使学生德智体美劳全面发展。

【案例主题】

河滨小学致力于对学生思想品德和人格素质的培养，体现着学校教育的基本目的，贯穿德、智、体、美教育实践的各个方面。

推动灵秀班级评选工作，以班级卫生为着眼点，创建灵动秀美的教室环境，规范学生的文明行为习惯和道德行为，营造良好的校风、班风、班貌，增强学生集体观念和班级凝聚力。

【案例描述】

现灵秀班级原是文明班级，主要从文明中队，班容班貌方面进行评比。我校结合 2019 年灵动教育品牌，把文明班级的评选改为灵秀班级评选，评选内容方面增加了学业质量和班级荣誉，让灵秀班级的评选内容更丰富、更合理、更全面。

为更好地融入灵动教学理念，进一步加强文明校园建设，我校根据灵秀班级评比标准，在文明中队、班容班貌、测评成绩、班级荣誉四大方面，每天组织人员对各班进行巡查和评分，作为"灵秀班级"评选的主要依据。

"灵秀班级"评选内容主要包括"文明中队"（300分）、"班容班貌"（100分）、"学业质量"（50分）三个项目评选，总分450分。另设"班级荣誉"项目为加分项目，每班封顶30分。

1."文明中队"评选方面（300 分）

"文明中队"评比内容主要包括仪容仪表、卫生、课堂常规、晨午检，每周总分为 300 分，每个中队学期最终得分为每周实得分的平均分，即一学期文明中队总分之和 / 周次（如下表）。

表 3-1　文明中队评选细则

项目		分值	要求及评分标准
形象美	着装	10 分	要求：规范佩戴校卡、红领巾，穿蓝色校服配白色袜子和白色运动鞋。整理好衣领，扣好纽扣，拉好拉链，束好衣服，里衣下摆不外显。 评分标准：按要求穿好校服、佩戴好校卡（星期一上午要佩戴好红领巾）得 10 分，缺一项扣 1 分 / 人次，扣完即止。
	发型	5 分	要求：（1）学生发型符合学生身份和性别特征，不烫发、不染发。（2）男生头发前不过眉毛，侧不过耳朵，后不过衣领，长度不能超过 2 厘米。（3）女生刘海不过眉毛，如果刘海有点长，但又束不起来，需要用夹子夹好。 评分标准：发型符合要求得 5 分，不符合的扣 1 分 / 人次，扣完即止。
卫生		15 分	1. 佩戴口罩进校园，不佩戴口罩的一个学生扣一分，扣完即止。 2. 个人卫生：（1）头发、红领巾、衣服、鞋袜等干净无异味。（2）指甲干净整洁，且不超过 2 毫米。（本项抽查发现不符合要求的一项扣 1 分 / 人次，扣完即止。） 3. 环境区卫生，干净得 5 分，不干净扣 5 分。
课堂常规		20 分	每天按《河滨小学行政巡堂记录表》得分情况进行登记。
晨、午检		10 分	上午准时上交并填写无误（得 5 分）、下午准时上交并填写无误（得 5 分），否则各扣 5 分。

1. 检查要求：公开、公平、公正。
2. 仪容仪表、卫生检查人员：值日老师、值日中队。
3. 课堂常规检查人员：行政、班子成员代表。
4. 晨、午检检查人员：梁子明、刘建霞医生。
附：每天检查满分为 60 分，每周总共可获 300 分，若本周总分在全校 28 个班中排前 40%（前 11 名），即可获得当周"文明中队"荣誉称号。（若一周上课时间不足 5 天，则折算。）

表 3-2　课堂常规巡查记录表

巡查人：									第　周　星期
班级	人数	授课教师	科目	节次	教风	学风	卫生	当日总分	备注（眼操、律动操及学生课间活动也要关注）
一（1）班									
一（2）班									
一（3）班									
一（4）班									

说明：

1. 评价标准：

教风：3分——教师能尊重学生人格，没体罚或变相体罚、羞辱学生；1分或以下——教师有羞辱、体罚学生等不当行为。

学风：3分——师生认真专注，学习气氛浓；2分——学习气氛一般；1分或以下——学生学习状态差或其他违纪现象。

卫生：3-4分——教室摆布规范，课桌整齐，教室和廊道卫生整洁无垃圾；2分——教室摆布符合要求，课桌不够齐整，地面有少许垃圾；1分或以下——教室摆布不规范，课桌凌乱，地面有垃圾，卫生差。

2. 使用方法：巡查人员当天巡查记录一次，在相应的栏目上根据巡查情况记录分数。

3. 数据用途：每天公布一次，得分纳入当周文明中队评比，也作为班主任、授课教师绩效量化、评优的依据。

2. "班容班貌"评选方面（100分）

"班容班貌"主要是对班级文化、黑板报、学生作品展示栏、班级考勤登记和班级卫生共五方面进行评选。评选活动为一个学期两次，每次评选50分，总分100分。主要由相关检查队伍检查情况（如图3-5）。

图 3-5

表 3-3 班级文化、考勤登记表评选检查登记表

班别： （ ）班			登分人员：
项目		要求	得分（优：5分；良：3分；达标：2分；不达标：0分）
班级文化（班主任负责）	电子班牌	内容健康向上，符合学生年龄特点，突出本班培养目标。	
	班务栏	张贴整齐、美观，内容包括：课程表、班干部安排表、值日表、座位表等。	
班级考勤登记表		每节课都有考勤登记。	
备注：如该班在总体布局上比较突出，非常美观或新颖，可额外加 1—2 分。			
其他意见：			

表 3-4 学生作品展示栏、教室展板评选检查登记表

班别： （ ）班			登分人员：
项目		要求	得分（优：5分；良：3分；达标：2分；不达标：0分）
学生作品展示栏（副班主任负责）	版面	版面设计美观、合理，切忌繁杂俗气。	
	创意	自己动手制作编定稿件，自行设计标题饰和尾花，自编版图总体设计。	

续表

项目		要求	得分（优：5分；良：3分；达标：2分；不达标：0分）
教室展板（副班主任负责）	主题	标题位置适当，并能反映实际情况，主题内容与布置相符，选取反映主题的材料。	
	字迹	字迹端正，清晰，认真。	
	版面	版面设计合理，总体感觉良好。	
	创意	自己动手制作编定稿件，自行设计报头题饰和尾花，自编版图总体设计。	
其他意见：			

表3-5　教室卫生清洁检查登记表

班别：　　　（　　）班		登分人员：	
项目	要求		得分（优：5分；良：3分；达标：2分；不达标：0分）
天花板、风扇干净；窗帘靠边束好	天花板、风扇没蜘蛛网、灰尘；窗帘靠边束好。		
书包柜整洁	书包柜用纸包好，干净整洁。		
地面保洁	地面干净(没纸屑、没污迹)。		
桌椅摆放整齐	桌子要对齐，人离座位时椅子要推到桌子下方；桌椅四周没有杂物。		
课桌抽屉整齐	抽屉文具书籍摆放整齐。		
讲台整齐干净	讲台桌面简洁干净，教学工具摆放整齐。		
图书柜整洁	图书柜设计温馨，图书陈列整齐，图书类型丰富。		
窗台干净	干净无尘。		
不锈钢门干净	不锈钢门干净，没乱张贴。		
垃圾柜摆放整齐	清洁工具摆放整齐，垃圾桶清洗干净，垃圾柜门没明显污迹。		
其他意见：			

3."测评结果"方面（50分）

所带班级学生语数英三科成绩达到以下四个条件任意之一，一科加15分；三科都能拿到15分，另外奖励5分。

（1）该科班级学生期末测评平均分达到或超过级部平均分。

（2）该科学生期末测评结果合格率达到96%或以上。

（3）该科期末测评平均分比上个学期在级部有所进步。

（4）该科期末测评合格率或优生率对比上学期期末测评结果有提高。

4."班级荣誉"方面（封顶30分）

（1）所带班级在各级各类竞赛活动中团体获奖。校级：一等奖加10分，二等奖加7分，三等奖加5分。镇级2倍加分，依次类推。

（2）班级学生获得德育类称号，镇级每项奖励加5分，市级2倍加分，省级3倍加分，依次类推。在德育比赛中获奖，镇级一等奖加3分，二等奖加2分，三等奖加1分，市级2倍加分，省级3倍加分，依次类推。（德育类称号：市优秀少先队员、镇优秀学生、最美香市少年等；德育类比赛：法治情景剧大赛、"学宪法、说宪法"演讲比赛等）

（3）期末测评结果获得全优，一科奖励5分。

图 3-6

5.评比办法

（1）获得文明中队称号的次数超过本学期评选周次的60%。

（2）"文明中队""班容班貌""测评结果""班级荣誉"四个项目所加分数达到总分（200分）的90%（180分）。

（3）满足以上两个条件，则可评为"灵秀班级"。

6.补充说明

（1）结合学校绩效方案，获得"灵秀班级"的得15分，该班正、副班主任按6：4比例计算所得分值。

（2）其他未尽事宜，根据实际管理情况，由德育工作小组研究酌情加、减分。

（3）"文明中队"每日检查成绩及时反馈到校务日志处，如与实际情况不相符合，各班主任可在公示当天上午持有关证据与少先队大队部联系进行更正，逾期不予更改。

【结果与反思】

通过灵秀班级评选制度建设，我校班风渐正，学风渐浓，学生展现出爱护环境、团结友爱、刻苦学习、互相帮助、遵守纪律的良好形象，班级呈现出较强的凝聚力、核心力和向心力，班容班貌和学生的文明习惯有较大提升。在评比的具体操作中，评分人员要求熟悉评分标准，做到公平、公正。

（案例原作者：东莞市寮步镇河滨小学　祁金冰）

【案例点评】

该案例详细介绍了河滨小学灵秀班级评选制度建设的实施情况，并对相关评分标准进行介绍。河滨小学创设了一套具有自己特色的班级管理制度，并呈现了该校灵秀班级评选制度的完整性和可行性，具有较高的推广和借鉴价值。

第四章　美德课程探析

第一节　美德课程理论

现代文明的发展与进步很大程度上取决于我们教育系统的质量。纵观历史，教育系统的目标始终是向孩子们传授尽可能多的知识和技能，以确保他们能在将来的社会中获得物质方面的满足。然而，孩子们的发展却不单只依靠物质，我们许给孩子们一个美好的世界，应是和平、公正、真诚和人道的社会，这就提醒我们，应确保物质保障和精神引导相辅相成。为此，本着健全孩子的责任，需要在教育系统上增设能引导孩子们养成良好人性品德的美德课程。

一、美德课程内涵

美，是指美好的事物；德，古称之为得。遂，美德指的是美的事物可以吸引和得到社会中的一切。按《现代汉语大词典》的解释，美德是指高尚的品德。在人格心理学领域，美德的概念是：凡可给一个人的自我增添力量的东西，包括勇气、自信、乐于助人等，都可称之为美德。在积极心理学中，美德是性格优势的上位概念，不同的性格优势可以汇聚成不同的美德。遂，美德是至善至纯、至高人性的结晶，是一种大众所推崇的高尚道德行为，它主要提倡一种自制的、积极的态度。简单而言，美德就是指可以使人更美的品德，因美德而帅气漂亮。常见的美德包括：孝顺、礼貌、忠诚、节制、勇气、正义、慷慨、怜悯、仁慈、感激、谦虚、宽容、真诚、勤奋、坚韧、积极、善良、乐观、礼让、勤俭持家等。

课程，广义而言，是一种教育性经验，是对主题产生积极影响的各种因素的综合；狭义而言，专指学校场域中存在和生成的有助于学生积极健康发展的教育性因素以及学生获得的教育性经验。

所谓美德课程，是把美好的品德专题化，联系生活实际，通过课堂授课多种形式地进行师生互动，使美德能够被教授者、学习者获得和吸收，从而在课堂互动中引导孩子们意识到自己的人性本质，并激励他们发觉自我的真正潜能，成为一名独一无二、富有价值的人。因而，美德课程建构，需要教材和辅导员的助攻。

二、美德课程特点

美德课程是通过专题教学培养孩子们成为"社会人"所必备的善的品质，把社会群体的美德价值内化为个体美德行为规范。其目的是培养人追求善的行为，将人从有限性中解放出来，使之获得自由、永恒与无限。因而，所有课程内容的目标都是为了唤醒孩子们对人类美德的向往之情，引导孩子们渴望实践并用这些美德服务于人类。为此，美德课程的构建，需要有所针对，有所坚持。

第一，美德课程的系统性。美德课程需进行收集、归类和整合，以专题模块的方式呈现，对每个美德的概念、技能和语言给出系统清晰的构想，以确保在对学习者传授美德时，能够有整体的知识互动吸收。

第二，美德课程的年龄性。专题模块的美德课程对孩子们接受程度有一定限制和递进，所以需要根据年龄特点作出美德课程递进式授课的界线。这样，因年龄特点而有选择性地进行相应美德课程的授课，才会让孩子们更好地接受。

第三，美德课程的生活性。美德正反两面的素材来源于生活，植根于生活。凸显美德课程的生活性，才能将孩子们熟悉的生活场景重现，让孩子们有感而发。

第四，美德课程的活动性。孩子们在接受信息时存在不同类型的学习方式，如听觉、视觉、知觉和触觉等。为适应孩子们的学习方式，美德课程应设置具备趣味的活动，如歌曲、游戏、互动式活动等。视听结合的活动除了富有吸引力之外，还能活跃美德课程的气氛，引起孩子们对美德的探讨和探究。

三、美德课程建构之法

美德的宣扬、内化、践行及传承，需要透过具体的形式，而美德课程则是其载体。建构美德课程，需要有法可依，依据具体的方法方式开展。

第一，以国学教育为主线建构美德课程。如"传统美德诵读大赛""传统美德经典书画比赛""国学手抄报比赛""国学知识竞赛""传统美德读书心得比赛"等，让孩子们在活动中"与经典同行，与圣贤对话"，通过国学教育养成潜心学经典的好习惯，吸收古代圣人智慧的结晶，培养良好的品质，促进美德吸收。

第二，以体育艺术为主线构建美德课程。美德课程可以琴棋书画等古代文人修身所必须掌握的技能为重点，或者尝试增添太极拳等蕴含美德的体育运动，以此为基础开展美德体育艺术活动，提升孩子们的文化艺术素养，并借此宣传体育艺术体现的美德。

第三，以主题班会为平台构建美德课程。主题班会一直都是德育的主阵地，将美德融合进去，围绕美德进行专题教育，采用集中授课以及集中教学的形式，让孩子们能够由浅入深地了解美德，便于孩子们的消化和内化。

第四，以道法教学为载体构建美德课程。《道德与法治》教材是重要的思政教育载体，借助这一教材，融入生活实际，按照年龄段进行由浅入深的美德教学，是构建美德课程最直接、最方便的方法，而且更加规范和有条理。

四、美德课程下的美德教育

美德教育是一项系统工程，它既要体现在理论层面上，又要体现在实践层面上，而美德课程的构建，主要是在理论层面上体现美德教育，但其中加入丰富多彩的活动形式，也是为了将理论应用到实践当中，力图通过系列的美德课程，既传承中华民族传统的美德，又张扬现代的美德，让学生既能"爱国守法、明礼诚信、团结友善、勤俭自强、敬业奉献"，又要具有世界超前眼光和全球生存能力，让孩子们确立美德认知，产生美德情感，形成美德意志，外显美德行为，培养"既具有良好中华传统美德，又具有世界超前眼光、全球生存能力的社会主义高素质公民"，进而将人从有限性中解放出来，成为"中国的世界人"，使之获得自由、永恒与无限的幸福。

五、美德课程下的师生发展

美德是一种从内产生出的力量，当一个人心中充满着对世界的爱、对生命的尊重以及对世间万物的珍惜时，就会自然而然地产生美德。它是我们每一个人内心最深处的东西，人人都可以具有美德，而当一个人具有美德的时候，看起来就会更年轻、更有活力，为人也更亲切。美德除了能使我们看起来更美之外，也能使它的拥有者更加幸福。因而，美德课程的主要任务是透过师生间的互动教学而将师生内心深处的美德激发出来。

于师而言，构建美德课程有助于教师对精神教育这一板块有所探究，能够填补教育系统上关于精神教育的空白；也有助于教师正视学生现今的品德行为，以美德课程对学生品行有所调整和教育。

于生而言，学习美德课程，是为了积极向美德靠近，以美德作为处理人与人、人与社会相互关系的道德准则，使广大学生的成长有所依，整体提高学生的品行素质。

综上所述，美德课程的构建，是将美德教育规范化、课程化，作为学校德育内容之一，逐渐地将美德通过知情意行的形式让师生吸收，增强学校德育的实效性，激发潜在学生心灵深处的美德感。

第二节　美德课程建设

一、社会主义核心价值观教育课程

【案例背景】

社会主义核心价值观既体现中华民族的传统美德精华，又体现时代精神和要求。2018 年 3 月 11 日，第十三届全国人民代表大会第一次会议通过了中华人民共和国宪法修正案，将社会主义核心价值观写入宪法，充分发挥社会主义核心价值观的先导作用。

习近平总书记关于社会主义核心价值观做过重要指示，提出培育践行社会主义核心价值观应从娃娃抓起，使社会主义核心价值观内化为人们的精神追求。立德树人是学校教育的核心任务，主题班会应成为培育社会主义核心价值观的主阵地。

小学阶段是一个人品德养成的关键期，为培育和践行社会主义核心价值观，让中华传统美德植根学生心中，深化德育工作，东莞市石龙实验小学每学期都会分年级组进行主题班会集体备课，定出本学期年级组的主题班会内容。社会主义核心价值观小学主题班会系列课程的开发便在这样的基础上应运而生。

【案例主题】

东莞市石龙实验小学通过组织班主任集体研讨，以班会课为主阵地，建立社会主义核心价值观小学主题班会序列化体系，根据小学生各阶段的年龄特点和认知特征，结合中华传统美德，将社会主义核心价值观培育内容，按每学期班会主题横向延展、年级内容纵向递进的原则，构建起序列化班会主题体系，通过主题教育课程化，让每一个学生通过系统学习，感受家国情怀，具备家庭美德和社会公德，拥有正确的价值观，引导学生传承中华传统美德，践行社会主义核心价值观，追求精神的超越，为实现中华民族的伟大复兴贡献力量。

【案例描述】

为落实"立德树人"目标，传承中华传统美德，践行社会主义核心价

值观，我校以主题班会为抓手，开发"走好每一步——社会主义核心价值观小学主题教育课程"，务求发挥班主任团队的智慧和力量，相互借鉴、交流经验，取长补短，实现资源共享，共同提高，使主题班会更具科学性、趣味性、可持续性，达到最佳的德育效果。

1. 明确方案

我校主抓德育的叶副校长和德育处沈主任组织学校骨干班主任成立德育工作小组，拟定该课程建设方案。通过商讨，该课程的开发用三年时间分三个阶段有步骤有计划地进行：

第一阶段：准备阶段（第一学年）

（1）组织全体班主任通过学习相关理论，阅读文献资料，了解中华传统美德的内容，正确认识社会主义核心价值观的内涵，结合小学生各年段的年龄特点和认知发展水平，分年级制定与其相适应的主题。

（2）开展主题班会集体备课，通过班会课实践，不断完善主题班会的设计。

第二阶段：实施阶段（第二学年）

（1）根据社会主义核心价值观的主要内容确定各学段主题班会的主题，优化课程体系，开展主题班会实践研究，进一步规范主题班会的设计，制作课件、微课和录制优课。

（2）建立社会主义核心价值观主题班会资源库网站，将相应板块分解，分工负责上传资料。

（3）开展践行社会主义核心价值观主题班会课例展示活动。

第三阶段：应用阶段（第三学年）

（1）根据开展社会主义核心价值观主题班会的情况，对课程内容进行分析、总结。

（2）整理出版《走好每一步——社会主义核心价值观小学主题教育课程》系列教本，每年级一册，共六册，供各班主任使用，让各班的社会主义核心价值观主题班会课程能有序、常态化开展。

2.培训动员

明确方案后，第一学期初，我们先召集全体班主任进行培训。会议上，叶副校长向大家传达了社会主义核心价值观小学主题班会课程建设精神，沈主任对课程建设规划做了具体的阐述。会议结束后，再由年级组长带领年级组班主任认真阅读由教育部课题组编著的《深入学习习近平关于教育的重要论述》、新华出版社发行的《社会主义核心价值观学习读本》、教育部印发的《完善中华优秀传统文化教育指导纲要》以及《石龙镇2018-2019学年中小学主题班会系列（参考方案）》，务求从思想上达成共识，让主题的制定有一定的理论基础。

3.设计课题

经各年级研讨，初步确定每学期开展八课时社会主义核心价值观主题班会，一学年共十六课时。第一学期的社会主义核心价值观主题班会课题如下：

表4-1　实验小学社会主义核心价值观主题班会课程计划（上）

	一年级	二年级	三年级	四年级	五年级	六年级
第一课	入学教育——文明系列主题班会	交通信号要知道——文明系列主题班会	爱老师明责任——敬业系列主题班会	班级规则我做主——平等系列主题班会	主动承担，勇于负责——敬业系列主题班会	诚信在我心中——诚信系列主题班会
第二课	学会倾听，尊重他人——和谐系列主题班会	我为垃圾找个家——文明系列主题班会	肩挑责任学做主人——敬业系列主题班会	精彩人生，从打扫课桌开始——文明系列主题班会	身边的诚信故事——诚信系列主题班会	关注弱势群体——公正系列主题班会

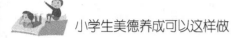

续表

	一年级	二年级	三年级	四年级	五年级	六年级
第三课	我爱国旗——爱国系列主题班会	我爱红领巾——爱国系列主题班会	爱祖国立志向——爱国系列主题班会	国旗飘扬在心中——爱国系列主题班会	我和我的祖国爱国系列主题班会	中国梦，强国梦——富强系列主题班会
第四课	学会排队——文明系列主题班会	礼貌用语说得溜——友善系列主题班会	榜样引领怀志前行——爱国系列主题班会	他和她都一样——平等系列主题班会	拒绝不良网站自强系列主题班会	细微之处显文明系列主题班会
第五课	课间活动不乱跑——文明系列主题班会	今天我是值日生——敬业系列主题班会	以诚换诚因信得助——诚信系列主题班会	我的手机我做主——诚信系列主题班会	换位思考，为他人着想友善系列主题班会	对身边的"小人物"说声谢谢你——友善系列主题班会
第六课	我会整理——敬业系列主题班会	诚信作业多重要——诚信系列主题班会	将心比心快乐相处友善系列主题班会	变废为宝有妙招和谐系列主题班会	请关注你的心理健康：今天你快乐吗？——自强系列主题班会	我替父母多分担——友善系列主题班会
第七课	不打不闹好伙伴——友善系列主题班会	小植物，我来护——和谐系列主题班会	文明用餐文雅有范文明系列主题班会	我是人气王——友善系列主题班会	诚信友善做学生友善系列主题班会	友善，从微笑开始友善系列主题班会
第八课	新年新气象——敬业系列主题班会	你有困难我来帮——友善系列主题班会	和睦相处共建良好家风——和谐系列主题班会	这些事我来做——敬业系列主题班会	你和我一样，都可以说出来——平等系列主题班会	快乐与安全同行——法治系列主题班会

　　各课时的主题虽然都体现了社会主义核心价值观的引领，但彼此之间似乎没有关联，比较随意，并不能形成系统，不符合课程最初的设定，还需要进一步推敲。我们再次组织德育中心组的教师进行研讨，在中华传统美德教育中渗透社会主义核心价值观思想的指引下，我们尝试结合学校的

校训，立足学生实际，着眼于学生的未来发展，探索出螺旋上升式的课程设计。于是，我们在学校"致远教育"的一训三风里截取了"致远、致强、致信、致善、致美、致行、致仁、致心、致言、致雅"作为课程的十个主题，每个学期五个主题，每个主题开设两课，也就是一学期上十节课，一学年共二十节课。这十个主题，我们都结合学生实际和美德教育赋予相应的内涵：

致远：实现远大的理想，成就事业上的抱负。体现一种矢志不渝的精神，立足现实，眼界高远，锐意进取，开拓创新。

致强：热爱自己的国家，有民族自信，懂得自我勉励，奋发图强，不断提升和完善自己。

致信：明礼诚信，求真务实，以"信"立人，以"信"服人。

致善：养成崇高的修养秉性，心怀善意，与人为善，善待他人。

致行：脚踏实地，遵纪守法。

致仁：有仁爱之心，尊重自然，仁爱万物。

致心：心理健康，明朗向上。

致言：言语雅致，善于沟通。

致雅：举止文雅，传递美言美行，谱写美好人生。

我们发现，围绕这十个主题设计相应的课题内容，正好能体现社会主义核心价值观的渗透：致远主题旨在培育学生锐意进取的开拓精神，体现了文明、敬业的精神内涵；致强旨在培育学生的爱国之情与民族自信，是实现国家富强、文明目标的根本保证；致美旨在培育学生孝老爱亲与勤劳俭朴的素质，是实现"小家"和谐、民主目标的基本内容；致善旨在培育学生的恻隐之心与仁爱之心，是营造自由、平等社会环境的应有之义；致仁旨在培育学生尊重自然与保护自然的品行，是营造人与自然和谐、平等生态环境的关键前提；致信旨在培育学生明礼诚信的品质，准确诠释了社会主义核心价值观中诚信的准则；致行旨在培育学生明辨是非、遵纪守法的素养，是全面建设公正、法治社会主义国家的素质保证。

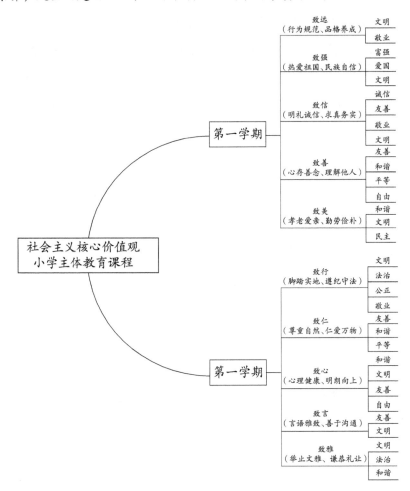

图4-1 课程主题设计与社会主义核心价值观渗透对应图

4.开展教学设计

每个年级根据一学年的十个主题内容设计出相对应的教学设计。这学期刚起步，我们就组织班主任先设计第一学期的教学内容。为了减轻班主任的工作量，我们把每个主题的设计任务分派下去，一个年级五个班，每个班主任只需负责一个主题两个课时的设计任务。各班主任针对自己要上的班会课集体备课的主题，根据学生实际情况认真研究主题、设计及搜集相关资料，写出自己的教案，提出自己独到的设想，记下有需要与大家研究的问题。

5. 集体备课

我们的主题班会集体备课每 2 周开展一次，每学期不少于 8 次，由学校教导处统筹安排，逢双周周二上午第三节班会课开展班主任集体备课（此时间段由副班主任开展常态班会课，纳入文明班评比），逢单周同一时间同年级正班主任（正班主任缺席则由副班主任代替）上对应的主题班会课。

过去，每次集体备课，我们都分以下两大环节进行：

第一环节，打造精品：（1）由一名指定年级主备人进行 5 ~ 10 分钟的说课。（2）分年级研讨说课情况。（3）每个年级推荐一名代表汇报本年级评价意见。（4）负责说课的年级进行复备。

第二环节，常态开展：（1）分年级开展。（2）按计划由主备人简单介绍主题备课设计思路。（3）年级内集体研讨。（4）个人复备，根据班情，自主修改设计。

为了突显社会主义核心价值观的引领，强调美德教育的渗透，我们在这学期的集体备课中专门加入一个分享环节：主备人进行说课后，先由一名指定的班主任结合中华传统美德根据年级学生特点对社会主义核心价值观培育的着力点进行解读，再分年级结合相关价值观的界定和培育着力点对本节课进行研讨，这样就使主题班会的设计更有针对性。

为确保集体备课的质量，我们还制定了相应的保障机制，让年级组长成为主题班会集体备课组实施集体备课的第一责任人和质量把关人，同时还有相关的出勤制度和奖励制度。因为有制度的保障，有固定的时间和地点，每次集体备课，我们全体班主任都能按时参加，并积极参与到研讨活动中。

有效的集体备课研讨，为社会主义核心价值观小学主题教育课程建设打下了坚实的基础。经过一个学期的努力，我们已初步完成第一学期的课程设计，课程建设已初步成型。

【结果与反思】

通过一学期社会主义核心价值观主题教育课程的授课活动，学生对中华传统美德和社会主义核心价值观不仅做到了熟知并牢记，而且对传统美德和社会主义核心价值观内涵的理解也更加深入、具体。与此同时，他们独立思考、分辨是非、自我评价、自我教育的能力也在逐步提升，他们会有意识地将课上所学、活动感知进行实践，将传统美德转化为自身的良好行为规范，在学习生活的各个方面践行社会主义核心价值观。同时，课程的建设，让学校的德育工作更有方向性。接下来，我们还要不断优化相关主题班会设计和建设该课程的评价方式，激发教师和学生参与的积极性，明确今后的发展方向。

（案例原作者：东莞市石龙镇实验小学　阮肖君　陈海明）

【案例点评】

中共中央办公厅《关于培育和践行社会主义核心价值观的意见》强调"培育和践行社会主义核心价值观要从小抓起、从学校抓起"。教育部《关于全面深化课程改革落实立德树人根本任务的意见》明确指出："大力弘扬中华优秀传统文化，把培育和践行社会主义核心价值观融入国民教育全过程。"由此可见，在基础教育阶段，对青少年儿童加强社会主义核心价值观教育和中华优秀传统文化教育是学校落实立德树人根本任务的重要内容。在本案例中，实验小学能以社会主义核心价值观小学主题班会为抓手建设相关的德育课程，引导学生落实中华传统美德，践行社会主义核心价值观，符合新时代的育人需求，在学生的成长中发挥着十分重要的作用。

二、"会"出创新"育"见美好

【案例背景】

主题班会是班主任在班级建设管理过程中，有针对性地对学生实施的有主题的、有目的的、有计划的、有组织的教育活动，是对学生进行道德教育的重要途径之一，需要学生的全面参与和体验。一节高效的班会课，尤其需要注意课前设计与实施过程，最终推动学生的自我教育和班集体的不断进步。

在每周一的主题班会课上，总看到这样的一个情景：学生都呆坐着，班会课由班主任搞"一言堂"，生硬灌输大道理，变成班主任的"独角戏"，学生谈"会"色变，并没有真正参与其中。可以说，这样的班会课充斥着"假、大、空"，有名无实，班主任上得无趣，学生听得没劲。这样以灌输为主的班会课，形式重于内容，浮于表面走过场，无法激发学生的参与兴趣，也无法真正引起学生情感上的共鸣，最终"雨过地皮湿"，育人效果当然大打折扣，甚至毫无效果。

对一朵花、一棵草、一棵树苗只施肥不浇水，它们也不能成长吧？班会应该是学生的会，需要让每一位学生都积极主动参与其中，在主题班会课上站起来，从而达到育人的目的。因此，如何设计一节高效的主题班会课是每一位班主任必须思考的问题。我们学校针对以上的情况，从 2018 年开始开展美德系列主题班会课。这几年，我们开展了"有序、爱国、专注、守时、有礼、诚实、感恩、节俭、勤劳、孝敬"这十大主题的美德教育。我们以美德系列主题班会课为主要教育阵地，改变传统主题班会课"内容空洞、形式单一、主题模糊、效率低下"等诸多弊病，在美德系列主题班会课中培养学生的优秀品格，使其变得更加精彩、更有张力、更具教育效果。

【案例主题】

英国教育家斯宾塞曾说过"课程是奔向育人目标的'跑道'"，也就是说，课程即学生成长的"跑道"，我们所有的育人目标，最终必然要落实于课程。班会课亦是如此。因此，聚焦"以德育人"这一目标，我们紧扣学生的年龄、认知和心理特点，根据学生身心成长的需要，形成了美德系列主题班会课程建设的框架，并在实践中认真组织实施，取得了良好的效果。

【案例描述】

在学校开展美德教育的背景下，如何设计一节有主题、有目的、有计划、有组织的美德系列主题班会课成了我们迫切需要探索的问题。下面将以中心小学近几年来美德系列主题班会课为案例，从五个方面阐述如何围绕美德目标去设计美德系列主题班会课，并在课堂上认真组织实施，初步展示该校美德系列主题班会课程建设的框架。

1. 以目标为核心，确定品格

主题是班会的灵魂。美德系列主题班会课的"主题"一词，意味着每堂课都要有中心有目标，而不是东一榔头西一棒子，任意随性地将学生的思想教育做成一锅"大杂烩"。在学校开展美德教育的背景下，首先需要解决"培养什么样的人"问题，从而确定开展的主题，明确教育目标，进行总体设计。中心小学坚持贯彻"以教师为主导，以学生为主体"的教学理念，针对我校实际情况，创新美德系列主题班会课的形式，让每一位学生在主题班会课上站起来，以班会课为媒介，从而达到以德育人的目的。具体实践中，我们一边研究、探索，一边总结、完善，并逐渐将理论与体验活动相结合，有机地融入美德系列主题班会课中。每个学期开展两到三个德目，每周一围绕目标开展系列的美德主题班会，让学生在充分的时间内习得美德。为了让学生更好地浸润在美德教育中，主题班会围绕系列性、连续性的主题，层层递进，凸出每种品格独特的魅力，让学生在品格教育中得以成长。近几年，我校已经成功开展了"有序、爱国、专注、守时、有礼、诚实、感恩、节俭、勤劳、孝敬"这十大主题的美德教育。

2. 以问题为导向，制定主题

主题班会的开展为解决班级的共同问题。有了目标，我们就可以朝着目标出发，明确每种品格的教育方向。我们一开始无从入手，摸着石头过河，慢慢去思考。每个品格包罗万象，不可能眉毛胡子一把抓，要有重点，要找到最适合本班的实际问题，这其实并不是一件容易的事。只有做好充足的准备，才会让我们接下来的主题班会游刃有余。为了避免泛泛而谈，我们以问题为导向，主要从学生的实际问题出发。每节班会课前，班主任都会是"偷拍小记者"，有意识收集班级出现的问题，有事例、照片、视频等，都从学生身边的人与事入手，制定贴合学生生活实际、非常接地气的小主题。这样的小主题，按照学习进度及学生心理特点进行渐进式设计，能调动学生学习的积极性，使其在潜移默化中得到熏陶。如本学期的"有礼"品格培养，从仪容有整、行走礼仪、交谈礼仪三大板块进行教育，在每个版块下面再细分小主题，系统地深化巩固"有礼"。例如，针对孩子们在校园中追逐打闹导致断牙事故频发这个问题，我们制定了行走礼仪主题，包括进出校门口的行走礼仪、在校园中的行走礼仪，明确在校园中哪些场合不能"跑"，而是"以走代跑"，让学生学会"快步走"，通过呈现校园事故的真实案例、图片、视频等多媒体资源，逐步体现出"有礼"品格下的行走礼仪。又如，我们在本学期开展了"孝敬"品格培养，根据学生不同年龄阶段心理特点与学校的学期进度安排进行了四个小主题设计：第一，知孝——孝敬长辈，从我做起；第二，说孝——口说孝敬，传扬孝道；第三，行孝——总结《孝敬长辈公约》；第四，扬孝——宣传与总结孝敬行为。在这四个渐进式小主题下，我们又按照低、中、高年级来设计教学内容与侧重点。

图4-2　行走礼仪主题教育

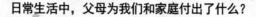

课前学生调查

日常生活中，父母为我们和家庭付出了什么？

1.说说爸爸妈妈在家里都忙些什么？
操持家务、照顾老人、照顾孩子……

2.父母为我们付出了什么？
（1）在生活上，父母悉心照顾我们，呵护我们，衣食住行都为我们操心。

图 4-3 孝敬主题教育

3. 以榜样为指引，表扬激励

同一情景，不同的学生看法不同，感悟不同，形成丰富的教学资源。学生的价值取向出现多样化的趋势，在一个班集体当中，榜样的作用是无比强大的，班级中正面教材往往起到不可思议的大能量，相反，反面教材也有"野草烧不尽，春风吹又生"的强大模仿性，这时需要班主任帮助学生树立正确的价值观。俗话说：近朱者赤，近墨者黑。良好的榜样就是班级的"火车头"，能拉动整个班级前进，让学生爱上主题班会课，在这节课里可以跟自己心中的"偶像"拉近彼此的关系。如开展诚实品格教育时，笔者先设计问题："你身边有特别诚实守信的人吗？"学生们开始七嘴八舌谈论起来，分享平时生活中收集的班里好人好事，举例陈心怡拾金不昧，在学校门口捡到五十块钱直接交到教导处的故事。这就是一个教育的契机，笔者抓紧机会对陈心怡同学进行表扬，激励其他同学向她学习，引导班里学生都形成"拾金不昧"的美德。

图 4-4

　　如果说正面教材值得人人称赞与学习，那么反面教材就如野火烧不尽，春风吹又生的草，剪不断，理还乱，让班主任感到糟心。就像两周前我班发生的一件事，一开始也没想过最后会演变成这样。事情发生在周五，笔者外出培训突然接到一个电话，让笔者在视频里认人。笔者心里疙瘩一下，这不是我们班的梁晓潼同学吗？准是闹出事情了。果然，这胆大包天的梁同学在进校门时没带校卡，值日老师让登记名字，这"小聪明"竟然在登记表上冒充其他班的同学，这不，人家班主任说了班里没有这号人物，查监控后找到笔者了。笔者恨不得立马冲回去问问梁同学的情况，终于等到了第二周周一，在一大早教育了梁同学一番，晓之以理，动之以情，总算让她认识到不诚实登记的错误。那天刚好有班会课，笔者就以匿名的方式把这件事在主题班会课上好好说教了一番，让学生们引起警醒。万万没想到，适得其反，之前还没这种风气，慢慢冒出不诚实登记，学生们竟然开始模仿，不诚实的现象越发多了起来，连没戴红领巾没穿小白鞋的学生都开始效仿梁同学的冒名顶替做法，完全把笔者一开始讲这件事的初衷扭转了，后来，用了九牛二虎之力才纠正了这种坏风气，让笔者深刻体会到那句：一个良好的习惯养成需要21天，而坏习惯只需要三天。所以，主题班会课要以正面教材为指引，树立起班级的榜样，引领正确的方向。

4. 以体验为重点，形式多样

让每个学生参与到主题班会课并不是一句口号，如何引导不主动学习的学生参与到班会课中，这是一个难题。关关难过关关过，发现问题是直面机遇与挑战的开始。出现问题，一方面是因为有的学生的积极性未能被调动起来，另一方面可能是没有合理地分配任务。蒙台梭利曾说："听到的记忆不深，看到的容易忘记，只有亲身体验到的才刻骨铭心，终生难忘。"正是生活体验带来的刻骨铭心，才使学生把这个品格深深烙印在心中。

因此，我们要调动学生的积极性，释放学生的潜能。爱因斯坦说过一句名言：人的差异，是在休闲的时候表现出来的。骏马必出乎莽原，蛟龙定归诸沧海。要激发学生的潜力，就要放手让学生去创造，给他们时间，给他们舞台，给他们选择的机会。要构建和谐高效主题班会课，就要改变过去那种"填鸭式"的教学方法，而是一切以学生为中心，尊重学生的兴趣，引导学生讨论交流，鼓励学生大胆实践，让学生在游戏活动中有所收获，成为课堂的主人，变被动学习为主动学习，使学生爱学、乐学。体验式的主题班会课是最好的方法，我们可以采用真实的活动体验方式，调动学生的积极性，注重组织的灵活性和形式的多样性，提高学生的参与度和专注度。

（1）情景演练

如在学习行走礼仪的主题班会上，笔者通过演一演的方式呈现出校园的意外事故，强调在校园里追逐打闹很有可能会发生意外。笔者特意邀请两名学生上台演示，还原在校园里追逐打闹的情景。学生看得不亦乐乎，甚至在两名演示学生快要撞上的时候与笔者一起喊停，着急万分。笔者通过创设情境，引导学生思考意外发生的原因，从中反思避免的方法。整堂课在活跃的气氛中进行，学生也非常积极地参与到谈论当中，学会在校园里的行走礼仪，认识到需要轻声慢步，注意校园的安全隐患。

实践演练

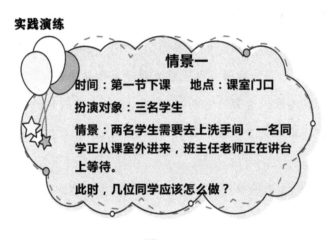

情景一

时间：第一节下课　　地点：课室门口

扮演对象：三名学生

情景：两名学生需要去上洗手间，一名同学正从课室外进来，班主任老师正在讲台上等待。

此时，几位同学应该怎么做？

图 4-5

（2）辩论分享

班主任需创设开放、自由的言论环境，让学生实现自我教育。针对学生的真实存在问题，全班展开讨论，给每一个学生合理地分配任务，通过学生的交流、讨论及教师的点拨来提高学生认识问题和分析问题的能力。班主任需要鼓励学生展示自我，大胆表达自己内心真实的想法。学生在思维及言论的相互碰撞中，自然而然地进行分析判断选择，从而澄清观念，并实现自我教育。比如，这学期"仪容有整"的主题班会课上，笔者问学生："仪容有整"包括哪些方面？学生们展开热烈的讨论，你一言我一语，以思维导图形式把"仪容有整"的方方面面说出来，还边说边演示，结合自己的亲身体会共同交流、分享，以"聊"为主，达到自我认识、自我教育、自我提高的目的。

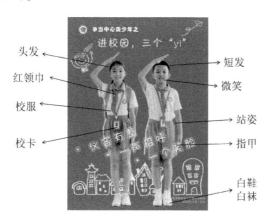

图 4-6

（3）巧用多媒体

美德主题班会可以采用多种形式,如听音乐、讲故事、诗歌朗诵、微课、班里身边同学真实事例图片、视频等去调动学生的积极性。例如,在"学生个人形象"主题班会上,笔者以"酒店老板与无赖"故事分享让学生明白个人形象的重要性;再如,在"让有序成为一种习惯"主题班会课上,以《活泼可爱的花栗鼠》纪录短片引出"有序小精灵"——花栗鼠,通过出示课前收集的班里学生杂乱无章座位的图片,引导学生谈谈感想,然后师生交流,总结出《有序歌》"桌面要干净,抽屉要整齐。桌椅摆整齐,垃圾随手捡",从而把有序美德深深根植在孩子们心中。

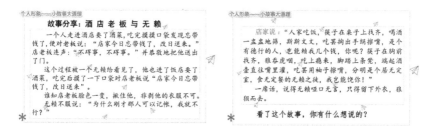

图 4-7

我们的家

你觉得花栗鼠愿意来我们的教室安家吗？

图4-8

（4）游戏体验

爱玩是孩子们的天性，以游戏实操的方式开展主题班会，可以充分激发孩子的学习兴趣，营造出有活力的课堂氛围。如"学生个人形象——仪容有整"主题班会课上，笔者设计了三个比赛实操环节，第一轮戴校卡比赛，第二轮束衣服大赛，第三轮男女分别 PK，男生扣纽扣，女生扎头发，利用优化大师随机抽选学生上台比赛，比一比谁的速度最快，评一评谁的质量最高。台上的参赛选手激烈比拼，台下的观众作为评委为他们加油，评选出第一名，全员沉浸在紧张而激动的氛围中，做到人人参与，在实操中学会了如何整理自己的仪容，达到本节主题班会的目标。

图4-8

5.以集体为力量，合作学习

　　每个学生都有集体归属感，都希望在集体中得到关注与爱护，获得前进的勇气，这也是我们德育的主要内容。集体的力量来源于大家每个人的贡献，一个好的班集体，就像拧成的一股绳，团结而有力，有一个和谐的课堂氛围。团结的力量是强大的，主题班会应该注重集体意识的培养。教师成天的说教，对于学生来说无关痛痒，不过是过眼云烟。只有逐步由讲授走进合作，才是共赢。根据学生就座位置，划分几个学习小组，学生能自学完成的先让学生自学，有难度的通过小组合作学习来解决问题，经过合作学习仍然存疑的，教师的讲授才起到画龙点睛的作用。这种教学模式打破了传统的"教师讲，学生听"的二维模式，构建了一个"师生对话，生生对话，生本对话"的三维模式。新课程改革要求教师把课堂还给学生，以学生为教学主体。例如，笔者在开展"让有序成为一种习惯"主题班会课中，准备了游戏活动"垒铅笔塔"，以6个小组为单位，每个学生将自己笔袋的笔都拿出来，然后大家一起想办法将笔向上垒起来，看看哪个小组垒得又高又稳。在通力合作的过程中，学生们感受到集体的力量和集体的智慧，从而体悟到本节课的主题"有序"的力量，只有有序排队，才能垒得高，生成性课堂教学由此诞生，轻易就完成本节主题班会的教学目标。

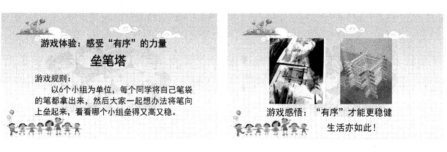

图4-9

【结果与反思】

"纸上得来终觉浅，绝知此事要躬行"，美德系列主题班会课唯有回归学生的真实生活，让学生在真实的体验中感悟与思考，其教育的意义才能真正地体现，并真正地对学生起到入脑入心的教育效果。

笔者通过以目标为核心、以问题为导向、以榜样为指引、以体验为重点、以集体为力量这五个方面的设计，创新了美德系列主题班会课的形式，逐步实现让每一位学生都积极主动参与其中的目的，使其成为课堂的主人。课程润泽生命，美德系列主题班会课在特色课程建设的深处扎根生长。在不断教学实践中，学生学会在榜样身上获得启发，在集体中表现自我。而且，美德系列主题班会课得到不断完善与改进，形成了美德课程建设的框架，对培养学生良好的行为习惯起到了一定的教育效果。例如，在开展美德主题班会课"让有序成为一种习惯"之后，学生不仅在课堂上通过活动体验感受到有序的力量，在生活中也变得井然有序，自觉排队去装水、洗手，书包、书本、作业等学习用品做到物有定位，物归原位。在"有礼"主题班会课后，学生从课堂延伸到课外，见到师长，能够主动敬礼问好，跟来宾打招呼，校园里少了追逐打闹的身影，大家都形成"快步走"的习惯。学习节俭美德以来，学生更是把节俭美德系列主题班会课上每个子主题践行到底：节约粮食——光盘行动；节约水电——喝多少水打多少水，不开无人灯，践行早操和大课间要关电源，放学时最后走的一位学生一定要关灯关门；垃圾分类——收集矿泉水空瓶到垃圾分类桶，每次一有喝完的矿泉水瓶，学生自发拿下去；精明购物——学会了合理消费，货比三家。

但是，经过不断的尝试，一边研究、摸索，一边总结、完善，笔者发现美德系列主题班会课的设计与实施存在以下问题：

1. 美德系列主题班会课缺乏课堂评价机制

有时候美德主题班会确实学生参与了，但是缺乏课堂评价机制，学习效果无法评判，学生过多的是肢体的参与，活动和表演一个接一个，但是缺少情绪情感的投入，为了表演而表演，为了活动而活动。这只是看似热闹，却没有唤醒学生内心的道德认知以及价值观的判断和选择，从而未能让学生自我省悟、自我教育，将内心的道德情感真正内化为品格德性。因此，往后美德系列主题班会课应该建立评价体系，检测学生的学习效果。

2. 课后的美德主题延展性有待提高

美德主题班会之后，没有对学生的动态进行追踪和反思，缺乏美德主题活动的延展性，没有达到班会课预期的效果。例如，"有序"主题班会课后，经过接下来的几个美德主题的学习，学生有序行为大打折扣，并没有坚持做到物有定位，物归原位的约定。如何让学生坚持践行学习过的美德是我们有待研究的命题。

3. 反思设计和实施中的成败

每一节美德系列主题班会课的设计，都是一次全新的尝试。同一个美德主题的班会课，不同的班级有不同的课堂生成，实施过程都有值得借鉴与改进的地方。我们应该反思设计和实施中的成败，及时记录，以便设计好下一次的美德系列主题班会课。

（案例原作者：东莞市寮步镇中心小学　叶佩珊）

【案例点评】

本案例中，以学校的德育理念为引领，以美德系列主题班会课为媒介，改变传统主题班会课教师"填鸭式"的说教模式，聚焦"以德育人"这一目标，结合学生的年龄、认知和心理特点，通过以目标为核心、以问题为

导向、以榜样为指引、以体验为重点、以集体为力量这五个方面的设计，创新了美德系列主题班会课的形式，并在实践中认真组织实施，形成了美德系列主题班会课程建设的框架，取得了良好的效果。用课程润泽生命，学生的全面参与和体验，在教与学之间产生情感的共鸣，培养学生习得品格，在美德教育中得以成长。这样有主题、有目的、有计划、有组织的美德系列主题班会课具有一定的借鉴和参考意义。

三、文明课间 从我做起

【案例背景】

课间十分钟是学生的休息时间，是按照教育部的规定而制定的。课间，简单来说就是上下两节课程的连接部分。短短十分钟的课间时间最能体现一个学校的管理水平和学生的精神面貌，课间的时间也是根据学生的身心发展规律及心理要求设定的，目的是为了让学生减少压力，放松自我，缓解眼部疲劳，愉悦身心，为下一节课做好充分的准备。但是现在很多学生，在课间十分钟追逐打闹，大声喧哗，在走廊上玩着一些带有危险性的游戏。所以，课间也是校园事故的高发期。

【案例主题】

德育理念是指学校推进品德教育工作的基本思想，它既是对学生思想品质的要求，又是对学生日常行为的规范。河滨小学的德育理念是"知羞恶，行美德"。"知羞恶"，是指有羞耻之心，"行美德"是指举止文雅，行为端庄，有规有矩，以礼待人。根据小学生的年龄特点和现有的知识基础，本着"以学生为主体"的原则，笔者采用"强化植入"的实践方式，充分发挥我校美德教育的优势，积极创设高效的五分钟安全教育课。

【案例描述】

2017 年 3 月 1 日，省教育厅印发《2017 年安全生产特别防护期工作方案》（粤教保函〔2017〕26 号），要求各地要积极推广"天天讲安全"宣传教育模式，指导各学校利用每天两至三分钟对学生开展提醒式安全教育。

寮步镇河滨小学是一所注重安全教育的学校，从 2019 年下半年开始，除了每周的假前安全教育外，每天会利用 14:00—14:05 进行"天天讲安全"教育。这种方式能够潜移默化地提高学生的安全意识，产生了较好的实效。

1. 课程发展

第一阶段，学校让各班班主任及副班主任在每天的安全时间里宣读《天天讲安全》读本相应的题目及内容。经过一段时间的试验，由于只是教师在台上讲，学生在台下听，发现学生在这短短的五分钟里掌握效果差，并没有达到很好的效果。所以就进入到发展的第二阶段，低年段的由教师宣读，而后学生分享学习心得；高年段的就由学生上台宣读读本内容并分享心得。虽然在这个阶段增加了一些师生之间的互动，但由于部分内容在一段时间内是需要重复宣读的，久而久之，学生对课程的兴趣就有所下降。

学校安全教育部经过一段时间的观察和思考，最终决定利用学生爱看动画的特点，根据中小学生安全教育实验手册《天天讲安全》，用动画软件制作安全教育视频。用动画的形式来展现，学生的接受性高，就算是重复播放也能集中精神去认真观看学习。

2. 文明课间课程的开发

中小学生安全教育实验手册《天天讲安全》读物中，很少有关于课间安全的内容。由于新学期开学，学生在课间活动时比较躁动，喜欢在走廊上追逐打闹，或者玩一些追人游戏等不安全、不文明的活动，从而产生了一些安全事故。比如，两学生在追跑时撞倒一名女同学，以至于这名女同学额头肿了一个包；又如下雨天，学生在湿滑的走廊上奔跑，以至于滑倒受伤。

图 4-10

学校安全教育部决定 2020-2021 学年度第二学期第三周在每天的安全时间里以动画视频方式开展文明课间活动宣传。

在开发课程前，需要了解课间不文明活动的原因。为了能更好地了解学生的想法，笔者在课间时候找了个别学生进行询问："同学们，老师刚刚看到你们在活动区跑步跑得特别开心，能告诉老师你们在玩什么吗？"学生 1 兴奋地说："我们在玩追人游戏呀，可好玩啦！"笔者继续询问："为什么那么喜欢玩追人游戏呢？"学生 2 又说："很刺激呀，上课坐太久了，不能乱动，还不能和同学说话，下课了和其他同学跑一下会很开心。"

听完学生这么说，笔者更清楚地了解到为什么学生会在课间进行一些追逐打闹的活动，除了能放松自我之外，更多的是因为在课上束缚感太重。

学生一周有五天是在校园中度过的，从他们进入校园起就是两点一线地进行活动，要不就是在教室上课，要不就是在室外活动。由于上课时间长，小学生的承受能力较弱，加上自控能力较差，所以他们需要在课间短短的十分钟通过奔跑等活动来发泄自我。

经过一段时间的观察和对学生的询问，由于小学生的自我约束能力不够，说过的话忘得比较快，学校决定制作一系列关于文明课间活动的安全教育短视频，采取"强化植入"方式，把文明课间内容分为两个部分，一个是展示课间进行不文明活动的视频，另外一个是如何更好地，更安全地利用课间十分钟。这两个部分的内容在一周内循环播放给学生观看。笔者在设计第一部分文明课间活动短视频时就想先以课间不文明行为为主题，让学生了解到哪些活动属于课间不文明行为。

在开学第三周的周一下午的天天讲安全时间中，笔者在班上播放短视频《中小学课间活动安全注意事项》。在学生观看完视频之后，笔者以朋友身份和学生进行了一些互动。"今天我们观看的这个短视频，大家能联想到什么呢？"学生1兴奋地举手说："我能想到我们下课在走廊玩游戏的场景。"学生2又说："让我想到了老师说过下课不能追逐打闹，不然容易受伤。"笔者接着说："这两位同学都很棒，那么根据视频里的提醒，我们如何更好地利用这短短的十分钟呢？"学生们纷纷举起手来，学生3说："首先在下课时要做好下节课的课前准备，然后就是看自己要不要上洗手间。"学生4："我们在玩游戏的时候不能疯跑，要玩一些安全文明的小游戏，例如跳绳、'石头剪刀布'等。"笔者总结："相信观看完这个视频后，大家都能了解到不文明课间活动有哪些，老师希望大家可以思考一下，你平常在课间是否也会做这些活动呢？"经过了短短五分钟的文明课间注意事项学习，学生对如何安全地进行课间活动有了一定的了解，并对自身参与活动的行为进行了自我反省。

课间十分钟由于没有班主任或值日老师在场监督，所以这个时间段是学校安全工作的盲点，极容易发生安全事故。所以第二部分"如何更好地，更安全地利用课间十分钟"会给学生一些温馨提醒或展示一些文明、安全性高的课间活动。在第三周的周二下午安全教育时间里，笔者通过视频方式给学生清楚地展示一些课间的小游戏，如猜谜语、讲笑话、眺望远处的绿色植物、跳绳等有益身心健康、容易释放学习压力的活动。

这一系列的安全教育视频在一周内循环播放，加深学生对文明课间的认知和了解。经过一段时间的观察，发现在课间追逐打闹、大喊大叫的情况减少了，学生们都有秩序地进行放松游戏。

图 4-12

创建一个文明有序、健康快乐的校园氛围，有利于落实河滨小学"知羞恶，行美德"的德育理念，让每位学生都能成为"有素养，会合作"的灵动少年。

【结果与反思】

培养学生的安全意识是学校安全教育的总目标，"强化植入，天天讲安全"是培养学生安全意识的有效方法。小学生掌握概念是一个主动的、复杂的认识过程，学校从最初的教师讲安全过渡到学生讲，到最后通过重复播放安全教育动画视频，使学生通过直观形象，逐步抽象、内化成概念，从对课间活动安全规则的一知半解到观看完视频后掌握更全面的安全知识，在学习的过程中都能感受到学生的积极性。通过这次学习，学生在课间活动中一些追逐打闹、大声喧哗的现象逐渐减少，孩子们除了反省自身行为是否恰当外，还会善意地提醒身边的同学及时改正不文明的活动行为。

（案例原作者：东莞市寮步镇河滨小学　陈欣欣）

【案例点评】

由于小学生的身心发展规律及心理特点，教师需要对一些不文明、不安全的课间活动进行反复的强调，去加深学生的印象。本案例中，学校采用天天学的方式，让学生在每天固定的一个时间段进行天天讲安全教育，从小开始培养学生的安全意识。本节案例的课程内容和课程形式符合本校学生的实际学习情况，让学生在形成安全意识的同时懂得无规矩不成方圆的中华传统美德。学生的安全健康，不仅关系到每个家庭的幸福，更关系到整个社会的稳定祥和。

四、"国旗下讲话"美德课程

【案例背景】

河滨小学实行每周一升旗和"国旗下讲话"活动，主要是围绕学校主题教育、学生生活、文明礼貌、习惯养成常规等，时常会有许多令我们欣喜的、感动的、值得反思的片段、场景等。总体来讲，国旗下讲话是升旗仪式的一个关键程序，是庄重又严肃，同时富有教育性的活动。

【案例主题】

国旗下讲话是对学生进行集体教育的一个重要时机，具有特殊意义。本学期围绕学校的中心工作，紧扣明礼这一核心内容，确定每月教育主题，分别以明礼、悦阅、艺术、慧学四大主题活动，渗透形象美、语言美、行为美、心灵美。

【案例描述】

每周一升旗和"国旗下讲话"活动，主要是围绕学校主题教育、学生生活、文明礼貌、习惯养成常规等，时常会有许多令我们欣喜的、感动的、值得反思的片段、场景等。

本学期，河滨小学根据 2020-2021 学年度第二学期国旗下讲话活动安排，有序开展了《三月春风暖 雷锋伴我行》《维持有序课间，争做美德之星》《我是灵动少年形象代言人》《珍爱生命 安全第一》等国旗下讲话活动，使学生说文明话，做文明事，逐步养成文明的行为习惯。

1.前期准备

开学前，结合学校实际，制定了 2020-2021 学年度第二学期河滨小学国旗下讲话活动安排表，明确主题内容，从六至二年级按顺序排列，各中队负责一个主题国旗下讲话活动。

2.讲话稿准备

讲话稿和 PPT 内容对应主题内容，要求用现实说话，贴近学生生活，由各中队辅导员负责撰写，讲话稿于本班值周的前一周星期二发给大队辅导员进行审阅。要求各中队辅导员辅导国旗下讲话的队员熟悉讲话稿。

3. 着装要求

演讲者着装符合"灵动少年形象美"要求，应规范佩戴校卡、红领巾，穿蓝色校服配白色袜子和白色运动鞋。整理好衣领，扣好纽扣，拉好拉链，束好衣服，里衣下摆不外显。学生发型符合学生身份和性别特征。

图 4-13

4. 演讲者讲话要求

上台讲话前要做好充分准备，熟读讲话内容，活动当天早上 7：45 分准时到教导处集中并准备上台细节。讲话时间为 3 ～ 5 分钟；讲稿 500 ～ 800 字，目的明确，语言生动，富有感召力；演讲者态度认真，普通话标准流利，演讲自然大方，富有激情。

表 4-2　2020-2021 学年度第二学期河滨小学国旗下讲话

月份	周次	月主题	周主题
二月	1		礼传河滨
三月	2	明礼	三月春风暖　雷锋伴我行
	3		我是灵动少年形象代言人
	4		文明课间
	5		交通安全
	6		缅怀先烈
四月	7	悦阅	能说会道好礼貌
	8		珍惜生命　注意安全
	9		携手爱地球
	10		尊重知识　崇尚科学

续表

月份	周次	月主题	周主题
五月	11	艺术	多才多艺好行动
	12		感恩的心，感谢有你
	13		注重营养，健康成长
	14		艺伴童年·乐驻童心
	15		崇德向善好修养
六月	16	慧学	定好计划，向着目标前进
	17		养成良好的学习习惯
	18		善用时间，成为学习的主人
	19		党是心中的明星

图 4-14

【结果与反思】

明礼是行为的端正，习惯的改善，修养的提高，品质的提升。通过这个月的国旗下讲话，学校突出了对学生美德的培育，提升了学生的文明素质，营造出礼貌用语常在嘴边的校园氛围，让学生进一步了解身边的美德要求，包括树立良好卫生习惯、自觉维护校园环境、爱护公私财物、遵守纪律、自觉排队就餐等。

（案例原作者：东莞市寮步镇河滨小学生　祁金冰）

【案例点评】

该案例详细介绍了河滨小学国旗下讲话各项准备工作和演讲者要求等，有序开展了《三月春风暖　雷锋伴我行》《维持有序课间，争做美德之星》《我是灵动少年形象代言人》《珍爱生命　安全第一》等国旗下讲话活动，体现出德育培养是一个漫长的教育工程。所谓"立德树人，润物无声，跬行千里，践行美德"，国旗下活动在庄严的氛围中进行文明教育，成效明显，具有较高的推广和借鉴作用。

第五章　美德教学实践

第一节　美德教学方式

美育是指培养学生认识美、爱好美和创造美能力的教育，是学校培养全面发展的学生不可缺少的组成部分。美育是一个比较复杂的系统，已经纳入学校人才培养全过程，贯穿学校教育各学段。为了应对新时代的变革，培养面向未来的、德智体美劳全面发展的社会主义建设者和接班人，我们应如何开展美育？

一、美育教学方式

美育作为素质教育的重要组成部分，除在艺术教育中的渗透，还可贯穿于其他学科教学中，融合在学校与班级文化建设中，体现在学校各项活动中。

第一，美育渗透于各学科之中，与学科深度融合发展。各学科都具有其独特的审美韵味，如语文课的语言魅力、数学课的逻辑思维以及科学课的实践奥秘等。当从审美的角度切入，学生在学习知识的过程中，也可以充分享受美育带来的知识产物，从而提升小学生对学习的兴趣。在教学中融入美育，是培养学生健康的审美观，发展学生鉴赏美和创造美能力的过程。

第二，情绪体验结合逻辑思维，校园活动落实美育体验。美育不仅在课堂上，更在学校开展的各项有趣的校园活动中。校园活动通过作品展、演讲朗诵赛、美术绘画实践等，进行各项美育互动，创设真实的美育欣赏情境，推进学生动手实践能力的提升与美的展示，使孩子们得以更专业、更便捷、更全面地学习美育知识，开拓视野，温润心灵。

第三，"互联网+"与美育深度融合，智慧课堂全方面展现美。《国务院办公厅关于全面加强和改进学校美育工作的意见》指出："以国家实施'宽带中国'战略为契机，加强美育网络资源建设，加强基于移动互联网的学习平台建设。"由此可见，随着网络时代发展，目前已具备高质量的美育网络资源和平台。我们要利用好网络平台，打造校园特色新媒体中心，推进线上多样、便捷美育活动的开展。

第四，校园布置体现美育，教育联系学生实际心理需求与生活。校园环境中的每一个元素都包含着审美认知，诸如校园环境、教室文化、艺术活动、美育课程等，都要注重在其中开辟出覆盖学生发展全过程的美育实践路径，在潜移默化中培养学生的审美能力。美育要紧密结合学生身心发展特点，与他们现实生活中所见所闻紧密联系。只有这样，学生才能有感而发，内外结合，提升认识与创造美的能力。

第五，家校携手共美育，锻造幸福人生。美育的过程，是一个灵魂唤醒另一个灵魂的过程。其间，学生不断被熏陶、感染，于润物无声中提升综合素质。家校增强交流与联系，共同携手开展美育是关键。这样更有助于促进学生日常行为的规范和良好学习习惯的养成，提高广大家长的基本素质和家庭教育水平，不断创新家长学校的美育教学模式，积极构建家庭、学校、社会一体化的美育体系，内外兼修，锻造孩子的幸福人生。

二、美育教学特色

美育教学可以说是终身教学，它并非艺术的代名词，而是促进学生德、智、体发展的重要教学，它具有如下三个特点：首先，实现适顺扬长，让学生用自己擅长的方式表达美。学生可以通过书面语言来表述，也可以选择艺术表演，还可以参加自然审美、社会审美、科学审美活动。按自己擅长的方式表达美，这合乎"各美其美"的原则，还能充分调动学生参加美育考试的积极性。其次，美育教学过程是身心愉悦的审美活动。美育的教学过程为审美欣赏、审美体验、审美表现和审美创造的活动，这样的活动是教师和学生都充分发挥个性，发表独到见解，相互赞赏的创造性审美活动。最后，美育活动可以开阔学生的眼界，促进和引导学生步入理性境界，使学生在自由的审美和艺术活动中抒发情感、表现个性、升华精神。

三、美育教学作用

学生身心全面和谐地发展是一切教育的出发点，人都有向美之心，都有追求美好生活的愿望，并且这种愿望会成为一种动力，激发创造潜能，完善自我人格，甚至强健体魄。首先，美育教学有助于培养面向未来、全面发展的学生，满足国家、社会文化需求，培养优质人才，夯实国民人文素养的"塔基"。其次，拓宽学生视野，引导学生正确运用互联网平台，借助互联网手段有效汲取世界文化精华，顺应时代潮流，立足本土、对话世界、传扬中华文化之美。最后，美育教学还有助于引导学生积极参与艺术学习，寻找兴趣所在，主动投身于学校、家庭、社会的美育实践活动中，培养终身学习的意识，从而拥有发现美、寻找美与创造美的幸福人生。

以美育美，以美促教，美育教学与学生各项教学任务的开展都是相互促进的。在立德树人的背景下，美育是人才培养的重要内容，而形成符合时代发展特色、"润物细无声"的新型美育教学模式值得我们不断探索与实践。

第二节　美德课程教学实录

一、精明购物

【案例背景】

面对社会经济的飞速发展，人们的消费观念正在发生变化，传统的消费方式受到了挑战，儿童以消费者的身份参与了经济生活，他们需要具备一定的消费常识、技巧，为未来生活做准备，因此本案例围绕"节俭"美德主题教育，从如何合理消费、货比三家来提高学生精明购物的意识。

【案例主题】

前期，我校已开展了三个主题的"节俭"美德教育，分别从节约能源、垃圾分类、变废为宝着手，学生已经对"节俭"有了一定的认识。本课需要在"节俭"系列教育的基础上，通过体验式的主题班会，将"节俭"与孩子们的生活紧密联系，教导孩子们积极、愉快地生活，指导孩子如何精明购物，给学生更深刻、更实用的美德教育。

【案例描述】

1.复习回顾

谈话导入：节俭是中华民族传统美德，在平时的生活中，我们要节约水电、粮食等，还需要学会精明购物，节省不必要的花费，才能养成节俭的良好习惯。

关于"节俭"，我们一起来回顾一下前几周的内容。

（1）通过出示图文的方式，回顾"节俭"美德教育的学习内容。

（2）教师快速总结。

（设计意图）"节俭"美德是一个相互呼应又不断延续的过程，课前通过出示关键知识点的方式回顾要点，检验学生的学习情况。

2.学习合理消费

（1）模拟逛超市，引出概念

①PPT出示超市的图片，请学生说一说：看到琳琅满目的商品，你有什么想法？

②思考：有了想购物的想法，那是不是都要把它们买回家呢？

③小结：我们要合理消费，选择自己最喜欢又最需要的买回家。

④观看视频，思考：根据视频中两位同学的零花钱使用情况，你觉得哪位同学的行为是合理消费？为什么？

⑤明确合理消费的概念：生活中有许多商品对我们具有吸引力，每个人都会有自己想要的东西，合理消费意味着在面对这些想要的东西时，能根据需要有规划、有节制地进行购买。

（2）情景再现，角色扮演

①过渡语：同学们，在平时逛商场时，我们总会遇到自己想要的东西，

接下来请大家看一个情景剧。

②请三位学生分别扮演旁白、小茜、导购员，演一演情景剧的内容。

③如果你是父母，你会怎样答复她？

④剧中小茜的要求合理吗？为什么？

⑤分析小茜的行为：小茜的要求不合理，因为她已经有一个新书包了，却还要买这个书包，这不是必须买的。在购物时，我们要分清需要和欲望，明白自己需要的是什么，花最少的钱达成最佳目的。小结精明购物的要点一：买需要的，分清需要和欲望。

（3）出示记录表，判断必需和不需

①过渡语：如今，我们许多同学都有自己可支配的零花钱。对于这笔零花钱，三（1）班的陈雨萱同学有自己的苦恼，我们一起来帮帮她吧。

②观看视频《雨萱同学的烦恼》。

a.请学生复述雨萱同学的烦恼：怎么能减少花费？

b.分析雨萱同学一周的花费，快问快答，判断必需和不需。

c.如果你是雨萱，怎样可以减少花费呢？

d.小组讨论并汇报。

e.教师小结分清需要和欲望的方法：在分析了雨萱同学的花费后，我们知道有很多东西不是必须买的，借助记录表，可以记录自己的花费，分析这些花费是否必需，从而达到有意识地减少花费的目的。

（4）阅读故事《周总理的睡衣》

①过渡语：理性消费，是厉行节俭美德的表现。不论是在革命时期，还是在新中国成立以后的建设时期，都涌现出许多节俭的典范，中华人民共和国第一任总理周恩来同志就是一个节俭的人。接下来，请大家阅读故事《周总理的睡衣》。

②小组讨论：为什么睡衣上已经有好几个补丁了，可是周总理还不买新的睡衣？你能从他的睡衣中得到什么购物启示？

③小组汇报。

④教师小结精明购物的要点二：要充分利用已有的资源。

（设计意图）根据不同的情景，引导学生思考在消费的过程中要分清需要和欲望，利用已有的资源，同时借用记录表帮助学生学会合理规划自己的金钱。

3. 学习货比三家

（1）看商品，猜价格

①过渡语：要想做一名聪明的消费者，首先要学会了解商品的价格。今天，老师要和大家一起玩一个"看商品，猜价格"的游戏，好吗？

②（课件出示）游戏规则：老师出示一件商品，同学们根据生活经验猜猜它的价格，但要求在小组内讨论后出价，由每组的小组长报价。哪个小组报的价格接近真实的价格，这个小组就胜出，可以得到相应的奖励。

③出示两款不同款式的"水壶"，学生分组猜价格。

④刚刚展示的商品是我们日常生活中常用的物品，但它们之间的价格差异居然这么大，那我们平时如何才能买到物美价廉的商品呢，你有什么妙招吗？

⑤学生自由发言。

⑥教师小结：我们都有过购物的经历，要买到称心如意的商品，这里面可有不少学问，需要我们货比三家。

（2）火眼金睛

①过渡语：我们每天都在与商品打交道，特别是我们常吃的食品和常用的学习用品、玩具等，这些商品的质量到底如何呢？

②小组讨论：请仔细看一看，这两种零食，哪种可以购买，哪种不可以购买，为什么？

③学生汇报。

④教师总结：是呀，我们身边的一些商品的质量真是令人担忧啊，在货比三家时，要比较商品的质量，在价格相差不远的情况下，买质量好的。

（3）学生经验分享

①请学生观看视频：学生货比三家，用最便宜的价格买到质量相同的课外书的经历。

②提问：在保证质量的前提下，这位同学怎么省钱的？

③教师小结：同样的物品在不同的店铺或不同的日期会有不一样的价格，在购物之前，可以比较价格，关注各种优惠信息，用最少的钱买到需要的物品。

（设计意图）出示商品的对比图，让学生明确货比三家对比质量，对比价格，用最少的钱买到物美价廉的东西。

4.探究购物的学问

（1）交流分享，写一写

①学生以小组为单位，交流日常生活中购物的学问。

②根据提示，学生代表写下购物心得。

a. 在哪里买合适？

b. 在什么时候买划算？

c. 当购买的商品出现质量问题，应该怎么办？

（2）分享心得，贴一贴

①学生分享并张贴学习分享。

②学生谈谈本节课的收获。

（设计意图）让学生结合生活实际，从学生自身的经历出发，懂得买东西的一些学问，让孩子们更好地了解生活，掌握购物的技能。

【结果与反思】

这节班会课有目标，有主题，有活动设计，有教学过程，有教学的方法和手段，有教学评价反思。第一，本节课确定三大目标：①图文结合，回顾"节俭"美德知识。②通过情景再现、角色扮演，学习在购物中根据自己的需要，合理消费。③学生通过经验分享，学会货比三家，掌握日常购物的小妙招。第二，本节课以"节俭"美德教育为基础，以"精明购物"为主题。第三，为提高学生精明购物的意识，让学生在潜移默化中深刻理解"节俭"美德的内涵，本节课进行了体验式的活动设计，主要包括情景模拟、视频谈话导入、情景再现、案例分析、故事感悟、游戏"看商品、猜价格"、游戏"火眼金睛"、学生现实生活情境分享、拓展延伸小结等。第四，这节体验式主题班会有丰富完整的教学过程。第五，这节课中的有教学方法和手段包括游戏体验方法、小组交流讨论、PPT 演示、图片、小视频等。第六，本节课有教学评价和反思。课后，笔者认真反思整个教学实践过程，结合听课老师的意见，既有对成功之处的思考，又有对失误的改正。

任何课程都离不开恰当的教育教学方法和形式，一切有利于美德教育主题班会开展的方法手段，都是承载美德的良好载体。因此，本节课并没有完全摒弃传统主题班会的方法手段。同时，因为笔者授课的班级是三年级，班上学生较活泼好动，要完成预定的教学目标，需要通过活动的形式让学生最大限度地参与才会有良好的教学效果。因此这节课笔者主要选择：游戏中体验的方法、情景模拟表演的方法、小组合作讨论的方法、判断对错的方法、多媒体教学手段（PPT）应用、图片、小视频等。这些方法能够发挥学生在学习过程中的主体性作用，充分调动他们的积极性，使其更加深入地了解精明购物的概念，收到了令人意想不到的教育效果。

为确保班会顺利开展，在上本次班会课前，笔者对本节班会课的体验活动实施过程进行细化，预测可能出现的问题，准备相应的解决方法，做好课前的各项准备工作。例如，针对视频谈话导入、案例分析、学生经验分享等活动，需要提前准备好班上学生关于购物的一些小视频，在"看商品、猜价格"的游戏中，需要提前准备好相关的商品，让学生在活动中学会如何精明购物。

针对这一节体验式的主题班会课，笔者进行了以下反思。

1. 美德教育要与时俱进，具有创新意识

本节主题班会课中，有故事感悟的环节，通过阅读《周总理的睡衣》这一故事，总结精明购物的要点：要充分利用已有的资源。这一个故事的背景是在艰苦卓绝的革命时期，故事发生的背景脱离了现在的生活实际，可能会让学生产生误解，因此，在美德教育的过程中，也需要与时俱进，引导学生辨析继续穿"破洞"的衣服，这种行为是否值得提倡，同时发散思维，了解充分利用已有的资源在生活中的创新应用——变废为宝。

2. 联系生活实际，尊重学生的独特感受

本节班会课的教学过程中，在交流分享环节，有让学生根据提示，写下购物心得的教学环节。在实施这一教学环节时，由于学生的生活经验不足，所以写下的购物心得有生搬硬套的感觉，而且因为提示词的存在，让学生不能充分表达自己所熟知的购物经验。因此，应该尊重学生在学习过程中的独特感受，以小组为单位，让学生之间互相交流自己的购物经验，可以是一次成功的经验或者是失败的经验，正反面结合，提升学生对于精

明购物的认知。

3.合理分配时间，做好预设准备

这节班会课由于体验的活动和游戏比较丰富，因此整节课的授课时间比较紧张。因此，在设计好整个班会课流程后，我们最好根据学生的学情预设整节课的流程需要多久才能完成，预设好学生完成的时间，为时间把控做好预设准备。并且，课前还要为小组合作讨论打印好汇报单表格，提前分发给各小组组长，否则将浪费宝贵的课堂时间。

一节成功的体验式主题班会课的开展，需要教师巧花心思进行设计，细化活动实施过程，还要对体验式主题班会课即时生成的知识和情感进行适时适度的引导点拨，最大限度地启发学生，才能让课堂因为生成而更有魅力。实践证明，美德教育不仅有利于培养学生的美好品德，还能让学生在体验中领悟，获得道德认知与情感升华，而体验式班会课这一形式是真实、有效的德育方式。

（案例原作者：东莞市寮步镇中心小学　胡嘉怡）

【案例点评】

本案例中，教师采用体验式的主题班会，注重学生的情感体验和认知感悟，把游戏和活动体验作为美德教育班会课的重点环节。在实施教学的过程中，教师通过情景导入、情景扮演、活动体验、小组讨论、故事感悟、交流分享等形式，开展美德教育主题班会，形式多样，活动设计合理。整节课充分发挥学生的主体性作用，能调动学生的积极性，使学生在活动体验中受到美德教育的影响和熏陶，有利于培养学生节俭的习惯。

二、勤劳节俭　美德易见

【案例背景】

"立德树人"一直是我们品德教育的基石，而小学低年级更是学生品德教育的起步阶段。刚刚入读小学，我们不仅要指导学生树立正确的人生观，培养道德高尚的接班人，还要培养学生学习习惯和生活习惯。低年级学生自理能力薄弱，很多学生是独生子女，是家里的"小王子"和"小公主"，从小被富养，很多生活上的事情都是家人包办，学生大多不具备自我管理能力和生活能力，所以教育部把劳动教育纳入小学教程里，以从小培养学生热爱劳动、勤劳节俭的美德，全面提升学生的各种能力，让新一代学生成为国家更优秀的接班人。

【案例主题】

一年级道德与法治课程以培养学生尊敬师长，独立生活为基础，引导学生在日常学习和生活中，学会独立生活，懂得收拾自己的衣物文具，掌握叠放衣物的方法，能积极承担家务劳动，从而学会料理自己的生活，做生活的小主人。

【案例描述】

一年级学生入学，笔者就发现班上有不少学生不懂收拾自己的文具盒和书包，不会整理自己的衣服，生活自理能力比较薄弱。笔者想通过本节课的学习，培养学生勤劳的品德，节俭的美德。

1.情境创设，切入主题

小精灵：小朋友们，最近东东遇到了一个烦恼。他发现周围的同学都

小学生美德养成可以这样做

不愿意和他玩了，他很苦恼，你们知道是为什么吗？

学生：我知道！因为东东穿的衣服皱巴巴的，不干净也不整洁。

小精灵：对了，东东呀，就是不懂得整理自己的衣服，穿衣服不整齐又不好看，大家都不喜欢跟他玩了。

2.引导观察，激励导行

（出示红红穿戴整齐的图片与东东进行对比）

小精灵：你们看，红红的衣服穿得整整齐齐，干干净净，多好呀！再来看看东东穿的衣服，皱巴巴的，你喜欢跟谁玩呀？

学生：我们喜欢跟红红玩。

（引导学生踊跃发言，说出自己的看法）

3.视频引路，导出方法

（1）观看视频

小精灵：我们衣服穿戴整洁，不仅好看，也让我们显得特别精神。所以呀，把衣服穿整齐是非常重要的哦。你们想不想把自己的衣服穿得整整齐齐，漂漂亮亮呀？

学生：想——

小精灵：现在我告诉大家一个好方法，想要把衣服穿着整齐，我们就必须学会叠衣服。（出示：叠衣服）同学们，你们想知道叠衣服的方法吗？

学生：想——

小精灵：大家一起来看看，小朋友是怎么叠衣服的？

（2）教师指导

小精灵：同学们，你们看了叠衣服视频，现在学会叠衣服方法了吗？

学生：学会了。

小精灵：叠衣服有步骤，我们一起来读一读《叠衣服》小儿歌吧。

衣服放平整，关上两扇门，左手抱一抱，右手抱一抱，点点头，弯弯腰，衣服叠好了。

小精灵：小朋友，你们会读吗？

学生：会。

小精灵：来，我们一起来读一读，记一记吧。

（学生读《叠衣服》歌）

（3）分解步骤

小精灵：现在，我们拍着小手，一起再复习一遍吧。衣服放平整，关上两扇门，左手抱一抱，右手抱一抱，点点头，弯弯腰，衣服叠好了。

小精灵：同学们，如果我们上衣整整齐齐，但裤子皱巴巴的，你说这样好不好看？

学生：不好看。

小精灵：所以，我们不仅要会叠衣服，也要学会叠裤子。我们一起来念念小儿歌《叠裤子》。拧起小裤腰，平铺放放好。两路小纵队，一条摞一条。最后裤脚碰裤腰，裤子叠好了。

小精灵：你们读得真好听！我们配上动作再读一遍。

小精灵：同学们，叠衣服和叠裤子，你们都学会了吗？

学生：学会了。

（4）体验方法

小精灵：非常棒！我要送你们一个大拇指！瞧！我把衣服带来了，我们就用上刚学的这些方法来叠一叠吧。

①学生看叠衣服视频

小精灵：同学们，小朋友叠好衣服了。你觉得叠得怎么样？好不好？谁来评一评？

②学生评价

学生1：我觉得他叠得非常好！衣服叠得整整齐齐。

学生2：我要向小朋友学习，叠好衣服，我的衣服就不会皱巴巴了。

小精灵：说得太好了！这位小朋友把衣服叠得好平整！我们都给他点个赞吧！

4.家校携手，巩固方法

小精灵：同学们呀，我们今天学会了叠衣服和叠裤子。这些生活小知识，我们要学以致用，做一个生活自理的小能手。我这里有一张学习单，你们回家要继续加强叠衣服和叠裤子的能力，然后你们让爸爸妈妈给你们评分，好不好？

（1）家长评价，养成习惯

①衣服折叠是否按步骤 ☆ ☆ ☆ ☆ ☆

②衣服折叠是否平整 ☆ ☆ ☆ ☆ ☆

（2）谈谈收获，提升方法

小精灵：小朋友，别忘了哦。我们每周五的习惯自省课都要分享自己习惯养成的收获。我们一起努力吧！让我们成为生活自理的小能手，自己的事情要自己做好哦！

【结果与反思】

品德教育重点是培养学生各种美德与能力，本节课基于低年级学生的特点和实际情况，设计"叠衣服"这种比较简单的生活自理活动，让学生较容易学会，增强他们的自信心。对于本节课，教师设计很细致，从方方面面都有安排，从初看视频引入，到叠衣服的步骤，步步分解，从易到难，给学生一个学习的阶梯，一步步提升难度，设计非常合理，也很符合低年级学生的学习特点。

（案例原作者：东莞市寮步镇中心小学　何燕平）

【案例点评】

本案例的目标和具体方法都很鲜明，从教学目标到教学方法，教师设计都很细致，都是从学生学情出发来设计课程。

它的优点具体有以下两点：

第一，针对低年级学生特点，设计适合低年级学生学习的简单课程。学生从视频上学习，教师再亲自在学生面前展示如何一步一步地去叠好衣服和裤子，然后让学生自己动手去试试做，从而学会叠衣服的步骤和方法，这样设计课程非常适合低年级学生的学情。

第二，用实践课程训练来提升学生美德，让学生在活动中学习，在活动中感受，知道要从小做个爱劳动，勤劳节俭的好学生。美德，最不适合用嘴巴去教授。用嘴巴说的美德，学生很难记住，也很难有深刻的印象。只有让学生亲身经历，从活动中学习，从实践中感受，学生才能有更深刻的印象，美德的品格就更容易深入人心，更容易培养起来。

三、"有序"美德的养成

【案例背景】

《大中小学劳动教育指导纲要（试行）》指出，劳动教育的重点是在系统地文化知识学习之外，有目的、有计划地组织学生参加日常生活劳动、生产劳动和服务性劳动，让学生动手实践、出力流汗、接受锻炼、磨炼意志，培养学生正确劳动价值观和良好劳动品质。在小学阶段，劳动教育以个人生活起居为主要内容，注重培养劳动意识和劳动安全意识，使学生懂得人人都要劳动，感知劳动的乐趣，珍惜劳动成果。如，完成个人物品整理，参与班级劳动，参与家居清洁等。

构建德智体美劳全面培养的教育体系，需要充分认识五者之间相辅相成，互相促进的作用，充分认识其在小学育人过程中的重要影响。将劳动教育与德育工作相结合，既可充分发挥劳动教育的易于实践、利于实践、益于发展的劳动技术实操性，又能充分发挥德育的思想引领作用，达到育人的目的。目前，我们的学生缺乏一定自理能力，对家庭过分依赖或没有掌握自理的方法，需要通过劳动教育进一步引导。"有序"美德养成，一方面要求学生从生活中养成自理能力，另一方面养成尊重劳动、爱护劳动成果的思想，是劳动教育与德育融合的具体实践。通过家校协作、活动课程的开展、美德氛围的营造，结合美德技能展示、美德家庭作业、美德少年等评价机制的德育实施，能够提升小学生行为的有序性，并推动学校德育工作的整体发展。

【案例主题】

有序美德，是指在生活和学习中展现出来的有序的行为，带给学生积极、向上的活力。在有序美德教育活动中，我们要求学生做到：随手收拾、物有定位、物归原处、随时保持使用过的地方干净整洁、按每样东西的用途来使用它。如在校学习的有序包括课前准备、列队有序等，在家生活的有序包括整理学具、整理床铺等。

劳动教育作为德育的重要组成部分，是人的德行养成的重要途径。劳动教育以实践为第一抓手，以贴近学生生活的劳动实践为出发点，培养学生崇尚劳动、尊重劳动、爱护劳动成果的精神品质，这与培养具有社会主义核心价值观、拥有健全人格的德育培养相契合，二者相辅相成，相互促进。

"有序"美德的养成，强调学生生活学习中的良好品德，通过有秩序、有目标地完成个人生活整理、提高生活自理和学习能力，需要通过大量的劳动实践习得"有序"习惯，契合劳动教育的精神。同时，"有序"美德引领学生在劳动实践中形成自制、积极的思想态度，不断向自律、自强的人生迈进，也契合德育育人的目标。"有序"美德作为劳动教育与德育的融合育人实践，具有教育性和实践性。

【案例描述】

我们将"有序"美德融入到校园生活的每一个方面。为提高美德行为矫正的实效性，为学生增设多场景多层次的劳动实训机会，肯定学生的"有序"美德，我们把教师、学生、家长联合起来，形成全方位、多视角、多路径的德育顶层设计，并将其细化到学生的学习、生活的常规操作中，同时，家长参与其中，借力良好的家校互动培养学生的有序美德。

1. 学校、家庭合力提高"有序"美德教育能力

明确德育以培养人的自制、积极生活态度为目标，通过劳动教育提供实训机会，强化学生意志品质，学校以"有序"为美德教育主题，划分课时内容、教学目标，提供备课框架给教师开展教案设计，低、中、高年级备课组长、级长分别组成备课团队，进行备课和课件制作。各级部在实践过程中开展拍摄美德教育微视频、制作班级约定等活动。

同时，联动家长，营造德育和谐的思想氛围。规划家长学校培训主题，在培训中渗透我校"有序"美德教育的内涵，形成家校共育意识；配合"有序"美德教育主题，制定相应的"有序美德家务训练"方案、孩子"成长

卡"。同时，物色个案家庭，做好个案跟踪记录和分析，以点带面，以典型案例带动其他家长的积极参与。

图 5-1

为了使"有序"美德教育能够从学生的各方面进行渗透，各班级不仅仅在日常教学上贯彻"有序"美德教育，而且广泛动员学生家长参与其中，进一步激发学生的主观能动性。以五（1）班开展"有序"美德教育为例，班主任首先就把"有序"美德教育需要各位家长配合的事项列出来发到家长群，给家长们先打一支"预防针"，让家长提前了解具体操作，尤其是家长可配合实施的劳动教育。家庭是最好的劳动教育实施基地，给家长以信心，以免监督孩子时不知从何着手。加强家长方面的思想建设，就是在为学生提供强大的思想后盾，使学生充分明确"有序"美德的重要性。在学校和家长的共同努力下，家长越发投入到"有序"美德的育人实践中，取得良好的效果，越来越多家长懂得"有序"美德的操作，越发愿意鼓励孩子在生活中实践"有序"。

五（1）班的孩子们正是在这种无声的坚持和培育中得以滋润，他们不仅仅在有序方面做到越来越自觉主动，而且带动了其他方面，如时间观念、执行力、主动性等。在家庭实操过程中，学生们的"有序"美德不断提高，他们的劳动能力、劳动素养也在不断提升，不断趋近于良好的品德。

2. 开展"有序"美德教育活动课程

让德育培养有"例"可依，让劳动教育有"形"可用，为了引导学生在学习和生活中有效学习、训练并形成"有序"美德，我们结合各学段学生的年龄特征，开发了"有序"美德教育活动课程，拟定了"有序"周计划，先通过班会课展示花栗鼠是如何按序拿取、物归原位的，引导学生建立有序及有序之美的概念，再通过"课堂有序""集队有序""集会有序""学习有序""生活有序""出行有序"六个系列活动，从学习、课间、课后三个维度发掘具体的实践情节，积极推动有序美德的培养。

例如，在"生活有序"活动课程中，我们首先指导学生在课堂上"有序"，尤其是课桌椅摆放有序，保持物有定位、物归原位，更将"有序"美德教育延续到家庭教育中，把目光聚焦到学生每天放学后的时间，引导他们学会在家有序地安排自己的学习和生活。学生进家门后，能够摆放好换下来的鞋子，然后把书包放在写作业的桌子前，洗手并稍作休息后开始完成当天作业，作业完成后收拾个人物品并准备第二天的学习用品。此外，我们还请家长监督，培养学生自己整理书柜、床铺、客厅等，使其养成自觉整理物品的好习惯。

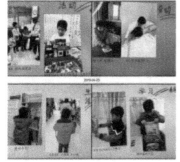

图 5-2

3.有序美德文化氛围营造

劳动教育行于实践，德育着于无形，我们将"有序"美德教育融入学校文化建设体系中，充分发挥德育潜移默化的育人作用。

首先，各班布置"有序美德教育文化墙"，墙上必备的元素为有序美德班级公约和有序美德内涵，形式各异，但围绕有序美德设计，通过这种显性文化的渗透，加强学生有序美德的内在生成。

其次，学校设立"扬美榜"和"思过榜"，宣扬与警告学生的优劣行为，提高其对美与丑、善与恶的辨别能力，营造人人向善、向上的德育氛围。发挥值日老师在校园巡查的作用，观察校园里在社会公德、学校的美德主题（如有序）、个人品德等方面表现出众的行为个案，以照片形式拍下来，并将其美德表现加以简单的文字描述，晒"红榜"，即"扬美榜"进行宣传弘扬；对破坏公共财物、违反校规等不文明行为贴"黑榜"，即"思过榜"公开曝光警示。一方面坚定学生自己对这美德的自信，然后互相影响，互相学习，达到我中有你，你中有我，但我比你优秀的氛围；另一方面，提高学生对美德的认同感和归属感，形成共识，从而促进文明校园、校风建设和美德的形成。另外，学校通过升旗仪式、主题班会等活动，营造集体学习有序美德的氛围。

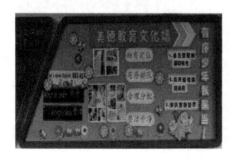 

图 5-3

我们还通过举行各类年级比赛吸引学生将有序美德转化成日常实践。

如三年级举行"有序技能大赛",着力于引导学生收拾自己的书包。学生们寓学于乐,在激情昂扬的比赛和日常准备中将"物有定位"这一习惯内化到自己的日常所需中。同时,学生通过比赛树立了自信心,收获了成长的喜悦。"有序"技能实践是学生易于操作、敢于操作的事情,而比赛激发了学生乐于实践的心理,从而培养了学生的自信心。在比赛的过程中,教师和孩子们一起练习、一起提升,亦师亦友;比赛的结果,体现对孩子们努力的重视。奖项既有个人奖,也有团体奖,目的在于利用比赛营造全员参与的氛围,达到共同提升的效果。教师、家长对孩子在日常生活中的留影、记录也成为激励学生们不断坚持有序习惯的动力。我们将日常生活里发现的"有序"美德以多种形式展出,鼓励孩子们自己展示自己的"有序美德",找到自己的成长闪光点。

然后,学校结合"英语节"等平台,为学生们实践和展现有序提供平台。如在践行有序出行方面,我们将其融入每学期的社会实践中,从出行前制作"出行注意事项""有序出行我能行"等海报,到有序排队、有序乘车、有序参观,让学生们有例可依,有"景"可行。在校内,结合英语节活动学习实用"有序"的英语表达,实现有例可依;在校外,利用社会实践等活动让孩子们有"景"可行。最后,学校开展以"有序美德教育"为主题的美篇制作大赛,以时尚化的方式促进各班级记录有序美德教育的过程,并展示班级的风采。

4. 小学生有序美德的评价机制

为了将有序美德教育真正落到实处,真正促进学生有序美德的形成,我们尝试建立了以展示为主的评价机制。

(1)有序美德教育技能展示

主动收集学生的劳动成果和德育历程上的进步,开展有序美德教育技能展示。展示学生在技能上的进步，选取生活中的正面榜样，不断激励学生的进步。活动根据各年级学生的生活、学习特点，以班级为单位，选手以"推荐＋现场随机抽取"相结合的形式，开展了分年级的系列活动：一年级亲子系鞋带比赛，增强了亲子情感交流，也培养了孩子自己的事情自己做的能力；二年级系红领巾比赛，锻炼了学生手指的灵活度，同时也提升了精神面貌；三年级书桌收纳小能手比赛，培养有序美德从点滴做起；四年级衣物整理小能手比赛，学生展示衣服的有序叠法，培养自理能力，提高服务家庭的意识；五年级套叠被子小能手比赛，养成自主收拾、整理床铺的好习惯，提高动手能力；六年级收纳箱整理小能手比赛，养成自主收拾物品、分门别类整理物品的好习惯，为中学住宿生活做好准备。

图 5-4

（2）有序美德"家庭齐动手"作业展示

在有序美德教育过程中，学校布置了"家庭齐动手"作业，孩子和家长一起记录成长的瞬间，记录孩子的成长与收获。作业以手抄报方式呈现，家长对孩子的成长有了清晰的感受，进而对有序美德活动充分肯定，而且可以在班级群中看到其他学生的表现，比、学、赶、超的氛围十分浓厚，每个家庭对孩子有序美德的培养都非常支持和配合。

（3）有序美德少年、家庭评比

学校制定了"有序美德少年""有序美德家庭"评比方案，鼓励更多学生、家长积极参与有序美德教育活动。在活动结束后，根据表现和投票，推选出每班两名"有序美德少年"和三个"有序美德家庭"，宣扬家长和孩子一起学习一起动手一起成长的良好家风。

图 5-5　学校为"美德家庭"的家长、孩子授奖

图 5-6　学校为"美德少年"授予徽章、学校吉祥物等奖励

【结果与反思】

习近平总书记要求"要把立德树人的成效作为检验学校一切工作的根本标准"。实践证明，小学生有序美德教育是促进学生养成良好行为习惯，形成良好修养的有效路径。在开展有序美德教育的过程中，学生的行为和精神面貌发生了可喜的变化。三（3）班佘李灿家长反映，自从学校开展有序美德教育以来，女儿的行为习惯发生了改变，不再是以前乱糟糟的样子，变得整齐、有条理。四（4）班唐先蓉老师在班级总结中说道："实施有序美德教育以来，班级学生逐渐养成了良好的生活习惯、学习习惯，整体素质得以提高，纪律性强，呈现出良好的班风班貌。几乎每一星期，我们班都能拿到学校里的文明星，一个学期下来，我们班有三个月被评为'文明班级'。"

有序美德教育促进学生健康心理的形成。五（4）班插班生小吴同学是个内敛，丢三落四，既不爱说话，也不喜欢与同学相处的人，其家长曾一度表示担忧。班主任卢老师利用开展"有序"美德主题班会课的契机，强调生活有序、学习有序对学生自身的意义，并手把手地教会她如何做好，她的性格慢慢变得开朗起来。

有序美德已经成为学生学习生活中的一种常态，并深入学习生活中，学校的德育工作也有了新的进展。2018 年，我校"美德教育"获评为寮步镇十大德育特色品牌；2019 年，我校四（1）中队获评为广东省红旗中队；同年，我校被市教育局授予东莞市见习教师规范化培训基地学校。学校美德教育的辐射带动作用愈发明显。近两年，我校接待市外，如清远、阳江、惠州、肇庆等各类市级班主任、骨干教师、后备干部跟岗交流团以及本市的石龙、高步等镇的行政干部交流团近 100 人次。学校连续三年获得镇先进家长学校称号，获得广东省书香校园、东莞市文明校园等称号。去年，东莞市阳光网、寮步镇电视台也大篇幅报道我校德育主题活动情况。学校家委代表林祺淞妈妈说：学校在抓好智育的同时，也把劳育、德育放在了重要的地位，使人才培养"德智体美劳"全面兼顾。

（案例原作者：寮步镇中心小学　刘爱琴　尹凯茵）

【案例点评】

这是一次结合学校实际的劳动教育的积极尝试，动员全体师生参与其中，启动多种评价方式，家校联动，让学生时刻浸润在劳动教育的氛围中。劳动就是生活，劳动教育就是源于生活实际的教育，要让学生动起来，有参与感，有成就感，才能切实地体会劳动的精神，形成主动提升劳动技能的意愿。劳动教育也能开启全新的面貌，不少学生在劳动过程中体会到成长的快乐，体会到把控生活的成就感，对他们而言，这是与学业并肩并行的成长，对身心健康成长有重要作用。这是一次"德智体美劳"全面培养的积极探索，为劳动教育与班会课的结合以及和学校活动的联动提供有益尝试。

四、文明礼仪行为习惯的养成

【案例背景】

中国自古以来素有"礼仪之邦"的美誉，文明礼仪作为中国传统文化的一个重要组成部分，对中国社会历史发展有广泛深远的影响，并推动了世界文明礼仪的发展。东莞市寮步镇中心小学一直以来都在开展美德专题教育活动，尤其是将文明礼仪教育作为重点抓手，对学生培养良好个人素质、协调和谐人际关系，塑造文明守礼的社会风气，推动社会主义精神文明建设，具有深远意义。校园文明礼仪教育应该从小处着眼，重视日常生活中文明礼仪行为的养成教育，让一点一滴的文明礼仪行为细节逐渐成为学生良好的文明礼仪素养。我们的校园文明礼仪教育是以学生为本的教育，虽然我们对校园文明礼仪的规定条款细致、要求严格，但我们的制度是以学生的自我需要为基础的，不是强加给学生的。我们的文明礼仪养成教育要在学生的理解和拥护中施行，真正走进学生心里。

【案例主题】

文明礼仪行为习惯培养让学生了解文明礼仪知识，即语言上讲文明，行为上讲规范，生活中讲卫生，集体中讲团结，待人讲礼貌，处事讲谦让，并引导学生自觉遵守"校训"和"班规"，使其成为一个合格小学生，以实际行动继承中华民族的文明礼仪传统。

【案例描述】

2020 年秋季新学期刚开学，我们班来了一位"特殊"成员，是班上其他孩子眼中出了名的"捣蛋鬼"。他出身单亲家庭，从小缺乏母爱，父亲对他的态度也是漠不关心。经历各种变故后，他染上了许多陋习。这个孩子的"出格"行为让笔者很头疼。他全身经常脏兮兮的，蓬头垢面。最让笔者生气的是他一刻也停不下来，站没站相、坐没坐相，嘴巴一天噼里啪啦像机关枪没完没了，想说就说，想骂就骂，有时甚至跟教师顶嘴。下了课，不是你来告状，就是他来诉苦：罗同学抢我东西，罗同学刚才骂我还打我等。由于他的存在，笔者这个班主任天天有接连不断的"活"要处理。

1. 树立榜样示范

对学生进行文明礼仪养成教育，最容易且最有效的方法是把学生们应该怎样做的榜样放在他们眼前，用榜样人物的先进思想、高尚情操、优秀品质，模范行为教育学生。通过榜样的示范作用，学生有一个更感性、更直观的认识，使教育形象化、具体化。

（1）教师示范

"学博为师，德高为范"，教师的完美人格是任何教科书、任何道德箴言、任何惩罚和奖励制度都不能代替的一种教育力量，它对学生成长起着耳濡目染、潜移默化的作用。自美德教育开展以来，笔者更加重视日常生活中这方面的渗透。我们教师是文明礼仪教育的主要实施者，也是学生直接仿效的对象，一个谈吐文雅、穿戴端庄的教师对学生文明礼仪行为习惯的养成起着潜移默化的促进作用。相反，如果教师对班内学生提出一大堆卫生方面的要求，而自己的办公室却脏、乱、差；教师不让学生随地吐痰，自己却在校园内随地吐痰；不让学生说脏话，自己有时却说脏话，这样的教师又如何反过来教育学生呢？即使去做了，教育效果也可想而知。所以，我们教师必须时时事事树立文明礼仪形象，当好文明礼仪标兵，以自己巨大的人格魅力来感染学生，激发学生心灵的共鸣，这样，我们的文明礼仪教育才会收到事半功倍的效果。

笔者非常注意在学生面前树立文明礼仪的榜样。对于学生的问好，笔者都是微笑点头；碰到内向的学生，笔者都先跟他们打招呼；对于学生的帮助，笔者都亲切地跟他们道声"谢谢"；如果笔者做错了，也敢于向学生道歉。笔者以自己良好的师德表率给学生树立榜样，以深厚的思想情感、庄重大方的仪表、和蔼可亲的仪容、彬彬有礼的语言给学生做文明礼仪示范，使学生在师生交往中受到潜移默化的教育。

（2）学生示范

美德是一个人在日常生活中形成的良好行为习惯、品质，或者是人的精神品性，一是一种个人生活和社会生活中表现出的优秀品质。榜样的力量是巨大的，它带来的是有意义和有价值的结果，尤其是身边的学生榜样更具有吸引力和说服力。身边的学生榜样是土生土长的，学生之间最了解，最容易理解和接受；身边的学生榜样离自己最近，摸得着，看得见，容易学习。身边的学生榜样与自己所处环境相同，条件相当，人家能做到的自己为什么不能做到，人家能做好的自己为什么不能做好？所以借助身边的学生榜样可以营造出一种文明向上的氛围，置身其中，便能产生直接的激励作用，从而形成一种谁都不甘落后的向上风气。

在对学生进行文明礼仪养成教育中，笔者发现学生的品格，一种是理性的，不是通过道德评价来衡量的，另外一种是教师追求教育的伦理理想和道德价值而获得的道德性的人格品质。这两种德性品质都是在教师的专业工作中形成的，也就是在教育和教学实践中形成和发展的。所以，笔者利用班上现成的榜样来教育学生，取得了较好的效果。笔者在班里评出了"文明礼仪之星"，根据获得"文明礼仪之星"学生的事迹，让学生说一说，练一练，评一评，通过自我认识，自我训练，自我完善，促进良好文明礼仪行为习惯的养成。笔者还用身边的学生榜样营造出一种文明向上的氛围：在学校争做尊师爱友、勤奋学习的好学生；在家里争做孝敬父母、热爱劳动的好孩子；在公共场所争做明礼诚信、遵纪守法的好公民。身边的学生榜样力量是巨大的，他能起到带头和示范的作用。

2. 开展实践活动

文明礼仪的养成教育仅凭说教是不可能实现的，最重要的是实践，从实践中去发现问题、解决问题。文明礼仪行为必须在实践中才能得到体现，而且只有在实践中经过反复练习、锻炼和巩固，才能使学生在实践中了解社会、体验生活、感悟道德，才能使学生努力做到知与行的统一，才能使学生文明礼仪行为成为自然的、一贯的、稳定的习惯。

（1）充分利用本班黑板报、宣传栏等文化宣传阵地

自开展美德教育以来，我们学校的黑板报就有了一个新的规划，其中每个班有一块展板是用来展示美德教育的实施情况。这里融合了学校和家庭的两个层面，让孩子能相互了解我们身边的美德，从而潜移默化地提升孩子的个人素养。

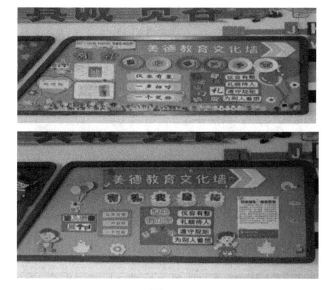

图 5-7

（2）坚持举行文明礼仪主题班会

表彰在活动中涌现出来的先进典型人物，用榜样的力量鼓舞和激励孩子们。同时利用每周的班会课及道德与法治课对学生进行日常行为教育，结合《中小学生守则》《小学生日常行为规范》，有层次、有针对性地对学生实施思想道德指导和文明养成教育，以日常行为规范教育入手，把美德教育中的每一个点细化到孩子的生活当中，使学生从"要我这样做"转变为"我应该这样做"，让良好的行为习惯内化为学生的自觉行为，逐步

让学生养成良好的道德情操、行为习惯。

图 5-8

（3）组织学生参加执行日常规范的活动

充分发挥班委、值周生的作用，让学生参与道德、纪律等基础文明礼仪的管理监督与考核。加上学校推行了美德存折，这在很大的程度上约束了孩子的行为习惯。因为涉及的面比较广，学校的教师、后勤、保安都参与进来。这样，孩子们对自己的行为有了一个新的定位，并在参与中抑制和防范不良行为，提高自我教育、自我管理、自我约束的能力。

3. 规范管理制度

俗话说：没有规矩，无以成方圆。制度是养成计划具体付诸实践的有效措施，是认识转化为实践的有效保证。规范管理制度有利于促进学生良好文明礼仪行为习惯的养成。

在实践中，笔者深刻地认识到制度的建立与完善，使得养成教育有方向，学生行为有规范，教师执行有力度。笔者以《中小学生守则》《小学生日常行为规范》的要求为基本，针对学生中存在的道德观念差、不懂礼仪、不讲礼貌的现象，从加强中华民族传统美德入手，分别制定了一系列实施制度和要求，让学生懂得了有些事能做，有些事不能做，有些事不能做就是不能做，做了就要受处罚，用法规增强了对学生的约束和规范，通过严格管理加强了学生良好文明礼仪行为习惯的养成。

4. 整合德育资源

（1）家校互动，形成合力

学校通过家访、召开家长会、微信互动等形式，切实加强教师家访工作组织管理。教师要与家长多交流、多沟通，特别要重视与后进生家长联系，取得家长的支持和理解，从而充分调动家长参与学校管理、学校教育的积极性，提高家长教育孩子的水平，真正使学校家庭形成合力，有效地教育学生。

（2）挖掘校外资源对学生进行教育

学校可以组织学生开展敬老扶幼、绿色环保等社会实践活动，引导学生走出校园。在实践中，孩子们既能开阔视野、增长见识，又能受到很好的教育和锻炼。

5. 提升道德修养

人们所以讲究文明礼仪，并非只因为喜欢它的表面形式，而更看重其中所包含的道德内涵。谦恭的态度、文明礼貌的语言、优雅得体的举止等方面表现出来的，是人内在的道德修养。没有内在的修养，外在的形式就失去了根基。2018年9月10日，习近平在全国教育大会上讲话时强调：要在加强品德修养上下功夫，教育引导学生培育和践行社会主义核心价值观，踏踏实实修好品德，成为有大爱大德大情怀的人。教师要围绕这个目标来教，学生要围绕这个目标来学。凡是不利于实现这个目标的做法都要坚决改过来。所以，我们教师必须将文明礼仪教育与道德修养相结合，坚持标本兼治。

（1）开展阅读比赛活动

学生通过阅读《弟子规》《三字经》《千字文》《孝经》等书籍，从中国传统文化中受到熏陶，提高自身的修养。

图 5-9

（2）鼓励学生坚持开展家庭"感恩"活动

俗话说"百善孝为先"，笔者觉得培养一个孩子，首先就是让他有一个孝顺的心。例如，孩子要经常对父母说说体贴或感激的话，如"爸爸、妈妈，你们辛苦了"；经常给爸爸、妈妈写封信，交流交流思想感情；经常为爸爸、妈妈等长辈制作生日卡、节日卡等；在双休日想方设法帮父母做些力所能及的家务事，如扫地、洗碗、拖地、烧饭、做菜等；经常为父母做一些侍奉性的事，帮父母捶捶背、洗洗脚、擦擦汗等；遇到大事难事主动与父母商量，多向父母学习，并尽可能尊重父母的意见。培养一个孩子不单单要他成绩优秀，更重要的是让他身心健康，有一颗担当的心。

图 5-10

6. 养成教育要持之以恒坚持不懈

文明礼仪教育是一种养成教育，是通过教育训练，持之以恒，使学生逐步形成文明的好习惯。教育过程中出现反复，也是正常的现象。教师应对学生充满信心，抓反复、反复抓、扎扎实实，坚持不懈。利用班队会讲，放学路队前提醒，并在出现不文明现象时以点带面进行教育。平时发现有礼貌的学生及时肯定，树立典型，以他们的礼仪榜样去影响其他学生。这样，学生就逐步形成文明守礼的好习惯。

我们都知道"做好事不难，难的是一辈子做好事"。同样，"认真对待一件小事不难，难的是一辈子都认真对待每一件小事"。这说的正是我们现在进行的美德教育。根据美德教育的成果，笔者更加坚信，做好美德教育刻不容缓。笔者会在这个平凡的岗位上默默地践行，笔者在教师这个岗位上发挥更大的积极作用。

【总结与反思】

2019 学年，惠州市仲恺高新区新聘教师与大亚湾西区第一小学教师先后来寮步镇中心小学跟岗学习，对开展的美德专题教育活动赞不绝口。2020 年，肇庆市广宁县后备干部培训班学员、韶关市与河源市源城区小学校长任职资格培训班学员、韶关市乳源县一六镇中心小学教师等先后来寮步镇中心小学参观交流，他们对美德之文明礼仪行为习惯教育表示高度认可。

东莞市寮步镇中心小学开展的美德教育已得到各学校公认并逐步成为引领推广示范学校。美德教育之文明礼仪行为习惯案例充分说明善于捕捉教育契机，在活动中培养学生文明礼仪，这种方式符合学生的需要，容易走进学生的心里。学生在潜移默化中接受着文明礼仪的信息，当学生全身心地投入到各项活动中时，他只是被活动本身吸引，但活动结束以后，留在他们心里的确实很多很多。笔者认为这样的教育才是最真实、最持久的，这样的学生才是真正具有文明礼仪素养的。美德教育践行以来，有待思考的问题很多，笔者也在一步一步的生活实践中前行与反思，从而让笔者的学生在教育中受益，让他们的童年更加完美。今后要努力的地方还有很多，笔者也会在这条路上努力前行。

（案例原作者：东莞市寮步镇中心小学　刘玲）

【案例点评】

这个案例说明，对于不同孩子应用不同的教育方法，同样的教育方法并不一定适用于所有孩子，因此要具体问题具体分析，进入孩子的内心，了解孩子真正所想，真正所需，同时与家长沟通，及时了解孩子的具体情况，因人施教，这样才能达到事半功倍的效果。

一切为了孩子，为了一切孩子，为了孩子的一切，是我们的教育宗旨。爱是我们的教育手段，让我们多一点爱心，多一点赏识，相信会有收获的。

作为一个负责的教师，我们平时应多观察孩子，关心孩子，以中国传统礼仪教育为着力点，真正去融入孩子的内心世界，运用恰当的教育方法来教育孩子，使孩子健康成长。

五、美德转化教育

【案例背景】

《教育部关于大力加强中小学校园文化建设的通知》指出："良好的校园文化以鲜明正确的导向引导、鼓舞学生，以内在的力量凝聚、激励学生，以独特的氛围影响、规范学生。"同时，党的十八大报告明确提出，把立德树人作为教育的根本任务，培养德智体美全面发展的社会主义建设者和接班人。基于以上认识，石龙镇实验小学大力加强校园文化建设，紧扣美德育人的主旋律，增强德育工作的针对性和实效性，并设计了一系列以校训为核心的校园文化和校园课程，形成独具特色的"致远教育"体系，打造彰显现代化办学理念的"致远教育"品牌。

【案例主题】

为贯彻我校"走好每一步，步步致未来"的办学理念，为培养"致真、致善、致美"的学生，笔者致力于把美德教育融入日常教育教学当中，对待每一位与众不同的学生，同样地给以仁心和慧心，持和善而坚定的态度，用雅致的言语，正确地、规范地教会他们走正道，做真人，为他们的道德发展以及全面发展打下坚实的基础，使他们拥有一个充实的、有意义的、有尊严的和幸福的人生。这也是美德教育的出发点和归宿。

【案例描述】

他，是一个小男生，二年级时从广西老家转到班上来。

与同龄孩子相比，他的身高稍显矮小，总让笔者忍不住多番提醒他妈妈，日常生活要多多注意他的营养补给。厚重的眼镜与矮小的他极不相称，仿佛有一块小砖头挂在双耳上，稍微一跑动，就会从鼻梁处滑到嘴唇处，于他而言极为不便。可是，他却不能轻易抛下眼镜，皆因他那需要定期复查的弱视眼。霎时，一股无名疼惜感涌上笔者的心头。笔者不由自主蹲下身子，与他身高持平，右手轻轻抚摸着他那小小的脑壳，像是给予他怜惜，也像是给予自己提醒——我得更关注他，更留意他。当笔者和他对视那一刻，竟发现，厚重的眼镜后是一双漂亮的大眼睛，清澈透明。笔者心中不禁引起疑问：究竟他看到的世界是怎样的呢？

可爱友善的他在班上与同学相处甚好，可他与学习"相处"却不甚理想。

二年级第一学期的前半段时间，几次的小测验，他总是处于及格线下，这与他保量保质提交的作业完全不相符。笔者开始如热锅上的蚂蚁，几度与他妈妈相谈，建议妈妈能够找一对一的辅导老师，将在老家缺失的知识补回来；也建议妈妈找学校协商，让他能够留级一年，从基础知识学起，可是都未见效。高强度的补习让他筋疲力尽，无法跟上同学的脚步；固定的学籍让他必须待在二年级，面对难度升级的知识点。

眼看被学习压得喘不过气的他越来越瘦小，笔者开始心疼了，毕竟他只是一个二年级的孩子。笔者冷静下来，试图通过分析测验卷找出他的薄弱之处，再对症下药。当笔者看着他的试卷，首先映入眼帘的不是通红的试卷扣分，而是一堆类似于生字却奇形怪状的符号。笔者仔细辨别，才发现原来是颠倒所写的生字，以及由"颠倒"生字组合的一句句词不达意的句子。笔者疑惑了，怎么照着抄写的生字也会出现颠倒的状况呢？而且，这不是偶然所致，粗心所为，因为好几张的测验卷都呈现如此的状况。种种迹象让笔者想起《地球上的星星》伊桑的状况，难道他也……笔者心中有所怀疑，却未得到证实。随即，笔者请了他妈妈到学校面谈，将自己发现的有关他学习方面的状况详细地告知他妈妈，并希望妈妈能够带他到医院进行一个关于"阅读"方面的检查。不久，自己心中所疑通过报告得到了证实。原来，他的这双大眼睛，与我们看到的世界是不一样的。他是一个特别的孩子，却被笔者简单粗暴地强迫他和这个世界打交道。顿时，笔者心中的惭愧油然而生。于是，笔者试着放开，放开紧紧抓住他学习成效的手；笔者试着进入，进入他独有的小宇宙；笔者试着了解，了解他和这个花花世界特别的交流方式。

笔者渐渐发现，原来他是用万花筒看待这个世界的。

这个发现是源于班级一次手工绘画赛。他的作品《笑脸》，笔者至今都保存在图册里。那是一幅会引起读者遐想的作品。他用深蓝色的颜料涂满整张画布，乳白色的花盆跃然布上，数片浅绿色的叶子与深蓝色、乳白色互相辉映，叶子上那一颗颗纽扣如同花朵绽放，也如同笑脸展开。一只金色的蝴蝶缓缓靠近，几颗纽扣散落布上，令笔者看得入迷，看得出神。原来，上帝关上他的门，却为他打开一扇窗。"特殊"的他，在手工、用色上却如此出色。

【结果与反思】

笔者喜欢孩子，笔者想追寻孩子们的纯真，想唤醒孩子们内心的美。这，就是笔者当一名教师的初心。在未投身教育行业前，笔者预设了各种教育教学上的突发状况，却未曾料想到自己会遇到"特殊"的学生。所以，当第一年站在教育教学岗位上，当与"特殊"的他相遇时，笔者显得有些执拗：执拗于他在广西老家学无所成，执拗于他在学习上花费大量时间精力金钱却毫无所获，执拗于他捧着通红扣分的试卷却仍能嬉皮笑脸，执拗于他……

然而，当深入了解他的情况以后，笔者却发现自己的执拗是多么的可笑和愚蠢。笔者开始反省自己，追问自己：我若用成年人的思维执拗于他们，于他们而言，这一份份纯真岂不是被同化？于己而言，何来追寻和唤醒呢？

笔者很感恩在第一年踏入一线教育教学岗位就能与"特殊"的他相遇，正因为他，笔者对何为"师生"、如何进行"美德教育"有了新的理解和体会。

"因生成师。"在教学相长的教育教学行业里，与其说我们为师的是孩子的良师益友，倒不如说为生的孩子是淬炼我们师德师能的得力助手。因为如同明镜般的孩子们，会在与我们的互动中，会在与我们的交流中，z 折射出我们为师所缺乏的德与能。正因为有各具特点的孩子们相伴，我们的师德、师能和师技才会逐步完善；也正因为有明镜般的孩子们映照，我们才能时刻提醒自己从教的初衷与价值，就像我的学生——"特殊"的他。

如何让"特殊"的孩子们能够融入群体当中，与普通的孩子一起学习、一起活动、相互交往？如何让"特殊"的孩子们能够更好地打好基础，开发潜能，进而融入社会，在今后自主、平等地参与社会生活？面对一道道教育教学的"必答题"，笔者认为美德教育是其中一种必要的教化方式。

美德是一种内生的力量。当孩子们心中充满对世界的爱、对生命的尊重、对世间万物的珍惜时，就会自然而然地产生美德。因而，当笔者想唤醒孩子们内心的美时，不会苦口婆心地"言传"，而是蹲下身去了解，在日常生活中一点一滴地进行渗透式"身教"，如有针对性地开展"孝道、感恩"等美德教育主题活动，让学生在活动和实践中自己去体验和感悟；在教学中，把励志、生命等教育放在首要地位，让学生更深刻地了解自己、感受生活……

在随后的教育教学中，笔者循着为师的初心，让孩子们保留自己的个性和思想，成为身体健美、思想纯美、心灵柔美、言行优美的"致美学子"。

这是笔者的努力方向，也是笔者的终生目标。

（案例原作者：东莞市石龙镇实验小学 吕慧娟　邹玉妍）

【案例点评】

教师不仅肩负着"传道受业解惑"的职责，而且需要关注到每一位孩子的情感层面和思想动态。这也是美德教育的必须关注点。

在本案例中，该教师拥有一张巧嘴、一双慧眼和一颗仁心。她怀着和善而坚定的态度，善于和学生、家长沟通；她平等友善地对待每一个学生；她能敏锐地发现学生的价值，并通过丰富的班级活动形式来激发他们的潜能，把他们从有限性中解放出来，从而获得自由发展，体现出自我的价值，以自我的方式自在地学习和生活。

本案例中的教师在进行美德教育时，不是一厢情愿地说教，不是简单的道德规范的灌输，而是关注到每一个学生的情感和需求，把教育置于他们的生活当中，使之成为学生活动的一部分，体现学生的价值，促进学生的发展，如春风化雨般完善学生的德性与人格。这种以"生"为本、以"文"化人的美德教育方式具有一定的借鉴和参考意义。

六、舞龙之美　德游长空

【案例背景】

舞龙，作为传统民俗活动，在老镇石龙已有深厚的群众基础。为了将舞龙精神透过青少年健身发扬光大，石龙镇以 2011 年为始点，每一年都以"中华龙民俗文化节"青少年舞龙比赛为题，拉开全镇中小学学生的舞龙运动竞赛，以民俗运动的趣味性推动中小学学生全身心的律动，为传承舞龙人文精神增添动感。

2018 年 9 月至 10 月初，石龙镇实验小学敖龙队在校园内为第八届"中华龙民俗文化节"青少年舞龙比赛备战，学生在舞龙运动的映衬下显得体格格外强壮，而且透过舞龙运动向在校师生传达出种种美好品德。为此，笔者以"舞龙之美，德游长空"为题，以石龙镇实验小学敖龙队备战的点滴为内容，通过案例的形式，解析舞龙在美德教育中的多重"身份"。

【案例主题】

龙，作为中国汉族的民族图腾，其以多姿多彩的龙文化承载了这个民族的人文精神：创新、综合、包容、进取、独立。而舞龙，作为特色的龙文化之一，自问世以来，深受人民大众的喜爱。随着推广和普及，舞龙逐步发展成为一项运动项目，在强身健体的目的背后，更是把中华龙的人文精神以一种种美德的形式进行传承和发扬。在中国龙狮运动协会的引领下，舞龙运动由上及下进行纵向的发展，地方舞龙队也因此大放异彩，赢得青少年的青睐，并将这种光彩带进校园内。舞龙成为校园课外运动之一之余，更是占据了美德教育中重要的一块，以运动的外壳向学生展现了美德的多重"身份"。"舞龙之美，德游长空"已然成为校园一处美景，强健体魄下的舞龙美德教育显而易见，并动之有效。

【案例描述】

石龙镇实验小学敖龙队为舞龙比赛备战的地点是在校园内的象棋广场或者足球场，教学内容为一学生手持龙珠作为引导，九个学生手持龙头龙身，踩着鼓乐伴奏的点，通过人体的运动和姿势的变化完成龙的穿、腾、跃、翻、滚、戏、缠等动作，淋漓尽致地展示龙的精、气、神、韵等。此时展示的是，舞龙在美德教育中的第一重"身份"——创新导师。舞龙运动历久不衰，与国人的创新精神分不开。舞龙运动经历若干发展阶段，每一个发展阶段主要通过内部创新完成，观察不同阶段的舞龙艺术形态，可以激发舞龙队人员的创新意识。实小敖龙队在进行舞龙肢体训练之前，集体观看和讨论历届多支舞龙队的舞龙形态，在知己知彼的前提下，为自身舞龙队寻找队员的肢体运动与龙的穿、腾、跃、翻、滚、戏、缠相融洽的创新点，以及舞动的龙展示的精、气、神、韵的创新形式，最终结合自身敖龙队的实际情况，重新定义属于石龙镇实验小学敖龙队的独特舞龙内容。因此，将舞龙引入校园作为课外运动之一，除了以舞动的龙的形态吸引小学生的注意力，引起小学生对民俗运动的关注，进而兴趣盎然地参与民俗运动，更是利用好奇激起学生的创新意识、创新动力、创新行为等由内到外的美德。

舞龙是一种动用全身各部位肌肉力量的运动，对小学生的体能、力量、协调性要求很高，因而，石龙镇实验小学在选人时就瞄准学校的田径队队员，在田径队员已经经历了体能和力量训练的基础上进行专项的舞龙者的协调性训练，以鼓乐的节拍为节点，让手持龙具的小学生跟随着音乐的节奏舞动中华龙，以训练和整合舞龙者的默契。这时展示的是，舞龙在美德教育中的第二重"身份"——团结大师。舞龙是一项多人运动，是以音乐节拍和舞龙节奏相互配合的形式促进队员之间在团队协作中的配合与默契，讲求的是团结合作。实小教龙队在训练过程中，常常会因速度的快与慢、动作的整齐利落以及踩节拍点的一致到位而心生矛盾。教练为了缓解矛盾，增强队员间的团结合作，总会在训练前让队员们沉浸在多人多足的游戏当中，不求速度争输赢，只求能够肩搭着肩、足并着足、踏着音乐节点走到终点。游戏过后，再回到舞龙训练当中。果不其然，队员们都不约而同地以音乐节点为舞龙动作的踩点，手持龙头龙身的九位队员都一一跟随着手持龙珠的队员节奏走。流畅利落的舞龙动作，充分地展示了学生在这一舞龙运动中习得的团结协作的美好品德，也让学生清楚运动竞技中有关合作和"友谊第一比赛第二"的美德。

在舞龙者达到一定程度的身体训练，以及相互之间能够连贯地跟随音乐的节拍跑动、舞动中华龙之后，石龙镇实验小学利用第二课堂或者大课间时间，聘请校外培训机构的舞龙师傅到校园，现场指导小学生舞龙者在龙珠的引导下训练穿、腾、跃、翻、滚、戏、缠等组图造型的动作和套路，并在此基础上，加入学校独创的"游龙戏珠"的动作，突出本校教龙队舞龙特色。除此之外，还对小学生舞龙者进行了速度训练，让教龙队在稍微加速的音乐节点上跑动得更快，舞龙舞得更强。届时展示的是，舞龙在美德教育中的第三重"身份"——进取教练。国人描述的龙的形象有飞龙、腾龙、奔龙，体现出龙具有很强的进取精神。能上九天、能潜深渊、朝气蓬勃、奋发向上、威武不屈、一往无前、势不可挡、无所畏惧，都是龙进取精神的外在表现。因而，舞龙者需要透过双手持续的摆动以及双脚持续的跑动，通过速度与节拍点完美地融合的形式去展现龙的进取精神。所以，在对队员们进行舞龙速度训练之时，身体汗水挥洒的瞬间，其实就是这样一种进取美德挥洒的瞬间，学生从舞龙中习得一种进取向上的美好品德。

经过一个多月的整体训练，石龙镇实验小学敖龙队从最初的身体劳累跟不上、速度太慢致整体不协调、舞龙技艺不纯熟，到现在个人体能、整体速度、舞龙技艺都能做到相互配合、相互促进。每次鼓乐结束，大汗淋漓的小学生舞龙者看起来是如此的精神抖擞、闪闪发光，强壮的双臂、有力的双腿，都足以证明这一个多月的努力是值得骄傲的！您看，在舞台上熠熠生辉的他们正告诉我们强身健体后精神饱满的状态是怎么样的，就像是那舞动的中华龙一样，昂首挺胸、肆意摆动着强壮的身躯，在灿烂的夜空中自由自在地畅游长空！冲击长空的游龙美不胜收，当学生们抬头望向夜空中的游龙，向往着游龙之美，舞动游龙那一刻，将创新、团结、进取的美好品德也一起抛向美丽的夜空当中，以舞龙的方式告知现场看众，石龙镇实验小学敖龙队舞动的是一条载有美德的中华龙。

图5-11

【结果与反思】

民俗运动之一的舞龙走进校园，成为校园课外运动，深受学生的欢迎和喜爱，不仅为继承和弘扬中华宝贵文化遗产培养一批优秀的传承者，而且能够鼓励学生动起来，在强身健体之余，更能透过这一舞龙过程进行美德的熏陶，进而达到"文明其精神，野蛮其体魄"的良好效果。回顾这一次的案例分析，缘由在于实小敖龙队备战点滴引起的有关民俗运动背后散发的美德教育的启发，为此，笔者以点见面，做以下的反思：第一，学校应该重视校园课外运动，重点突出校园课外运动中美德教育的闪光点，为此，学校应在硬件方面给予支持，丰富运动器材，丰富学生的运动内容，也应在软件方面给予帮助，提升课外活动教师对于美德教育知识的应用水平，尤其是运动教育与美德教育相融合方面的知识。第二，将民俗运动引进校园，是构建校园课外运动校本课程的一个很好的切入点，学校相关负责人应该运用发散性思维，为学生引入更多的民俗运动进校园，如舞狮、太极、皮影戏、粤剧、布偶戏、古琴弹奏等，在提高学生身体素质的同时，透过中华传统民俗文化遗产向学生传达美好品德，一举两得。第三，美德教育不仅仅局限于课外运动之中，更应延伸到其他课程，将美德之花全方位深种。

（案例原作者：东莞市石龙镇实验小学　吕惠娟）

【案例点评】

本案例的作者透过舞龙这种校园课外活动，引发对美德教育的思考，进而提出学校课程与美德教育的融合，这是一个搭建美德教育校本课程的切入点，值得研讨和深思。不过，在进行案例描述时，对于校园课外运动如何向学生进行美德教育的方式方法缺少具体的表明和论述。所以，在案例描述中，通过具体的方法方式展示舞龙在美德教育中的多重"身份"，会让案例更加完善，继而读者在读取案例后会更有所获。

七、我们不一样 我们都一样

【案例背景】

男女平等是我国的一项基本国策。2018年10月，省妇女工委、省教育厅、省妇联下发《关于在我省全面开展中小学性别平等教育的通知》，要求从2018年9月起，全省中小学校全面开展中小学性别平等教育工作。开展性别平等教育也是贯彻党的十九大提出的"坚持男女平等基本国策，保障妇女儿童合法权益"的工作要求。在中小学开展性别平等教育，将男女平等的要求纳入社会主义核心价值观建设，把性别平等教育融入学校教育全过程，有利于学生在世界观、人生观、价值观形成的重要时期树立性别平等观念，有利于学校培养出德智体美劳全面发展的社会主义建设者和接班人。我们通过召开"我们不一样 我们都一样"的性别平等教育主题班会，让性别平等深入学生内心，实现学生思想上对性别平等理念的内化和行为上的自律，从而互相尊重，互相帮助，共同进步。

【案例主题】

在2018年12月，我校名班主任钟少华老师接受东莞市妇儿工委和东莞市教育局下达的任务，展示一节以"性别平等教育"为主题的主题教育课。在前期的准备工作中，对五年级的学生进行性格特质方面的调查，在调查中发现，学生认为女生的性格应该是文静的、害羞的、温顺的，同时学习成绩是比较优秀的；而男生则是活泼的、大胆的、主动的、调皮的、同时体育成绩会比较优秀。从这可以看出，学生们对性别认知存在"性别刻板印象"的情况。性别刻板印象必然会给孩子的成长、发展带来一些限制与影响。推动男女平等的工作任重道远。性别平等教育进校园，有其必然性和必要性。性别平等作为学校教育内容，应该教育些什么？这得从性别平等的狭义概念谈起。狭义的性别平等教育是指培养性别平等观念和行动能力的教育，因此在中小学阶段对学生进行性别平等教育就必须培养学生正确的性别平等观念，并在行动中落实。为了让学生正确认识、接纳性别特点的多样性，培养学生性别平等（权利与机会的平等、责任分担）的观念，并提高其行动能力，因此展示一节以"我们不一样　我们都一样"为主题的"性别平等教育"班会。

【案例描述】

1. 猜一猜，认识多样性

（1）说一说

师：同学们好，今天，我们来聊一个话题："你眼中的男生是怎样的？你眼里的女生又是怎样的？"

生 1：我眼中的男生是高大威猛的，我眼中的女生是温柔可爱的。

生 2：女生是文静的，爱哭的。

生 3：男生非常调皮，但他们力气很大。

生 4：女生很细心，会关心别人，男孩子大大咧咧的。

生 5：男生是短头发，女生留着长长的头发。

生 6：女生会穿漂亮的裙子，男生不穿裙子。

师：哦，这就是你们眼中的男生和女生。好，下面，我们来看一组图片，你们来猜一猜。

（2）猜一猜

学生观察一组图片，然后猜一猜图片中人物的性别。

2. 比一比，了解性别平等

（1）掰手腕比赛

师：下面，我们来进行掰手腕比赛，全班分四个大组，各推选一名同学出来玩游戏。游戏规则是：比拼的两名同学屁股不能离开凳子，胳膊肘不能离开桌面，三盘两胜。现在一起来比拼吧。

（2）活动小结

师：同学们，在刚刚的"掰手腕"比赛中，你有什么样的收获或者感受呢？

生1：不管男生、女生都有机会参加掰手腕比赛。

生2：刚刚在掰手腕比赛中，我赢了小尹，女生的力气并不比男生小哦。

师：是的，在我们的生活中，男生、女生机会、权利平等，男生、女生义务也平等。

学生通过自身的游戏体验，在轻松愉快的氛围中了解到性别的不一样，不仅表现在生理上还表现在其他一些方面，而且，虽然有不一样之处，但男生、女生的机会、权利和义务是平等的。

3. 看一看，学习性别平等的政策

学生观看新闻联播，了解推行男女平等是一项基本国策。

师：视频介绍了国家层面的法律政策，说明了性别平等评估机制，党的十九大报告重申了"坚持男女平等基本国策，保障妇女儿童合法权益"，习近平总书记也指出，坚持男女平等基本国策，在出台法律、制定政策、编制规划、部署工作时充分考虑两性的现实差异和妇女的特殊利益。

4. 试一试，走近性别平等

（1）分享身边体现男女平等的事例

师：同学们，你知道在我们身边有哪些体现男女平等的事例吗？

生1：我知道国家积极推动女性参政议政。

生2：听我爷爷说，以前只有男生可以读书，现在，不管是男生还是女生，都可以读书了。

（2）了解身边体现男女不平等的事例

师：同学们，你知道在我们身边男女不平等的事例吗？

生1：我留着短头发，被别人说是假小子。

生2：其实我很喜欢篮球，可是，妈妈却说那是男子的运动，让我去学舞蹈，其实我不怎么喜欢舞蹈。

生3：有时候我很郁闷，在我的家里，我感觉我的妈妈好累，又要工作，又要料理家务，爸爸每天回到家就会坐在沙发上，什么家务都不干。

生4：我自己就受到奶奶重男轻女思想的伤害，从小奶奶对我就不喜欢，就是因为我是女生，过年时的压岁钱奶奶总会少给，而多给哥哥弟弟们，所以我很委屈。

（3）四人小组讨论对策

师：是的，社会上存在着不平等现象，我们应该要互相尊重，互相帮助，共同进步。

5. 说一说，感悟性别平等

全班学生结合生活实例，了解男生女生既有差异，又有共性，也懂得我们每一个人都各有所长；同时通过班级活动，孩子们领悟到男生女生和谐相处、团结协作、配合默契，会给班级生活增添无穷乐趣；也开始学会用欣赏的眼光去看待对方。

生齐读：我是男生（女生），我的同桌是男生（女生），我们性别不同，但是我们享有平等的权利。

【结果与反思】

整节课从认知到体验到观念"落地"，环环相扣，一脉相承，紧扣主题，设计新颖，使性别平等扎根于孩子们的心中，教育效果很好。

性别平等教育不是男生该怎样女生该怎样，而是让孩子们明白做人该怎样。我们要性别平等，是指每个人都要有"人"的地位和权利，而不是男性和女性作为独立的群体拥有各自的地位和权利，因此要将社会赋予男性或女性的特殊规则最大限度地减小。就如不能刻意要求男生该是"男子汉"，女生该是"小女生"，而应告诉每个人都要做事勇敢坚强、做人善良温柔。对于精致细腻的男生或"霸气外露"的女生，我们更不能嘲笑或批评，每个人的个性都是自己的选择，社会应该多一点尊重和包容。这一次活动为学生提供了一个了解性别平等的平台，让孩子们对性别平等有了初步认知，为帮助他们树立正确的性别观念打下了基础。在教育过程中，教师在承认性别差异的基础上，通过游戏、实际体验以及课堂参与等方式给予男女生同等的引导与反馈，使学生了解不同性别角色的差异性与平等性，注意向异性同学学习，克服自身的性别偏见，学会和所有同学互帮互助。

性别平等教育不是一两次班会课就能一步到位的，而是需要在平时的生活学习细节中通过周而复始的提醒、教育，通过家校联合，通过社会响应，让性别刻板印象逐步减小，这样方能让性别平等教育更加有效，让性别平等观念更加深入人心。如果再开这一主题的班会的话，笔者会多设计一些有趣的节目，同时争取让家长也能参与到活动当中来，再制作一些漂亮的

课件，营造良好的活动氛围，从而激发学生的兴趣。

（案例原作者：东莞市寮步镇河滨小学　钟淑英

东莞市寮步镇香城小学　钟少华

东莞市寮步镇石步小学　尹祥蓉）

【案例点评】

本案例介绍了"我们不一样　我们都一样"为主题的"性别平等教育"班会。性别平等教育进课堂是落实男女平等基本国策的重要载体和有效途径。案例中采用体验、探讨演绎活动的形式，让学生在活动中体验感知，有效学习。美德教育身教胜于言传，借助力量来自觉养成和践行美德的行为。

八、爱国　爱校　爱自己

【案例背景】

2020年的春天，一场新冠肺炎病毒席卷中国大江南北。疫情改变了我们的生活模式，也改变了学生的学习方式。经历三个多月的线上学习，学生们终于可以复学返校。疫情期间，全国上下共同抗疫，共克时艰，大批医护人员、交通民警、社区工作人员等日夜坚守岗位，守护全国人民的健康安全。小学生，今天是重点保护的对象，明天他们将肩负起保家卫国的重任，因此，必须从小给学生树立正确的思想观念，让他们成为负责任、敢担当的社会主义接班人。"疫情"既是对我们的一次严峻的考验，也是对学生进行感恩、爱国等教育的大好时机。复学第一课"爱国、感恩"教育，应时而生。

【案例主题】

中国乃"文明古国，礼仪之邦"，"天下兴亡，匹夫有责"的爱国精神在这次的疫情中展现得淋漓尽致。学生终于结束三个多月的线上学习，开启返学复课。笔者利用抗疫"活教材"，上了一堂别开生面的"复学第一课"，对学生进行了一次思想教育，旨在让学生了解在这次新型冠状病毒疫情中有关抗疫英雄的故事、"中国速度"的意义，培养学生懂得感恩的道德品质，培养学生爱国、爱校的情怀，并在生活小事中落实行动，让学生在这次疫情中获得成长。抓住一切的教育契机对小学生进行美德教育，使中华民族传统美德得以继承与弘扬。

【案例描述】

主题班会是班主任向学生进行思想品德教育的有效形式和重要阵地，能充分发挥集体的智慧和力量，让个人在集体活动中受教育、受熏陶。二年级4班的45个学生终于回到熟悉的校园，坐在了熟悉的教室中，和教师一起开展以"爱国 爱校 爱自己"为主题的复学第一课主题班会。

1. 以绘本故事导入主题

（1）播放绘本视频《泡沫战士保护我》，讲述儿童预防新冠肺炎的知识。

（2）引发思考。

师：同学们，故事看完了，大家知道是什么事情打破了动物们的平静生活吗？

生1：是小小的病毒。

生2：是新型冠状病毒打破了动物们的平静生活。

师：大家知道有关新冠肺炎病毒的一些情况吗？

生1：新冠肺炎疫情很严重。

生2：突然一下子很多人都生病了，我们都不敢出门。

生3：新型冠状病毒可以通过我们说话、咳嗽、打喷嚏喷到别人身上。

生4：戴口罩可以预防新型冠状病毒。

生5：我们要勤洗手，注意卫生。

师：是的，本次的新冠肺炎病毒来势汹汹，在此之前，从来没有出现过，传播速度极快，这是一场全人类与病毒的战争。面对前所未知、突如其来、来势汹汹的疫情天灾，中国果断打响疫情防控阻击战。

教师通过绘本故事，让学生思考有关疫情的一些情况，并了解当时情况的严峻、危急，体会"速度"对当时抗疫应急的重要性，引出下一个教学环节——中国速度，中国骄傲。

2.中国速度，中国骄傲

（1）播放火神山医院的建设视频。

（2）引导思考。

师：同学们，建火神山医院用了多少天？

生：10天。

师：对，10天就建好一座医院，厉害吗？为什么说厉害？

生1：太厉害了，我家盖房子，花了整整一年的时间，十天建一所医院，太厉害了。

生2：老师，我看到一些评论，都称赞中国，说只有中国才能做到十天建一所医院。

师：是的，疫情发展之快，建设医院迫在眉睫，所有的国人众志成城，团结一心，抗击疫情。

教师播放火神山医院建设的视频，加以字幕对"中国速度"取得的抗疫战绩的解说，让学生了解中国在疫情中以"中国速度"取得震惊世界的抗疫成就，从而为自己的祖国感到自豪，为身为中国人而感到自豪，为下一步的爱国教育作铺垫。

3. 致敬英雄，懂得感恩

（1）播放视频《致敬·英雄——向奋战在抗疫一线的工作人员致敬》。

（2）引导思考。

师：同学们，还记得视频中的英雄们是怎么说的吗？他们是怎么做的？去到那边会有危险吗？

生1：我记得视频中的军人说："养兵千日，用兵一时。危难时刻显身手，是革命军人，革命军医的本色。"

生2：一个农民工说："这大道理我们农民工也说不来，反正国家有难，总能尽自己的一份力量。"

生3：医护人员宣誓："哪里有困难，我们就战斗在哪里。"

师：大家想对他们说点什么呢？

生1：英雄们，你们真伟大。

生2：英雄们，我会好好学习，将来像你们一样，做一个英雄。

学生了解英雄的伟大，受到教育，懂得感恩，树立榜样，为下一步的行动教育作铺垫。

4. 反躬自省，落实行动

师：同学们，今天，我们之所以能够健健康康、开开心心地回到校园上学，是因为有无数的英雄用身躯为我们垒起一堵坚实的城墙，保护我们，所以我们要懂得感恩。除了感恩，我们还要有——行动。我们可以做哪些力所能及的事情呢？

生1：我要珍惜现在的学习机会，好好学习，这样才不会辜负抗疫英雄们的付出。

生2：我要做好防护，戴好口罩，健健康康的，还要好好学习。

（出示有关现在的校园的一系列图片。）

师：我们的校园这么美，有灵心园、灵趣园、灵犀园……校园的一物一景美不胜收。美丽的校园人人爱，我们可以用自己的小行动，爱护好我们的校园，不乱扔垃圾，不踩小草，不攀爬小假山。

学生在英雄们的榜样引领下，培养"感恩""爱国""爱校"的行动意识，让课内的思想教育在课外落地。最后，课堂的结束部分，引导学生梳理学习内容，从而使其懂得感恩，为祖国骄傲，为英雄骄傲，达到情感升华。

师：同学们，通过这节课的学习，我们懂得什么？

生1：课堂上我们看的绘本故事的名字叫《泡沫战士保护我》，在绘本故事里，我们知道打断小动物们平静生活的是新冠病毒。

生2：我们打喷嚏的时候，需要用手遮住嘴巴。

生3：疫情期间，无数抗疫英雄拼尽全力同病魔较量，让更多的病人得到康复，我们应该要懂得感恩。

生4：我们的祖国真强大，我爱你，中国。

生5：最美逆行者，你们真勇敢，谢谢你们。

生6：我要做到不乱扔垃圾，好好爱护我们美丽的校园。

师：同学们，今天，抗疫英雄在疫情中保护我们，以后我们长大了，我们将肩负起保护国家和人民的重任。所以，我们从现在开始，就要懂得爱国、爱家、爱校，并从身边小事做起。

【结果与反思】

学生盼望着开学的日子，终于到了复学的第一天，回到校园上了这么一节复学第一课主题班会，学生印象深刻。在这个特殊的假期里，通过学校和家长们的指导，他们对抗疫这件事情有了新的认识，尤其很多抗疫英雄就是自己身边的人，自己对"英雄""爱国"这些以前出现在书本里的词语有了更深的感受。

通过开展复学第一课主题班会，学生进一步了解"中国速度"的意义和"抗疫英雄"的事迹，受到感恩、爱国、爱校等教育，并落实到平时学习生活的行动中来。例如，在一次清洁值日工作中，小陈同学拿着扫把在教室扫地，边扫边聊天，磨磨蹭蹭，值日组长小尹看见了，提醒道"小陈，做值日能否来点'中国速度'？"小陈笑了笑，认真起来，嘴里嘀咕着"中国速度，中国速度……"不一会儿，把教室地板扫得干干净净。

在这次主题班会备课过程中，笔者从学生的实际情况出发，设计符合学生年龄特点的教学活动，例如绘本故事、视频介绍等，使学生在教学活动中获得深刻体验，结合实际生活谈亲身感受，激发学生的爱国主义情感。在教师问道："同学们，通过这节课的学习，我们懂得什么？"学生纷纷谈到自己的收获，有的说："我们的祖国真强大，我爱你，中国。"有的说："最美逆行者，你们真勇敢，谢谢你们。"也有的说："我要做到不乱扔垃圾，好好爱护我们美丽的校园。"

疫情是一次灾难，也是一次教育，教会我们热爱祖国，珍爱生命，遵守规则，懂得爱与责任。传承中华民族传统美德，美德教育在路上。

（案例原作者：东莞市寮步镇河滨小学　钟淑英

东莞市寮步镇香城小学　钟少华）

【案例点评】

本案例的教学内容和教学目标符合美德教育的相关内容。德育的过程就是推动学生知、情、意、行全面和谐发展的过程，知是基础，行是由知到行的转化，达到知与行的统一是最根本的问题，让学生明理、动情，由信而服，由服而行，行而有果。案例中的第一个环节"以绘本故事导入主题"，以学生喜欢的、通俗好记的方式让孩子们了解疫情防控的知识要点，从而做好防护，保护自己，这就是爱自己的表现。第四个环节"反躬自省，落实行动"中，教师提问"面对美丽的校园，怎样做是爱校的表现呢"，引导学生反思自己的行为。疫情蔓延的速度快，非常严峻，建立医院刻不容缓，火神山医院十天就建成，让学生叹为观止，从而认识到中国是个充满爱与力量的国家，从而生成爱国的情感。整个案例抓住环环相扣，层层递进，对学生进行美德教育，使学生知道做一个爱国爱校爱自己的好学生。

第六章　美德主题活动

第一节　美德活动理论

一、美德主题活动是课堂的延伸

　　学校作为专门的教育机构，是随着人类文明的发展而出现并发展的。当前，我国现代学校普通教育的内容一般分为两类：一类是对学生进行科学知识、劳动技能的传授和社会生活常识、常规的传授和训练，通常以常规课堂教学为主要载体；另一类是在实践中通过日常生活经验的积累，培养学生良好的人格，常以美德主题活动为载体。前者的任务是技能训练，后者的任务是品格培养，二者并行不悖，相辅相成。美德主题活动正是从促进个体全面发展的角度去关注人的生存与发展，促进人的感性与理性的均衡发展。

　　在文化课学习中，尤其是在学习语文、历史、道德与法治等人文性学科时，教师在传授知识的同时也注重情感熏陶和价值观态度的引导。但"纸上得来终觉浅，绝知此事要躬行"，学生只有在经过精心设计、合理安排的美德主题活动中亲身实践，才会对"美"和"善"有更直观的认识。因此，美德主题活动作为课堂教学的延伸，能帮助学校、教师更好地完成德育和美育教学的实施。

二、美德主题活动的特点

美德主题活动是从节日文化、劳动实践、环境教育、社会认识等多角度出发，围绕不同选点，设置系列专题活动，让孩子在亲身实践的过程中发现、感受和理解形式多样、丰富多彩的美，激励学生大胆表现美、创造美、内化美，把学生培养成真正"美的人"。因此，美德主题活动呈现出以下特点。

第一，美德主题活动具有主体间性。人类与世间存在的万物都是主体，而主体间性就是世间万物之间的关系。主体间性是通过主体间的交往、对话、沟通，推测和判定他人意图，最终融合而达到审美的境界。主体间性的充分实现路径是活动，活动连接人，活动连接人与物，并借此完善美育和德育过程，形成良好的美德体验。

第二，美德主题活动形态自由，易与其他学科融合。美德主题活动是一种通过情感引导，端正学生观念，进而促进人格完善的教育形式。它应从功利化的形式中脱离出来，回到育人本身，进而帮助学生实现人生的艺术化与情趣化。由此也决定它形态的自由和多样，且更容易渗入其他教育，与其他学科融合形成有机体。

第三，美德主题活动源于日常点滴，兼具育人功能。美德教育活动主题应源于学生学习生活，且服务于其成长。从细微处着手，引导学生领悟、发现、感受身边人和事的品德美、人情美、劳动美、自然美等，从而唤醒学生心灵中对有生命的、美的东西的爱抚、珍惜和关心，由"美德"的内生价值向外生价值延续，最终达到"立美"和"立德"的目的。

三、美德主题活动促进美德养成

美德主题活动是实施美育的重要途径，历代圣贤名家都曾阐述美育对于涵养人的身心、促进美德养成的重要性。孔子说："兴于诗，立于礼，成于乐。"讲述了美育对于人的成长至关重要。在 20 世纪初，蔡元培也曾指出："纯粹之美育，所以陶养吾人之感情，使有高尚纯洁之习惯，而使人我之见、利己损人之思念，以渐消沮者也。"他认为美育可以达到陶冶性情、提升修养的目的。因此，美育作为审美、情操、心灵教育的综合体，它能激励人的精神，温润人的心灵，从而对立德树人发挥出独特而重要的作用。

同时，美德主题活动本身即指向对学生德性修养的培养，是学校德育工作的一部分，具有爱的感染、人性化的引导的特点，使学生易于接受。好的美德主题活动，能为学校、家庭和社会架起一座情感互动的桥梁，搭起人与人、人与自然之间和谐的心灵通道，使学生心怀感恩、孝敬长辈、关爱他人、热爱祖国、回报社会，对于鼓励和引导孩子成为新世纪的建设者和接班人具有重要意义。

第二节 美德教育活动

一、让美德之花在云端上绽放

【案例背景】

文化育人是学校育人的一种重要手段，发挥文化在育人中的作用，可以借助每周一或重大节日举行的升国旗仪式，尤其是国旗下讲话。要使国旗下讲话在学生心中永远充满新鲜感、吸引力，就必须优化国旗下讲话的有效机制，对国旗下讲话的内容和形式进行不断创新，真正发挥国旗下讲话这一德育阵地应有的育人功能。寮步镇中心小学是一所英语特色学校，一直以来，非常注重国旗下晨会活动，关注英语知识的传授，以重要节日为主题进行开展。而近两年，国旗下讲话紧扣德育主题进行，并把英语知识和德育主题融合在一起。现在，升旗仪式专门设置成学校的国旗下课程，更好地与德育衔接，并与周一早上的德育主题班会相呼应。2020年，由于新冠病毒疫情的影响，国旗下讲话改在电教室进行，以云端视频的方式开展德育主题活动，让学生更直观地学习英语知识和德育内容，从而取得更好的育人效果。

【案例主题】

2020-2021学年度，寮步镇中心小学开展"节俭"和"勤劳"美德主题活动。第八周，国旗下讲话的主题是垃圾分类，目的是让学生通过主题的学习，了解垃圾有几种分类方法，并学会判断不同的垃圾该扔进哪种颜色的垃圾桶里，接着在日常生活中进行实践。本次讲话由学校两位英语主持人主持，教授环节是"引出主题垃圾分类—学习垃圾分类相关的单词—

操练单词—总结"。

【案例描述】

第八周星期一早晨，全校师生在教室以直播的形式进行升旗仪式。在升国旗，唱国歌和校歌之后，两位英文主持人（魏君朗 Andy 和王贺琳 Lynn）在电教室以直播的形式开始演讲。

魏君朗：Hello, my friends, I'm Andy.（朋友们，我是安迪。）

王贺琳：Hi, my friends, I'm Lynn.（朋友们，我是林恩。）

魏君朗 / 王贺琳：We are the new hosts.（我们是新的主持人。）

（设计意图：两位主持人第一次上台演讲，介绍自己让全校师生认识，以表对他人的尊重。）

魏君朗：My friends, these two weeks, we are going to learn about how to classify the garbage. Do you know how many kinds of garbage can we classify? 同学们，这两周我们将会学习如何进行垃圾分类，大家知道垃圾有多少种类别吗？

魏君朗：（PPT 呈现 4 个不同颜色的垃圾桶）Look, there are 4 garbage bins here. 这里有四个垃圾桶，它们分别盛放什么垃圾呢？

王贺琳：（PPT 呈现 4 个不同颜色的垃圾桶）是的，蓝色桶盛放可回收垃圾，绿色桶盛放厨余垃圾，红色桶盛放有害垃圾，黑色桶盛放其他垃圾。

（设计意图：以提问的形式让全校学生进行思考之后再公布答案，可以激发学生的兴趣，也让学生更专注于主题的学习。）

魏君朗：Then what are they in English? 如何用英语如何表达呢？如垃圾分类、垃圾桶？

王贺琳：Don't worry 不要担心。"垃圾分类"in English means "Garbage sorting"．Please read after me: Garbage, gar-ba-ge, garbage; sorting, sort-ting，sorting, garbage sorting. (以 phonics 的形式教授新词）

魏君朗：那"垃圾桶"用英语又怎么说呢？

王贺琳：We can say "Garbage bin". Read after me : garbage bin, garbage bin. (以升降调的形式教读两遍）

王贺琳：（引导同学们看PPT）Look, there are different colours of the bins. 看，这里有 4 个颜色不同的垃圾桶。This is the blue garbage bin．It's for the recyclable waste. 这是蓝色垃圾桶，用于盛放可回收垃圾，如纸皮。This is the green garbage bin．It's for the household food waste. 这是蓝色垃圾桶，用于盛放厨余垃圾，如剩菜饭。 This is the red garbage bin. It's for the hazardous waste. 这是红色垃圾桶，用于盛放有害垃圾，如废弃电池。This is the black garbage bin．It's for the residual waste. 这是黑色垃圾桶，用于盛放其他垃圾，如砖瓦陶瓷。 Now read after me： blue garbage bin, blue garbage bin ；green garbage bin, green garbage bin; red garbage bin, red garbage bin; black garbage bin，blak garbage bin. （以升降调的形式教读两遍）

（设计意图：借助 PPT 以图文并茂的形式，让学生学习垃圾分类和不同颜色垃圾桶的表达，这样更加直观，印象更为深刻。）

魏君朗：Now，let's play a game, to help the garbage go back home. 现在我们玩个游戏，帮助垃圾找到家。Look ，this is some newspaper. Where should the newspapers go？ （让屏幕前的学生思考 10 秒）Yes, the news papers should go to the blue garbage bin. 看，这是报纸，它的家在哪里呢？是的，蓝色垃圾桶。

（设计意图：借助 PPT 呈现 8 种垃圾，让学生先思考垃圾的家在哪里，学生说出答案之后再公布正确答案，检测学生是否能够正确分类垃圾，学以致用。以同样的方法判断其他垃圾的去处，有 batteries 废电池，water bottles 塑料水瓶，leftover food 剩饭菜，medicines 过期药物，broken bowls 破碎瓷碗，disposal tableware 一次性碗筷，bad fruits 腐烂水果等。）

王贺琳：My friends, from now on , there are different garbage bins for us in our school. Please litter the garbage into the right garbage bin. And we are going to collect the paper and the water bottles to sell. We will give the money to the students needed in our school. 同学们，从今天开始，校园里将会实行垃圾分类，请大家按照垃圾的类别扔垃圾。另外，学校于今天开始向大家收集废纸和塑料瓶，收集到的废纸和塑料瓶变卖成钱之后将会成为爱心基金，资助我们学校有困难的同学。让我们行动起来开始垃圾分类吧，让垃圾变废为宝，让地球变得更干净更漂亮。

（设计意图：良好行为习惯的培养仅靠思想上的渗透是不够的，还需要长时间的实践。倡议学生进行垃圾分类，不仅能够培养学生良好习惯，还可以帮助他人，更能保护地球，多有益处，这是美德教育的效果。）

【结果与反思】

回顾本次国旗下讲话，整个过程非常流畅。主持人通过导入垃圾分类话题，在语境中学习与操练词语，在情景中完成语言的应用，达到英语学习的目的。围绕垃圾分类话题，借助多媒体的动态效果，更能吸引学生的注意力，培养其专注力，提高学生的学习兴趣。更重要的是通过本次活动的学习，学生学会垃圾分类，从理论到实践，培养垃圾分类好习惯，做个环卫文明小使者，爱护学校卫生，帮助他人，保护地球。

本次国旗下讲话的不足是，由于演讲是以电教室直播的方式进行的，主持人在提问时不能现场听到学生的反映，只能靠猜测，不能形成真正的互动。如果在技术上，能够与教室里的学生进行互动，效果会更加好。

图 6-1　主持人在电教室进行直播　　　　图 6-2　学生在教室学习

（案例原作者：寮步镇中心小学　林丽英）

【案例点评】

本案例通过多媒体直观的形式输入语言，通过设问、猜测等形式激发学生的学习兴趣，丰富词汇教学的内涵，提高学生的思维力，培养语言综合运用能力。本课的精彩之处在于把人文价值教育渗透到英语学习中，让学生懂得垃圾分类，从自己做起，从而保护环境，保护地球。

二、让规范有序真正发生

【案例背景】

学校教育是以满足社会公共需求，提供教育服务的社会实践活动，办人民满意的教育是学校教育的总体目标。只有家长说满意、学生说喜欢，那才是成功的教育。生活管理是学校工作的"半壁江山"，生活区被称为学生的"第一社会，第二家庭，第三课堂。"生活老师所承担的教育任务和肩负的责任其实并不亚于任课教师，甚至对现在的很多家长来说，学校有没有生活老师往往是他们择校的一个重要考量因素。生活老师的综合素质和业务水平更是直接影响着学生行为习惯的培养。因此，生活美德教育的开展对于学校教育而言也是相当重要的组成部分。

【案例主题】

香市第一小学有一支业务精湛的教师队伍，也有一群积极进取的生活老师。她们工作认真、勤勤恳恳、努力上进，在各个领域都体现出团队的专业和敬业精神。学校开办以来，她们始终坚持"让儿童站在中央，让规范真正发生"的理念，全身心投入工作，与孩子们一起创造了一个有序的生活环境，获得了全校师生的肯定。

【案例描述】

1. 提升自我为了孩子的成长

（1）岗前培训

为了更好地理解岗位的职责与意义，学校在开学前组织全体生活老师进行了三期岗前培训，通过理论学习、案例探讨、沙龙分享等形式，让生活老师们对工作有了进一步的了解。

图 6-3

（2）每周例会

开学后，生活部在部长的组织下坚持每周定期召开例会，并结合每周汇总的问题进行总结与分析，从而进行思维碰撞，根据低中高孩子不同年龄的心理特点和行为模式，从孩子成长的角度出发，提出行之有效的方法。

（3）主题培训

生活部会根据学校下发的文件以及岗位需求，定期举行各种主题培训，一共有十期，主要包括：学生保健知识、流行病预防措施、饭堂文明用餐、高效快速集队、学生劳动能力提升、与班主任有效合作、诺如病毒呕吐物处理等。在每一次的活动中，生活老师们都能认真聆听，并积极讨论分享做法，为接下来的工作做了准备，提高了团体工作效率。

图6-4

2.细心认真为了孩子的健康

（1）就餐指导，管理到位

本学期，学校根据疫情防控要求实行了有序的错峰用餐。各班生活老师每天提前10分钟到达班级，组织学生有序排队，清点人数后，带队前往饭堂；在进入饭堂之前，提醒学生正确洗手，相隔一米距离打餐后到指定位置用餐。生活老师用爱心和耐心，对孩子进行文明用餐指导，主要包括排队打饭、打汤、安静就餐、光盘教育、餐盘摆放等，让孩子们逐步养成良好的用餐习惯，光盘的学生也越来越多了。

图6-5

（2）场室跟进，调配到位

开学初，由于午休的床没能及时配备到位，生活老师们一次又一次根据学校的安排调整学生的午休场室，耐心地分批带领学生找到自己的寝室，安放行李。宿舍分配到位后，生活老师用心地进行文明午休指导，包括安静进入宿舍，整齐摆放鞋子，安全上下床，增减衣物提醒，整理内务等。为了孩子们的健康，生活老师每天都会对宿舍进行消毒打扫，并定期提醒孩子们把被褥带回家进行清洗。生活部从安全角度和实际情况出发，对每个班级进行错峰拿行李安排。

图 6-6

（3）劳动教育，及时到位

劳动教育是香市第一小学非常重视的一项内容，生活部按照学校课程规划把整个校园划分为24个公共区，除了教室的卫生外，孩子们还要每天轮值，在自己班级的区域里体验学习。为了更好地培养孩子们的劳动技能，生活老师会根据学校打扫公共区域的时间安排，每天两次带队到公共区域进行打扫指导和辅助，手把手地教会学生们如何打扫、如何保洁，让其做个爱劳动、讲卫生的好孩子。

（4）校车等候，安全到位

每天放学前，各班的带班生活老师会提前10分钟到达班级，组织学生有序排队，清点人数后，带队前往一楼校车候车区。每位生活老师每天都会全程陪伴候车的学生，直到全部校车离校才回到班级进行消毒打扫。

图 6-7

3. 全面发展为了孩子的未来

生活老师除了要指导孩子在生活方面习得生活技能外，还要不断地在多个维度提升自我，促使自身全面发展，只为了能更好地接轨未来的教育和孩子的未来。

（1）参与课堂教育

作为生活安全教育员，生活老师们每周会全程参与班会，并精心制作课件，总结一周的生活情况。生活老师们通过PPT课件，图文并茂、绘声绘色地给孩子们讲解在各个生活环境的安全要领和温馨提醒，及时表扬学生取得的进步，鼓励孩子们一天比一天做得好。

图 6-8

（2）举行实操演练

为了展现生活老师带班的规范性和专业性，提高生活老师队伍的管理水平及实操技能，我校生活部于 2021 年 1 月 12 日下午，组织开展了一次常规展示活动。此次活动分别选取了 103 和 404 两个班级作为示范班，由带班的生活老师展示了班级日常集队、就餐、午休的整个过程，为大家提供了一次观、听、比为一体的现场学习机会。

图 6-9

（3）组织思维碰撞

在学校举行的"世界咖啡"学习交流活动中，生活部围绕"制定什么样的行为规则，才能有助于培养学生在校良好生活习惯"分成了规矩方圆、天使之爱、和善坚定三个小组并进行了热烈的讨论，最后从三个学段提出了各自的方法，体现了理论和实践结合以及"让儿童站在中央，让规范真正发生"的理念。

图 6-10

【结果与反思】

生活教育是学校教育的重要组成部分，香市一小的每个生活老师从来没有把自己定位为生活阿姨，而是以最好的精神风貌、最踏实的行动、最积极的态度为学生树立榜样。工作之余，她们还不断提升自己，不断学习教育管理方法、设计生活主题班会的技能、互相沟通家校合作的方式等，让整个团队充满生命力量。接下来，生活部将继续发扬敬业爱生、积极进取的精神，强化理论培训、提升师德修养、落实常规制度、实施各项量化，为更好地培养具有中国心灵、国际视野的未来学子而努力。

（案例原作者：东莞市寮步镇香市第一小学　黄雅洁）

【案例点评】

该案例从三个方面介绍了香市第一小学生活部的日常管理模式及团队建设方法，体现了该校美德建设的推广已涉及学校的各个部门，从生活老师的培养、常规活动的开展等方面看到了学校办学理念的渗透及整体的素质追求，具有较全面的借鉴作用。

三、美德多彩小剧场

【案例背景】

《中小学心理健康教育指导纲要（2012年修订）》明确指出，小学低年级心理健康的教育内容包括：帮助学生认识班级、学校、日常学习、生活环境和基本规则；初步感受学习知识的乐趣，重点是学习习惯的培养与训练；培养学生礼貌友好的交往品质，乐于与老师、同学交往，在谦让、友善的交往中感受友情；使学生有安全感和归属感，初步学会自我控制；帮助学生适应新环境、新集体和新的学习生活，树立纪律意识、时间意识和规则意识。本着"让学习真正发生、让儿童站在中央、让探究成为习惯"的目的，沉浸式的小剧场设置可以让学生自主创设专属于自己的"世界"，在这个"世界"中有所想、有所思、有所得。

【案例主题】

一年级小朋友处于前运算阶段到具体运算阶段的过渡期，思维处于半逻辑状态，以形象思维为主；语言表达特点表现为乐于交流；社会交往和与人合作中表现出较强的个人表现欲。同时，一年级小朋友存在对课堂学习的不太适应，课堂注意力集中时间较短，行为习惯有待养成等问题。因此，针对一年级小朋友的认知特点，我们开展本次美德教育实践活动，通过沉浸式"多彩小剧场"的设置帮助一年级小朋友完成幼儿园到小学阶段的过渡，形成初步的集体意识，在好行为好习惯的训练中培养其"做一个好学生"的意识。

【案例描述】

1. 案例所涉及的对象

本案例所涉及的对象是一年级全体学生。

2. 准备阶段

（1）准备"上学歌""中小学守则之歌""找朋友""拍手操"视频文件，"学习、课程、伙伴、游戏"四方面的图片文件，制作小学生"起床、上学、听课、游戏"四个场景与《豆豆的故事》的音频对话。

图 6-11

（2）学生准备画纸和颜色笔。

3. 实施阶段

（1）我是小学生，认识角色转变与初识规则（2课时）

①在教师带领下，感知小学与幼儿园两个阶段的差异。呈现"学习、课程、伙伴、游戏"四方面的图片。幼儿园阶段：学习是小朋友围坐一起，

没有具体的课本，小朋友们经常一起坐在一起拼积木。小学阶段：每个小朋友都有自己的独立学习桌椅，有划分明确的课本，小伙伴们经常三三两两追逐玩闹，或是跳绳游戏。根据图片提示，引导小朋友探索与感知小学生活的变化。

②小剧场：小学常见生活场景初体验。教师制作小学生"起床、上学、听课、游戏"四个模拟场景的音频文件。

如小红与妈妈的"起床"场景：早上七点钟，妈妈走进房间，"起床啦，起床啦！上学迟到了"。小红说"我太困了，我要继续睡"，不理会妈妈。过了一会儿，妈妈又进来了，"起床啦，起床啦"，这次妈妈直接把小红从被子里拉出来，小学生活的起床活动在妈妈的一次次"起床"闹音中完成了。

小明和外公的"上学"场景：上学的时间到了，小明开开心心蹦着跳着出家门，外公也跟着小明出来了，要送小明一起上学。小明向外公挥挥手，"外公你回去吧，我已经长大了，可以自己去上学了"。外公听后温柔地拍拍小明的头，夸小明懂事了。

"听课"场景：老师在给同学们讲解新的知识点，"我"听着听着，突然想起课间的时候看见了一件有趣的事情，想要和同桌分享，就悄悄拍了拍同桌。发现同桌在认真听课，"我"只得自己默默收回手，继续听课，可是"我"还是在脑子里回想那件有趣的事情。

"游戏"场景：下课了，"我"立刻冲出教室，拉上好朋友，在教室外面嬉戏玩耍。我们聊了看到的有趣的事情，一起又发明了新的游戏，好想一直是下课啊，所以我们每次都是上课铃响才飞快冲回教室。

小朋友根据场景设置选择扮演的角色，完成音频文件呈现的小剧场故事。

③小剧场："我"来做导演，制作"我"自己心中的小学生活小剧场。引导小朋友们分享更多的小学生活场景预设，鼓励小朋友把自己口中描述的、心中预想的小学生活场景用画笔画出来，并自己选好剧情需要的"小演员"，一起把画中的故事表演出来。

这一环节的设置目的是让小朋友可以跳脱出既定剧场设置，自己重新编制新的剧场内容，因为只有贴合自己实际情况的剧场再现才可以让学习真正发生。

④针对小剧场中反映的问题，我们应该怎么做呢？播放"中小学生守则之歌"动漫视频，与小朋友们一起总结作为一名合格的小学生应该有的行为规范，让学生在自主学习与讨论中有所得。

图 6-12

（2）让我们做朋友吧，帮助小朋友适应环境（1课时）

①播放"找朋友"视频。让小朋友根据歌词内容走一走、动一动、找一找朋友。

②引入《豆豆的故事》音频故事。豆豆每次下课的时候，其他同学不是在聊天，就是一起玩儿，而豆豆总是孤单地坐在座位上。豆豆觉得小朋友们都不愿意与自己玩，豆豆可难过了，所以豆豆哭着回家找到了妈妈，请妈妈教他怎么交朋友。

③小剧场："豆豆与妈妈"的故事续写。请小朋友们发挥想象，帮助豆豆解决现在遇到的困难。比如，妈妈说："豆豆，你可以主动与同学们交流，和同学们问好，介绍自己的名字，并且邀请小朋友一起玩呀。"

这一环节的设置目的是通过看与演他人的故事，引导学生思考如果自己处于这一情况下的解决方案。

④画出"我"与新朋友的故事。引导小朋友思考自己如何与新朋友认识与交往，鼓励小朋友们画出自己交新朋友的场景故事，比如，通过什么方法与新朋友讲话，希望和新朋友一起做的事情是什么。

"画"的过程也就是学生自主生成知识的过程，教师可以通过学生画出的内容对学生在学校的适应性做出进一步的指导。

图 6-13

⑤小剧场：认识新朋友。鼓励小朋友邀请自己画中的新朋友，一起描述画作中的故事场景，并且相互认识对方，询问是否愿意成为朋友。

将此方法适时地应用于生活实践中，可以对学生的预设做出及时反馈，帮助学生进一步完善自我适应机制。

（3）实践：鼓励小朋友勇敢地认识更多的新朋友，并且为新朋友画一幅画，画出希望与好朋友分享的事情，并且相互之间分享一下画中的小故事。

【结果与反思】

1.让学生认识自己的角色变化，从情感上认识到自己长大了。

2.运用小学生行为规范进行一定程度的自我约束。

3.学生彼此认识的过程中增强学生的情感体验，以更好地适应小学环境。

4.学会不同的交朋友方法。

（案例原作者：东莞市寮步镇香市第一小学　许文）

【案例点评】

1.通过活动，让学生认识到自己新的社会角色——小学生。

2.学会以小学生的行为规范约束自己，提高自我约束能力。

3.让学生学会悦纳自己，激励自己。

四、行节约之风　传"食"尚之美

【案例背景】

古人云："俭，德之共也；侈，恶之大也。"勤俭节约是中国人的一种传统美德，是中国传统文化的一大风尚。但在教学之余，笔者发现有部分学生存在节约意识不强、偶尔浪费食物的现象。为了让学生们知道我国资源分布不均、资源严重匮乏的现状，使其认识到珍惜粮食和节约粮食是每一个公民的责任和义务，树立节约粮食光荣、浪费粮食可耻的观念，笔者特此组织一场"行节约之风，传'食'尚之美"班级美德教育活动。

【案例主题】

寮步镇河滨小学 2018 级 2 班班主任与家长共同组织开展班级美德教育活动，以"行节约之风，传'食'尚之美"为主题，根据学生现阶段的认知水平和动手能力，遵循"学生为本，家校合一"的原则，引导学生意识到珍惜粮食、节约粮食的重要性，从实践中加强学生的动手能力和加深印象记忆，让其从自身做起，从小做起，在学校、在家中都能做到珍惜食物，杜绝浪费，传承中国传统美德，让崇尚勤俭成为班集体的文明追求，让勤俭节约内化于心、外化于行。

【案例描述】

苏霍姆林斯基曾提到，"最主要的是：要让学生能够同时看见、观察和动手。哪里能做到这三点，哪里就有生动的思考，使智慧得到磨炼。"勤俭节约这一智慧也需要"看见""观察""动手"，才能植根于心。为此，笔者精心设计了以下三个环节。

1."一粒米的一生"

笔者给学生们播放了一个视频，视频介绍了一粒米从田地到餐桌，从一粒小种子到一颗晶莹剔透的饭粒，到底经历了多少人的劳动和汗水。

看完视频后，笔者带领着学生一起总结了"一粒米的一生"：犁地—育苗—插秧—防虫施肥—排水灌溉—收割—打稻—晾晒筛选—脱壳—灭虫杀菌—包装运送等。

师：看完这段视频，你有什么感受呢？

生1：我觉得非常震撼，原来一粒米要经历这么多的工序。

生2：我感受到劳动人民的辛苦，为了生产粮食背后付出不少的劳动和汗水。

生3：生产粮食这么辛苦，我们不能浪费粮食。

笔者对他们的感受分享表示非常的肯定，并作了小结："一粒米的生产尚且要经历如此复杂的过程，那我们日常生活中的一道道精美菜品可能要经历更为复杂的制作过程。进入我们口中的每一口菜饭，都凝聚着无数人的辛勤耕耘。从刚才同学们的讨论分享中，老师感受到同学们对食物有了更深的了解，有机会的同学还可以去乡村田间亲身体验一下我们日常食物的种植过程。"

2. 共同反思浪费行为

观看完视频和经过讨论后，学生们对粮食的生产有了具体的了解，这时候就应该将目光从远方收回到自己身上，认真反思自己和家人是否产生过浪费粮食的行为。学生们纷纷列举生活中发现的浪费粮食现象，进行了第二次组内讨论。笔者我引导各组的学生代表上台汇报讨论内容："同学们，平日里你们观察到哪些浪费食物的行为？"

生1：我们小组发现，在学校饭堂吃午餐的同学没有量力而行，看到自己喜欢的饭菜，让饭堂阿姨舀了很多，但最后吃不完就直接倒掉。

生2：请允许我代表小组发言，我们发现周末与亲戚朋友吃饭，餐桌上摆放着许多饭菜，结账时饭菜剩余很多，我们都不打包，直接各自回家。

生3：在家吃饭时，我们会挑自己喜欢的饭菜来吃，不喜欢的会直接扔到垃圾桶里。

生4：周末，爸爸妈妈带我们去吃自助餐，我们兴奋地摆满了一桌，最后吃不完，怪可惜的。

生5：过年的时候，我们回老家，爷爷奶奶会做许多饭菜来迎接我们，最后我们吃不完，倒掉了。

听完学生们的汇报，为了让他们更深刻地认识到浪费粮食现象的严重性，笔者以课件的形式，向他们展示了两组数据。

数据一：据央视新闻，目前我国食物浪费现象仍然存在。2018年，中科院地理科学与资源研究所和世界自然基金会联合发布的一项报告披露，我国餐饮食物浪费量约为每年1700万至1800万吨，相当于3000万到5000万人一年的口粮。

数据二：调查显示，大型餐馆、游客群体、中小学生群体、公务聚餐等仍是餐饮食物浪费的"重灾区"。2018年，中国科学院地理科学与资源研究所和世界自然基金会联合发布的《中国城市餐饮食物浪费报告》披露，中国餐饮业人均食物浪费量为每人每餐93克，浪费率为11.7%，大型聚会浪费达38%，学生盒饭有1/3被扔掉。

听到这么庞大的数据，学生们纷纷咋舌，惊讶不已。笔者趁机发问："看完这两组数据，你们又有什么感受呢？"

生1：原来我们平日里不经意的浪费，竟会造成这么大的危害。

生2：我们的浪费，会造成多少人没有粮食啊！

生3：浪费粮食的行为，真可耻！

原本他们对浪费行为都不以为意，但了解到每餐少少的浪费最终会积累成巨大的损失，意识到粮食浪费现象多么触目惊心，他们都认真反思和懊悔自己日常生活中造成的浪费。笔者对此感到欣慰，毕竟从思想上，他们开始有了觉悟，有了转变。

3.体验节俭的乐趣

思想认识上有了转变，接着就应该是身体力行，用行动来践行节约的真谛。根据前期的准备，学生和家长带来了制作三明治的食材，在本次活动中共同制作三明治。学生们亲自动手，在触摸食材、制作食物的时候感受到它们的珍贵，一边制作一边探索研究，如何制作三明治才能既节俭又美味。

我们准备的食材种类比较多，有方包、煎蛋、火腿肠、培根、番茄、青瓜、生菜、千岛酱、果酱等，学生们在制作三明治的时候，渐渐讨论出很多可行的操作方式。

生1：做三明治前，要将适量的配料放在方包上，不能贪多，配料太多的话，三明治容易松散露馅，多余的配料会掉到地上，造成浪费。

生2：使用保鲜膜包住三明治，压实了之后再用小刀切开，这样既不怕三明治会松散露馅，又可以保持整洁卫生，用手拿着也很方便。

生3：可以缩小三明治制作的尺寸，做得太大的话吃不完就会浪费，做成小个的，可以保证吃完不浪费。也可以和小伙伴商量好一起吃，一人一半，分享食物。

生4：活动结束后，剩余的食材可以做成三明治，带回家与家人分享。

在此同时，笔者提醒他们："要把勤俭落实到行动当中，在活动过程中，看到其他同学遇到困难，要相互协作帮助，共同努力。"在这里，笔者引导学生们发挥班级"走组制"的优势，就是在完成自己组的任务之余，还可以到其他组去协助制作。除此之外，笔者还在每个组都安排了一位家长或教师为学生答疑解惑，充分发挥团队的作用。

在制作三明治的过程中，每位学生的脸上都洋溢着满意的笑容，这笑容不仅源于自主实践的成就感和帮助同学的喜悦感，更源于人体味蕾的满足感和勤俭节约的幸福感。在活动过程中，笔者还注重为他们拍照记录，定格他们洋溢着欢乐的瞬间。这些照片记录着他们认真进行组内探究讨论、鼓起勇气上台分享感受、专心致志制作食物、伙伴之间互相帮助、细细品尝美味、与家长分享等快乐时光。

图 6-14

活动的最后，笔者让他们把剩余的三明治带回家，并嘱咐道："同学们，请你们把三明治带回家和家人们分享，同时向他们宣扬你们今天了解到的关于节约粮食的风尚。我们每一位同学都可以是勤俭节约的传承使者，通过我们共同的努力，一定可以让勤俭种子扎根各个角落，节约之风吹向家家户户。"

【结果与反思】

学生从认知层面上基本掌握米粒的生产过程，并在情感上由衷地体会到粮食的来之不易。在列举日常生活中浪费粮食的现象和表露浪费粮食现象的科学数据之后，学生更清楚浪费粮食的严峻形势。最后，在三明治的研究制作分享过程中，学生不仅体会到自主实践的成就感、帮助同学的喜悦感、人体味蕾的满足感，更收获了勤俭节约的幸福感和趣味感。把勤俭种子埋在学生的心里，让它生根发芽，甚至蔓延到各家各户。

在整场活动中，笔者都采取了小组合作的方式，充分发挥"走组制"的优势，培养学生自主合作探究的核心素养。并且，在这次的活动中，笔者还邀请了家长的参与，让家长们走进课堂，走进班级，参与到班级美德教育活动当中。笔者认为，学生的成长离不开教师、家长和学校的通力合作，有家长的支持和协助，学生的自我归属感和活动参与积极性更高涨。

（案例原作者：东莞市寮步镇河滨小学　简笑华）

【案例点评】

本案例中，教师采用组内合作、"走组制"的方式，培养学生自主合作探究的核心素养。"一粒米的一生""深思浪费行为""体验节俭乐趣"层层递进，环环相扣，把勤俭节约理念注入美德教育活动当中，用观念去指导实践，在实践中塑造观念，让勤俭节约之行真正发生。家校合作，为班级美德教育戮力同心，奋楫笃行，更有助于营造良好的班级氛围，塑造学生高尚的道德行为和优良的道德品质。

五、宽容　让生活更美好

【案例背景】

大海因为宽容，而变得浩瀚无边；天空因为宽容，云彩绵绵而美丽动人；山峰因为宽容，汇集细土尘沙而巍峨耸立。人——应该学会宽容，才能放出异彩，生活才会更美好。但在现在的社会环境下，孩子万千宠爱集于身，往往心中只有自己，更别谈宽容了。为了让孩子们更健康地成长，体会宽容对美好、和谐生活的重要意义，学会宽待、原谅他人，笔者特此在班级开展了"宽容，让生活更美好"班级月主题活动。

【案例主题】

寮步镇河滨小学六（1）班班主任组织了以"宽容，让生活更美好"为主题的活动，根据本班学生的实际情况，本着"以学定教"的原则，去辅助道德教育，促进智育，内化核心价值观，使学生逐渐能够把教师、家长、社会的客观要求与影响自觉地内化成自我要求、自我需要，去达成自我实现。

【案例描述】

肖川教授说，教育的内容应该是人性化的，而不是冷冰冰的，要有趣味性，要富含人类的情感，要与学生生活经验有比较密切的联系，即使是科学教育，也应努力营造富有情感的学习氛围。

这次的活动是以孩子们生活中的事为主线，让孩子们在认识中、讨论中、自查中去感受、领悟、成长。活动主要由以下四个环节组成。

1. 了解"宽容"

（1）教师先播放视频：小明与同学发生碰撞，吵起来了。经过双方的深思熟虑，大家都认识到自己的情况与宽容的好处，相互道歉……

栅丞：唉，其实刚刚我也有错语气重了一些，退一步海阔天空，到时候还是跟他道歉吧

文浩：栅丞同学对不起，是我先碰了你，你没事吧
栅丞：没事，没事，我刚刚语气也重了一些，你没事吧
文浩：没事，我们还能做好朋友吗
栅丞：可以啊

图 6-15

（2）在学生看完视频后教师问："这是大家常遇到的困难，你从视频中学到了什么？"

生1：宽容给我们带来了和谐、友善的社会生活环境。

生2：宽容使我们内心保持平和、安定，让我们生活得幸福、愉快。

（3）教师小结：宽容是一种善待他人的态度，能够释放压力，改善人体微循环，促进人体健康。豁达宽容、与人为善能使人身心健康，是人体健康的"维生素"。

2. 自查"宽容"

孩子们已对宽容有了初步的认识，也知道了宽容的妙处。于是，笔者让他们认识自己（宽容"试金石"），用 PPT 出示以下内容：请对下列问题作出"是"或"否"的选择，"是"得1分。

（1）有很多人总是故意跟我过不去。（　）

（2）碰到熟人，当我向他打招呼而他视若无睹时，我感到很难堪。（　）

（3）我刚刚打扫完，别人把地面弄脏了，我会大发脾气。（　）

（4）别人给我起绰号，哪怕是善意的，我也不能容忍。（　）

（5）别人写作业时把墨水洒到我的衣服上，我会很生气。（　）

（6）哪怕是无心之失，我也会为自己做错的事主动道歉。（　）

（7）我觉得有很多事情，说一个"对不起"并不能解决问题。（　）

（8）有的人笨头笨脑，反应迟钝，真让人窝火。（　）

（9）和事事争强好胜的人待在一起使我感到紧张。（　）

（10）我不能忍受上课时老师为迁就某些同学而把讲课的速度放慢。（　）

孩子们自查打分。

教师小结：7—10分，说明你需要在生活中加强培养宽容的品质，要学会宽以待人；4—6分，表明你具有正常的心态，尽管碰到难以相处的人，有时也会被他们的态度激怒，但总的来说尚能容忍；0—3分，说明你拥有平和的心态，对人宽容大度。

孩子们对照打分表，默默地算着，默默地想着，或露出会心的微笑，或脸上变得严肃起来，或尴尬地挠挠后脑勺……

3. 做到"宽容"

在以上两个环节，孩子们在活动中学习，在学习中自我认识，自查自纠。接着，教师再把发生在班上孩子身上的事，通过视频与孩子分享，共谋对策。

（1）教师说："在日常生活中，我们常遇到麻烦的事，请看视频。小明的同学弄坏了小明最爱的钢笔，小明想报复……"

这支笔多漂亮，这是我一个转学同学送给我的

很有纪念价值但是却被我那个同学弄坏了

但是报复同学又不对，你说，我该怎么办？

图6-16

在学生看完视频后，教师问："小明生气是正常的，但生气会产生什么不好的后果？以牙还牙会带来什么后果？如果是你，你会怎么做？"

（2）学生分享。

生1：我们要宽容，宽容让我们面对他人的无心之失时保持大度，不计较。

生2：我们面对他人的伤害时，要平息心中的不满。

生3：我们应放弃报复的想法，懂得原谅他人。

此刻，班上响起了热烈的掌声。

（3）根据孩子们的回答，教师以思维导图的方式作出小结：面对矛盾，我们有时会产生一些不良的情绪，导致自己斤斤计较，这很正常，但我们要努力管理好自己的情绪，在生活中大度、宽容。只有这样，我们生活的社会才会和谐美好。

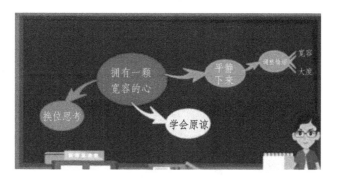

图 6-17

4. 宽容有妙招

此时，孩子们对宽容有了认识，有了感悟，有了体会，那具体如何做呢？教师再以身边小事为切入点，化理论为实践。

（1）教师播放视频：小明的同桌要划分界线，小明不想。

我的同桌认为应该画分界线，

这样就可以有更多的私人空间。

但我不赞同，我认为不应该画分界线，

这样同桌之间就可以更好探讨问题。

那么分界线该不该画呢？

我如何是好？

图 6-18

（2）此时，孩子们纷纷支招：

生1：别人与自己不同，自己也与别人不同，不可能要求人人相同。

生2：每个人都有可能犯错误，只有多听他人的意见，才能集思广益。

生3：每个人的观点可能只是一个方面的看法，只有综合大家的观点，看法才有可能更加全面。

孩子们听了恍然大悟，频频点头。

就这样，孩子们在活动中学习，在学习中感悟，在感悟中成长，将所学、所感都内化成自我要求、自我需要，去达成自我实现。

图 6-19　宽容、合作的课堂

图 6-20　宽容、和谐的课间

【结果与反思】

活动开始以学习活动来设计教学，以身边的小事为切入点，对学生来说更有说服力，并以思维导图呈现学生对宽容的认识，使学生更有条理性地感受到宽容的价值；接着通过自查方式让孩子认识自己，这样的"学德"，如果不经由利用学习者自身的经验，就不可能发生。通过自查，学生理性地认识自己、反思自己，从而得到丰富与提升。然后又以发生在孩子身边的常见小事为例，让学生分析和分享，教师从思维导图呈现要点，有梯度性地引导学生把"宽容"落实到行动上。

儿童道德生活的建构是一个主体之间、主客体之间交互作用的过程。师生之间的交流，给学生植入新的种子，结出丰硕的果实。

（案例原作者：东莞市寮步镇河滨小学　刘淑媛）

【案例点评】

本案例中，教师采用"以学定教"的方式，以身边的小事为切入点，满足儿童道德成长的需要，关注了学生不同特点和个性差异，发展每一个学生的优势潜能，真正做到了：给孩子一个空间，让他自己往前走；给孩子一点时间，让他自己去安排；给孩子一个问题，让他自己去找答案；给孩子一个冲突，让他自己去讨论；给孩子一个题目，让他自己去创造。

六、致远：美德教育主题班会

【案例背景】

为更好落实并推进学校的"致远"教育，除抓好文化课程建设外，本校还通过将美德教育内容有机融入各种主题活动之中，培养学生美好的品行。

【案例主题】

本校美德教育主题活动形式丰富，有主题班会、传承经典歌咏比赛、象棋特色品牌活动、校外实践主题活动、小提琴音乐会等。

本校主要以每周一次的主题班会为主阵地，围绕美德教育形成一整套知识体系，通过主题班会把美德教育渗透在学生的日常行为之中，努力营造至真、至善、至美的良好学风。

【案例描述】

1. 指导思想

主题班会是班级教育活动的重要形式，通过加强和丰富美德活动的内容与形式，班会不仅成为沟通信息、师生互动、同学交流的平台，更成为对学生进行个人美好品行、集体主义、爱国主义理想信念教育的课堂。因此，本校坚持围绕美德教育开展主题班会活动。

2. 实施过程

（1）班主任集体备课流程

班主任集体备课流程是：个人初备→主备人主备→集体研讨（指定班主任经验分享、主备班主任展示课例、分年级研讨各年级课例）→个人复备→授课实践→备课反思。

（2）美德主题班会活动保障机制

①建立激励机制。年级组确定主备课人，主备课人撰写主题班会详细教案、制作课件、提供相关多媒体资料，可参照学校学科集体备课规定给予对应奖励。

②建立主题班会评比制度。我校每学年至少开展一次主题班会课评比活动，每学期开展一次主题班会观摩活动。

③固定集体备课地点、时间、开展形式。我校行政开展常态检查，列入文明班评比，宣教局不定期组织检查集体备课和推门听课。

a. 地点：集体备课地点固定在致远楼四楼录播室。

b. 时间：集体备课每2周开展一次，每学期不少于8次，即逢双周周二上午第三节课为集体备课（此时间段由副班主任开展常态班会课，纳入文明班评比），逢单周同一时间同年级正班主任（正班主任缺席则由副班主任代替）上对应的主题班会课。

c. 开展形式：集体备课有两大环节。

第一环节，打造精品：由一名指定班主任就班级管理方面进行五分钟的经验分享→由一名指定年级主备人进行5～10分钟的说课→分年级研讨说课情况→每个年级推荐一名代表汇报本年级评价意见→负责说课的年级进行复备。

第二环节，常态开展：分年级开展→按计划由主备人简单介绍主题备课设计思路→年级内集体研讨→个人复备，根据班情，自主修改设计。

d. 建立主题班会资料库。我校逐步建立并完善校本美德主题班会资料库，并依托资料库逐步形成校本课程。

（3）美德主题班会活动展示安排表（以一个学期为例）

序号	展示时间	分享环节	主题班会课例	主备人	开展与宣传
1	9月15日星期二上午10:05-10:45	阮肖君	《爱国教育》	莫振英	负责当周展示的年级，请级长安排好本年级的班主任：1.提前开放电脑室的各项设备。2.安排一名班主任主持活动。3.安排一名班主任全程拍照。4.安排一名班主任撰写主题班会集体备课研讨活动报道。5.制作微信公众号。
2	9月29日星期二上午10:05-10:45	何婵	《班级规则我做主》	胡丽君	
3	10月20日星期二上午10:05-10:45	郑雪芳	《换个位置思考》	陈咏祺	
4	11月3日星期二上午10:05-10:45	曹海鹰	《榜样引领怀志前行》	黎笑平	
5	11月17日星期二上午10:05-10:45	郭绍镔	《课间活动不乱跑》	骆侃	
6	12月1日星期二上午10:05-10:45	朱佩仪	《礼貌用语说得溜》	吕惠娟	
7	12月15日星期二上午10:05-10:45	罗文华	《诚信友善做文明学生》	周杨	
8	12月29日星期二上午10:05-10:45	赖贻峰	《快乐与安全同行》	邹玉妍	

3.具体案例，礼貌用语说得溜

（1）活动背景

如今的学生大多为家庭的独生子女，他们在父母的溺爱中生长，一切以自我为中心，大多养成了"唯我独尊"的性格。这种性格非常不利于学生的成长，影响和他人的接触和交流，使其性格更加孤僻，朋友越来越少。平时同学之间的相处，是孩子接触社会的起点。他们将来参加工作后，需要与人合作，互相支持，互相谅解，需要讲点精神或作出某种牺牲。在班集体中，学生就必须处理好与同学之间的关系，学会爱同学爱集体。学校需要由小学生抓起，使学生懂得在集体中约束自己，从点滴小事做起，从说礼貌用语开始。

（2）活动目标

知识目标：列出《常用礼貌用语表》，知道礼貌用语的分类与应用场景。

情感目标：知道礼貌用语的好处——形成人际关系良好的互动，成为友善之人。

行为目标：列出情景图，运用礼貌用语解决矛盾，做到遇到冲突时能够"礼貌"解决。

（3）适合年级

二年级。

（4）课前准备

友善小故事，身边的礼貌用语小事，PPT课件。

（5）活动过程

第一板块：故事激趣，初识友善

①故事：《不懂礼貌的小白兔》

师：小朋友们，今天有一只小兔子来到我们的课堂上，可是这是一只"不懂礼貌的小兔子"。我们一起来看看，这只小兔子是怎样不懂礼貌的。（播放视频）

图 6-21

师：这只小白兔是怎样不懂礼貌的？

生1：问路时态度不好。

生2：他人回答了，却不懂得感谢。

师：其实，不懂礼貌的小白兔是坏榜样。我们常说，"礼多人不怪"，礼貌是个人素质的体现。小白兔的行为我们学不得，那我们应该学习怎样的行为呢？

②引出主题：礼貌用语说得溜

师：其实啊，从小白兔不礼貌的行为中，我们可以看出在与人相处时礼貌的重要性，而良好的礼貌是从用语开始的。今天，让我们踏出礼貌的第一步——礼貌用语说得溜。（板书：礼貌用语说得溜）

师：礼貌是友善的行为表现之一，而友善是我们社会主义核心价值观的基本要求。今天，我们借着主题班会，以"礼貌"为主题，探讨一下有关友善的话题。

（设计意图）通过小故事《不懂礼貌的小白兔》，让学生从小白兔的行为中明确懂礼貌的重要性，在调动学生的积极性之余，带领学生进入课堂学习状态，也明确自己需要懂礼貌。

第二板块：礼貌用语，我都知道

师：同学们都知道哪些礼貌用语？

生1："请""谢谢"。

生2："没关系""不客气"。

师：其实，不同场合，礼貌用语使用是不一样的。现在，先让我们一起来认读一下常见的礼貌用语。（PPT出示）

常用文明礼貌用语

见面语	早上好、下午好、您好、很高兴认识您、请多指教、请多关照等
感谢语	谢谢、劳驾了、让您费心了、实在过意不去、拜托了、麻烦您等
道歉语	对不起、请原谅、很抱歉、请稍等、请多包涵等
告别语	再见、欢迎再来、祝您一路顺风、请再来等

图 6-22

师：哪位小朋友可以当小老师，带读一下。（生领读）

师：好，现在同桌合作，用自己喜欢的形式读一读，可以唱读、朗读等。（生自由读）

师：同学们现在看看，这些礼貌用语分别是在什么场合使用的？

生1：见面语是在两个人见面时打招呼用的。（板书：见面语）

生2：感谢语是得到别人帮助的时候道谢用的。（板书：感谢语）

生3：道歉语是与别人发生矛盾，需要对自己的错误进行致歉用的。

（板书：道歉语）

生4：告别语是跟他人分别需要说再见用的。（板书：告别语）

师：说得真棒！那跟着老师把这些礼貌用语大声地朗读一遍。

师：为了便于记忆，我们通过《懂礼貌》歌曲，把常用的礼貌用语唱出来。

（设计意图）分类说明礼貌用语，让学生清楚不同场合礼貌用语使用不一样，在帮助学生明确知识点之余，也能指导学生在应对不同场合时选择用适合的礼貌用语。

第三板块：礼貌用语，用处好大

师：同学们知道礼貌用语说得溜有什么作用吗？

生1：遇到困难可以得到帮助。

生2：可以避免争吵和打架。

师：其实，最大的用处是可以化解矛盾和冲突。（播放视频）

师：从视频中，我们可以清晰地看到，一句道歉礼貌用语就可以避免两人的争吵，而且被踩脚的人明显很容易接受道歉，这样的友善行为多么好！那同学们看看这两幅图，你们可不可以帮帮他们呢？

师：他们发生了什么事？以下情境用什么礼貌用语可以化解矛盾呢？（PPT 出示）

图 6-23

生1：第一幅图是小孩打架，父亲却吵起来了。要化解矛盾，应该道歉。

生2：第二幅图是同桌吵架，互相不退让。要化解冲突，应该要道歉。

师：同学们分析得都很到位，其实很多时候，若肯退让一步，先道歉，后面就不会有争吵，弄成不可开交的局面。

（设计意图）出示具体的情境图，让学生清楚礼貌用语背后的威力，学会针对具体的情景使用具体的礼貌用语去化解矛盾。

第四板块：礼貌用语，升华总结

师：所以，在日常生活中，礼貌用语的用处是很大的，一句"请"，让人家感到很亲切；一句"对不起"，就可以化解双方间的矛盾；一句"你

好",是我们友善的表现。因此,我们要友善待人,善于运用礼貌用语。(播放视频)

图 6-24

师:所以,礼貌用语说得溜,是我们友善的表现。这也是社会主义核心价值观告诉我们的道理。那现在,让我们通过一首《咱们从小讲礼貌》歌曲,回顾今天的知识。

图 6-25

(设计意图)对本节课的知识点进行回顾,再明确学生学到的知识,以及结合社会主义核心价值观，让学生的情感有所升华。

（6）活动拓展延伸

师：请同学们参考以下的思维导图，分"见面语""感谢语""道歉语""告别语"四个方面把礼貌用语写出来或者画出来，并说给爸妈、朋友、同学听。

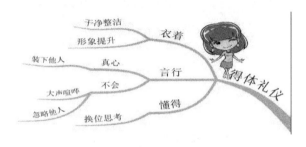

图 6-26

（7）板书设计

图 6-27

【结果与反思】

主题班会作为独立于语、数、英等任何一门学科之外的课程，在有关美德教育内容方面的选择范围更为宽广，教育自由度较大。教师可以根据班级的班情有针对性地准备美德教育的相关主题及对应的内容，这对学生个人美德意识培养有重要作用。班级是由一个个学生组成的，当每一位学生接受美德教育熏陶后，自然会对班级良好班风的建设起推动作用，由点及面，学校每个班级美德主题班会活动的开展，对学校学生整体素质的提升有一定促进作用。从长远效果来看，坚持开展以主题班会活动为抓手的美德教育，能帮助学生树立正确的道德观、世界观和人生观，对学生的终身发展有着重要的影响。

本校开展的美德系列主题班会已经成为学校德育建设的重要活动之一，学校应继续组织教师认真备课，鼓励教师深入钻研，联系班级实际，丰富主题班会的活动形式。美德主题班会活动不应只局限在教室内，也可以在室外进行，让学生在更加轻松、愉快的氛围中获得美德教育的熏陶。

（案例原作者：东莞市石龙镇实验小学　朱佩仪）

【案例点评】

本案例中，该校以主题班会为美德教育的活动主阵地，以班级为单位，通过每周一次的主题班会活动逐步提高学生的美德意识，规范学生的行为，培养学生的良好习惯。春风化雨，润物无声，美德教育渗透在每一次的主题班会活动之中，渗透在学生的文明礼仪培养之中，渗透在学生的待人接物培养之中。持之以恒，坚持实践与创新，相信该校的美德教育一定能结出累累硕果。

第七章　美德家校共建

第一节　家校合作理论

　　苏联教育家苏霍姆林斯基曾深刻指出，只有学校和家庭一致行动，才能实现儿童的和谐的、全面的发展。家长是孩子的第一任老师，也是终身的老师。在日本，PTA 即家长教师协会在加强学校与家庭、社区的联系，创造有利于青少年成长的环境方面发挥了巨大的作用，成为中小学教育中不容忽视的教育力量。大量的研究与实践表明，家校合作关系到孩子的健康成长，但是由于学校和家长各自的教育理念、视角的差异，学校和家长对学生的发展期待、成长要求等不可避免地会有差异、分歧。如何协调好家庭和学校的教育力量，形成合力，服务于学生的发展呢？结论是家校双方必须建立教育共同体的关系。

一、家校共建的重要性

（一）情境认知理论对学习的定位

情境认知理论革命性地提出了对于知识理解的一种新的角度。它认为：知识是一种活动，而不是一个具体的对象；它总是基于情境的，而不是抽象的，知识是在个体与环境交互过程中建构的一种状态。情境学习理论将社会性交互作用视作学习的重要组成部分，指出：只有当学习被镶嵌在应用该知识的社会和自然情景当中时，有意义的学习才可能发生。

（二）教育原理关于学校教育、家庭教育、社会教育协调一致相互配合的理论对家校合作的诠释

就家庭教育来说，由于家庭教育独有的早期优势，以及个别性、情感性、终身性等特点，家庭教育成为实现儿童社会化的奠基教育，自然，它也是儿童公民素质形成的基础。家庭教育又是调整学校教育，净化、利用社会影响的枢纽。凭借家庭这一社会小窗口，学生能感受社会生活的变革，领略社会发展的信息，保持对生活变化的敏感状态，并在一定程度上，形成社会所需要的品质。如果学校能重视家庭资源，有意识地挖掘与有效利用家庭的资源，无疑是为学生的全面发展开辟了一块极其重要的生活实践基地。此外，家校合作能够促进社会对全面推进素质教育的改革力度，能够通过合作优化教育环境并全方位提升学生的能力。

二、美德家校共建策略

（一）搭建沟通平台，深化美德内涵

校级家委会适时引导班级家委开展家校共育工作。班级家委积极与班级任课教师沟通，共商亲师联合会的活动、班级活动等。亲师沟通和谐，班级氛围积极向上，有利于家校共同沟通美德教育内涵。

（二）创新教育活动，深化德育理念

坚持办好家长学校，提升家长素养。学校可以根据家长的特点、家庭教育指导的理论和学校的育人目标等，设置具有科学性、系统性、实用性的家长课程，引导学生家长学习美德知识，认识学校德育理念，学习美德要求，力求让家校对美德教育的认识达成一致，让家校教育同步。

（三）创新亲子活动，营造合作氛围

班级可以根据学生实际需要，确定有针对性的主题，和家委一起研讨主题班会的教案，以班会的形式召集家长到校和孩子一起参与活动，大家在愉悦的氛围中共同成长。学校还可以设计一些有趣的家庭作业，如美德学习作业，通过开展"我是演说家""孝与敬手抄报比赛"等活动，培养学生尊师重道、孝敬父母的意识。

三、美德家校共建模式

（一）完善组织机构

学校要全面构建由家校社联合会、学校家委会、班级家委会组成的家

校工作管理架构，构建"金字塔式"家长委员会，从原来学校引导的状态过渡到现在家长主动开展工作的状态，让家长更为深入、细致、融洽地与学校进行沟通、交流，全方位推进家校合作。

（二）完善保障机制

学校可以"引领全国的品牌项目"定位，成立家校工作项目组，组成由校长牵头、德育副校长为直接负责人、若干位教师为专项负责人、全体教师共同参与的专项组，推动项目发展。学校家校工作理念以教育责任为上位，通过不同的方式转化为教师的教育信念，从师德观念意识入手，完善教师开展家长工作的评价制度，规范教师与家长的沟通用语及方法，净化教师与家长的关系，以依法治校的方法杜绝校园的不正之风，以教师高尚的职业道德赢得家长的尊重与支持，形成制度规范到行为内化的保障机制。学校联动各方力量，搭建家长学校新平台。家长学校有完善的章程、制度、课程体系、评价体系，每学期正常运转。经过长时间的实践，我校解决了家长与教师之间存在相互推卸教育责任和共育意识不强的问题，双方已明确家校合作是双向互动、主动有为的教育教学行为。在家校深度合作的过程中，我们需要进一步明确双方的具体职责，形成明确的责任机制，并落实监督管理。有效的沟通是深度合作的基本前提，学校要通过媒介信息交流和双向交流相结合的沟通方式，开发更深层次、更具实效的沟通方式，比如，级亲会陆续开通了 QQ 群、班级（年级）博客，定期出版班（级）刊或班报，组织特色家长会、读书会等。

（三）完善评价机制

1.完善家长参与对学生评价的机制。学校打破以成绩作为衡量学生唯一评价标准的模式，让学生在不同主题的奖励中得到肯定和鼓舞。在探索多元激励方法的同时，完善家长参与评价学生的机制，形成由家长对学生个人一月表现的评价，可以让家长对孩子的美德成长做出相应的评价。

2. 完善家长参与对学校（教师）评价的机制。家校的深度合作体现在互相促进、同步发展的效能上，构建家长对学校管理及对教师教育教学的评价监督机制，使学校的各项工作能让家长了解和放心，能更有效地营造平等、互信的氛围，提升师生美德品质。

四、美德家校共建中的角色定位

从国家对家校合作要求的纵向比较来看，在家校合作中，需要加强家长的责任意识。国家对家庭教育是越来越重视，而且要求越来越高。

在美德家校共建中，教师是引领者。立德树人，肩负着国家的教育责任，教师的背后是国家的使命和民族的使命，所以教师要做好引领者的角色，培养学生的良好行为习惯，践行美德品格。

在美德家校共建中，教师还是联络者。学校是一个由学生家庭聚合起来的"社区"，我们应起到一个把不同家庭联系起来的作用。孩子在家庭中会产生各种问题，我们要给他们帮助，引导家校共同帮助学生养成良好习惯。

在美德家校共建中，教师也是激发者。家长群体具有很大的教育潜能，我们要通过各种渠道和机制把他们教育的潜能激发出来，使家长们的教育能力处于被激活的状态，助力学生美德习惯养成。

在美德家校共建中，教师也是组织者。学校组织各种家校合作活动，就是要将家长的教育能力挖掘出来，利用起来。家长群体有很多优秀的人才，我们要把这些优秀的家长组织起来，使家校合作更加完善。

教师还应该做一个悦纳者。家庭给孩子提供的亲情和温暖是学校不能完全做到的，我们应该积极地把那些温暖的情感状态吸收进校园，使学校呈现一种温馨生动的风格，营造一种家的感觉，家的氛围。

五、美德家校共建的积极意义

美德家校共建进一步提升家风建设。通过各种层次、各种方式的家长讲座和各种类型的亲子体验活动，家长改变单纯依靠学校完成培养学生任务的意识，学习并树立优秀家庭教育的理念，充分发挥家庭的育人功能，使教育子女的方式方法不断得到优化。他们能尊重子女，相信子女，既关心爱护子女，又严格要求子女，善于观察，通过一些表面现象去窥探子女的内心世界。在教育子女的过程中，他们能动之以情、晓之以理、导之以行。学校通过美德家校共建，加强家校沟通，提高家长的认识水平，转变其教育子女的观念，改变其教育子女的方法，使家长能够主动配合学校，共同教育子女。在学校和家庭通力合作下，在家校双方的共同努力下，学生发生明显的变化，逐步养成良好的行为习惯，在校违规违纪的现象大大减少，心理问题得到很好矫治。学生爱校、守纪、文明、勤学，为健康发展奠定坚实的基础。

第二节 家校协作主题

一、"有礼"与"孝敬"美德的养成

【案例背景】

当今社会是一个多元化社会，经济全球化、网络技术发展、知识经济

的出现使社会的文化环境发生急剧变化。在传统文化与现代文化、东方文化和西方文化、主流文化与非主流文化等多元文化并存的环境下，小学生面对良莠不齐的信息时难以做出正确的判断，因此学校的美德教育就显得尤为重要。

此外，构建德智体美劳全面培养的教育体系，是需要五者相辅相成、共同促进的。而"德"作为教育体系培养的第一点，在小学教育过程中更是具有举足轻重的作用。教育部2015年修订颁布的新《中小学生守则》中第四条也明确规定："明礼守法讲美德。遵守国法校纪，自觉礼让排队，保持公共卫生，爱护公共财物。孝亲尊师善待人。孝父母敬师长，爱集体助同学，虚心接受批评，学会合作共处。"目前，由于多数学生为独生子女，部分家长对孩子的宠爱也几乎达到溺爱的程度。因此中小学生顶撞师长、上课插嘴等现象时有发生。这种情况下，对小学生的美德教育就必须提到日常教育的重要地位，引起社会各方人士的关注。美德教育注重教育孩子从小要尊师重道、孝敬长辈，一方面要求学生规范对师长的语言行为态度，另一方面是继承和发扬中华传统美德中的"孝"文化。学校通过家校协作、开发美德课程、安排美德教育课外活动，依靠评选校园最美孝心少年、尊师重道评比机制，鼓励学生养成尊重师长，敬爱父母的良好品德。

【案例主题】

尊师重道，是指尊重师长，重视老师的教导。尊重师长是指尊重老师和长辈，这一观念的养成，可以让学生从小懂得感恩与回馈，带给学生积极向上的引导。在美德教育过程中，我们要求学生做到：在学校礼貌待人，不顶撞老师，上课不随意插嘴，日常生活中要注意使用"谢谢""没关系""对不起"等礼貌用语;在家中尊重家长,不顶撞家长,学会基本的家务劳动,遇到事情学会和家长商量而不是自作主张等。

百善孝为先,一个不懂得孝顺父母、尊敬师长的人是无法立足社会的。美德教育中,对"孝"的教育应该放在首位。这一过程中,应该以学生换位思考,切身体会老师家长的身份为主要做法,以日常生活中的点滴小事为出发点,增进学生对"孝"的认知,使其继承中华传统美德,发扬社会主义核心价值观。

【案例描述】

我们将"孝"和"敬"的教育融入学校生活的各个方面。为了帮助学生改善自己的语言行为、养成良好的用词习惯,我们将从理论教育逐步上升到实践体验,让学校、家长、学生联动起来,鼓励学生正确的做法,提醒学生不恰当的行为,形成"润物细无声"的效果,让学生在不知不觉中逐步改善自己的行为,从而养成尊师重道、温文尔雅的人格特征。

1. 学校、家长双方联动

教育不是教师或者家长单方面的行为,任何一个成功的教育案例背后都需要家长和教师的积极配合。一方面,学校要明确美德教育的重要地位,将美德教育提上日程,制作相关的教育计划,组织教师进行相关培训,规范教师的日常行为,为学生起到良好的表率作用。各级部成立督查小组,对教师日常行为进行督查。

另一方面,要求家长积极配合学校工作。如果想让自己的孩子尊重教师,首先家长要尊重教师;要想孩子孝顺父母,首先家长要孝顺父母。任何教育不是一蹴而就的,而是潜移默化的。以二年级为例,二年级的班主任向家长发出号召,呼吁家长做好孩子在家中的美德榜样,同时鼓励家长进行"孝顺行为打卡"的活动,如给自己父母打一通电话、为自己父母洗一次脚等。通过这项活动,家长完成了他们尽孝心的义务,也为自己的孩子树立了榜样。在家校合作背景下,教师和家长都认识到自身在孩子教育过程中的地位,极大地促进了美德教育的顺利进行。

图 7-1

2. 布置美德学习作业

美德的学习,除了环境的熏陶感染,学生自身的认识也很重要。进行"孝"和"敬"的教育,关键一步还在于学生先要认识什么是"孝"、什么是"敬",理解为什么要"孝"、为什么要"敬",懂得如何做到"孝"、如何做到"敬"。这就涉及理论知识的学习。这一过程要求教师制定相关的教育方案,布置相关的课后作业,让孩子从理论层面认识到"孝"和"敬"的意义所在。

以二年级以及四年级为例,一是教师通过开展"我是演说家"的活动,让学生在讲台上分享自己知道的关于孝顺父母尊敬师长的故事,让学生从故事中总结道理,获得启发。二是教师通过举办手抄报比赛,让学生上网搜索关于"孝"和"敬"的资料,总结成报,并在这一过程中明白尊师重道、孝敬父母的重要性。三是教师通过老师组织学生观看《你好，李焕英》的电影，让孩子知道"子欲养而亲不待"的含义，反思自己日常行为，认识到孝敬父母要从小开始。

通过这一系列学生喜闻乐见的活动，孩子们都对"孝"和"敬"有了更加系统全面的认识。

图 7-2

3. 引导学生切身体会

教育的关键还在实践，如果美德教育只是停留在理论层面，则无法发挥其真正的教育意义。孩子真正从心理上认识到自己先前语言行为的错误，才能在未来加以改正。而让孩子认识到自己所犯错误的最好办法莫过于让他换到教师、家长的角度去体会教师家长的感受。

以二年级为例：首先让学生体验当老师。教师为学生分好小组，十个人一组，每组挑选一名学生当老师，每位同学体验时间为两天。学生在当老师的阶段，要负责为组内其余九名成员（学生）检查作业、辅导作业、处理日常矛盾等，即全盘负责组内成员的学习生活。在这段为期二十天的换位体验过程中，不少学生向教师求助，这之中有作业辅导问题、与同学发生矛盾的问题。体验结束后，教师召开了主题班会，让学生就这二十天的体验活动自由发言。从他们的发言中可以看出，相当一部分学生体会到

当老师的不易，也认识到自己平常对老师的态度问题。其次是让学生体验当父母。每个学生准备一枚鸡蛋壳，要求学生将这枚鸡蛋壳当成自己的孩子，保护其不破碎，一直坚持一个星期。一个星期过后，谁的鸡蛋壳和第一天的状态一样，教师就颁发给他"最美妈妈（爸爸）"的奖状并计入期末量化成绩。活动结束后，全班共有将近二分之一的学生表示任务失败，四分之一的学生鸡蛋壳有了较小程度的破损，仅有五名学生顺利完成任务。大家都表示保护鸡蛋壳太难了，一个星期太久了。教师告诉学生们："母亲怀胎十月，这十个月里，准妈妈除了要保护好肚子里的小宝宝，还要忍受孕吐、身体浮肿等痛苦。我们仅仅是保护一枚蛋壳一个星期就感到如此困难，那我们的妈妈呢？"经过这次活动，班上的学生更加认识到父母的不易，学生家长也反应自己的孩子在家改正了随意顶嘴的不良习惯。

【结果与反思】

十年树木，百年树人。教育要从小抓起，习惯要从点滴养成。习近平总书记也表示，要把立德树人的成效作为检验学校一切成果的根本标准。历史多次证明，"孝"和"敬"的美德养成对学生成才具有重大意义，"孝"作为中华传统美德传承至今有其重要价值。自学校开展尊师重道、孝敬父母的美德教育活动以来，五年级多位家长反映孩子在家比以前更有规矩，不再肆意顶撞长辈了。各位家长在家长会上也表示，这次美德教育让孩子不仅认识到孝顺父母的意义，而且反思了自己对待父母的态度。各位任课教师也表示，学生上课期间基本不会随意插嘴，即使有了问题也是举手示意，教师同意后才起立作答。学生在请教完问题后，懂得要向教师鞠躬道谢。

班主任在分析近年来班级矛盾数据时也发现，自美德教育活动开展后，学生间发生矛盾的频率大大降低，这说明此次美德教育除了让孩子们认识到尊敬师长的重要性，还懂得了要礼让同学，团结互助。

此后，礼貌用语、和善待人将会成为学生日常的习惯，这种习惯慢慢从教师家长的引导走向了学生自发遵守。通过理论认知、实践体会，学生们对《中小学生日常行为守则》有了全新的理解，不再只是把它当成摆设，而是认真遵守里面的行为规范。

（案例原作者：寮步镇中心小学　刘名欣）

【案例点评】

本案例是孝敬和有礼美德养成的探索，主要通过主题班会以及学生实践相结合，在此过程中，实现对学生孝敬和有礼美德的养成。从更深层面思考，孝敬和有礼美德是两种融会贯通的美德，在培养孝敬美德过程中也可渗透有礼美德的内容，同时有礼美德的养成也促进孝敬美德养成。学生不再是形式上的表现"孝敬"和"有礼"，而是在行动上渐渐体现出来了。

二、用"节"文化传承中华传统美德

【案例背景】

寮步镇香市第一小学是寮步镇人民政府"推进教育扩容提质"建构未来教育体系的试点学校。学校以全息育人作为办学理念，致力于培养具有中国心灵、国际视野的未来公民。学校以常态班级教学为基础，融合"全学科 PBL 教学"模式，促进孩子合作探究，帮助孩子建立自己的知识体系。同时，学校也注重搭建家校沟通的合作桥梁，推进家校共育，与家长齐心协力为孩子营造良好的成长环境。

【案例主题】

时代的发展和进步，让当下小学生及家长群体呈现出新的特点：网络的发达和电子产品的普及，使得学生和家长都具有更开阔的视野，但快节奏的城市生活又使得传统文化中的一些美好事物逐渐隐没，孩子们的日常生活体验较单一，对许多事物的认识只停留在文字和听闻的简单介绍，缺乏切身的体验和由此而生的深刻体会。

适逢元宵佳节，为建构和谐温暖的校园环境，让孩子们深入了解我们中华民族传统的风俗习惯，丰富他们的体验，学校策划开展了"喜乐元宵情满一小"传统文化项目学习课程。各班家委是本次项目学习课程的助力者，在课程学习开展的前中后期，积极参与其中，全力配合教师，耐心引导孩子。家校协助，共同为孩子们营造了情意满满的节日气氛，让他们在动手实践和动脑筋思考的过程中浸润式地学习和传承中华传统文化。

【案例描述】

元宵节，又称上元节或灯节，是春节之后的第一个重要节日。本次传统文化项目学习的目的在于增进学生对传统节日的了解，提高学生的民族自豪感和文化认同感，并锻炼他们沟通合作和动手实践的能力。基于此，围绕元宵节的风俗，课程设置了"声情说来历、巧手搓汤圆、创意制花灯、智慧猜灯谜"四大板块内容。

1.张灯结彩，美入心间

合乎氛围的环境会让节日更具仪式感和隆重感，也会让置身其中的人们感受到与日常生活的不同之处。在过去，人们通过悬挂美丽的花灯来驱赶邪神、寄托美好愿望。精美、式样丰富的花灯不仅承载着寓意，有的还讲述了故事，并展现出人们的智慧和技能。把教室装扮起来，让孩子们穿梭于美丽的花灯中，欣赏花灯上美丽的图案，分享背后的故事，有助于增加他们的审美体验，从而更加热爱传统节日、传统文化。

因此，课程开始前，各班教师和家长志愿者们精心筹备、用心张罗，齐心协力布置教室。高高挂起的灯笼、随风飘扬的彩旗和谜语、五颜六色的气球、包装精美的礼物，营造了喜气洋洋、美好幸福的节日氛围。每一位走进教室的孩子，无不为眼前的景象赞叹，"美"的种子悄悄植入了他们心间。

图 7-3

2.绘声绘色，美言来历

在教育中，我们强调要发挥学生的主观能动性，使其变被动接受为主动学习。在本次项目课程中，我们依然秉持该理念，教师设置问题，提供支架，引导学生主动探究，并激发他们的探索热情。

项目课程第一板块是"声情说来历"。孩子们在家长的协助下，提前查阅、收集有关元宵节来历的各种资料，形成讲稿，反复排演。当教师问到"谁能为我们讲讲元宵节的来历"时，一只只小手高高举起，孩子们踊跃发言，绘声绘色地为大家讲述他们收集到的故事。这一环节的设置既锻炼了他们的信息搜集能力，也为他们提供了一个展示的机会。孩子们自主搜索资料、表达分享，一反过往教师讲学生听的常态，极大发挥了他们学习的主观能动性，激励他们积极主动地了解传统文化，并内化为自身的知识。其中，家长的配合和指导功不可没。

图 7-4

3. 心灵手巧，美味分享

当孩子们能亲自参与到物品诞生的过程中，他们的内心会充满珍惜和感激之情。为了让他们从心灵深处体会元宵节习俗的美好，在实践中有所收获，课程的第二和第三板块设置了"巧手搓汤圆"和"创意制花灯"两个体验项目，使学生在做中学，在学中成长和进步。

制作汤圆和花灯所需的材料已由热心的家长提前准备好。了解完元宵节的来历后，各班就开始有趣的项目实践。揉面团、放馅料、捏造型，齐齐动手、有说有笑，一个个圆乎乎的汤圆象征着一份份美好的祝福，伴着大家期盼的目光入了锅。接着，在教师的安排下，孩子们被分成若干个小组，每组领到一份制作灯笼的材料。在心灵手巧的家长们的现场示范、亲自指导下，各个小组团结协助，有的画、有的剪、有的贴，制作出一个个大方美观、创意满满的灯笼。正当孩子们欣赏着自己的作品，辛勤的爸爸妈妈端上刚刚煮好、热腾腾的汤圆。品尝着自己的劳动成果，孩子们脸上都露出了幸福的微笑。

搓汤圆、做灯笼，家长们参与其中，发挥了极大的作用。他们的讲解示范，不仅让孩子们在动手实践的过程中体会到传统风俗给我们带来的乐趣，也增强了他们的动手能力和与人交往的能力，让我们的集体更加团结向上、其乐融融。

图 7-5

4. 开动脑筋，美比智慧

谜语既启迪智慧又饶有趣味，是一项充满雅兴的高级娱乐活动，有助于提高审美情趣。因此，项目学习最后一板块，我们设置了"智慧猜灯谜"活动。

品尝完美味的汤圆，孩子们积极动脑思考，竞相猜起了灯谜。小家伙们有的凝神静气思考，有的和同伴热烈讨论。家长和教师则分工合作，有的在小眉头皱起时给出提示，有的负责兑换奖品。教室里热闹又有序，孩子们的思维不断被打开，智慧的火花不断碰撞出奇妙的色彩。

图 7-6

5. 以身作则，美丽身教

课程活动结束后，耐心勤劳的爸爸妈妈们纷纷拿起清洁用具，一丝不苟地清理场地。有的孩子看到叔叔阿姨为他们打扫教室卫生，主动前来帮忙。亲子上阵齐打扫，他们的身影是教室里最美丽的风景。由此也可见，家长们的示范让劳动的意识润物细无声地植入到孩子心田。

【结果与反思】

家校合力，使香市第一小学首次传统文化项目学习课程顺利开展。通过本次传统文化项目学习课程，孩子们在系列实践活动中动口、动手又动脑，深入领悟了元宵佳节的魅力，并提升了信息搜集、口头表达、合作交流等多项综合能力，同时，美育、劳动教育也渗透其中。家长的帮助和参与在本次课程中发挥了极大的作用。接下来，香市第一小学将继续策划更多形式多样、内容丰富的项目式学习课程，欢迎更多家长参与其中，共同点亮孩子们的未来。

（案例原作者：东莞市寮步镇香市第一小学　何美君）

【案例点评】

我国的传统节日是一个巨大的资源宝库，它具有内涵丰富的传统文化，能为课程开发提供良好契机和资源。该校围绕元宵节，设计了独具特色的项目式学习课程，让学生在浓厚的节日氛围、新颖有趣的活动中，浸润式地感受我国传统节日的独特魅力，发展各项能力，并培养中国心灵。同时，该次项目课程也加强了家校之间的沟通合作，为后续家校工作更好地开展打下了基础。

三、家务劳动小能手

【案例背景】

教育部、共青团中央、全国少工委在 2015 年 8 月 3 日下发《加强中小学劳动教育的意见》，《意见》中要求让学生直接参与劳动过程，提高广大中小学生的劳动素养。《意见》中认为，总体上，我国劳动教育存在诸多薄弱环节和问题，出现了一些学生轻视劳动、不会劳动、不珍惜劳动成果的现象。家长往往只关心孩子的学业成绩，只要他们学习好，什么都不用干。现在的孩子都是家里的宝贝，家庭条件优越，他们在家中是爷爷奶奶、姥姥姥爷、爸爸妈妈的掌上明珠，过着衣来伸手、饭来张口的生活。他们不懂得节俭，常以自我为中心，不懂得关心他人、照顾他人，家务活更是不会做，再加上低年级孩子年龄小，父母更不让孩子参与。在观察中，笔者发现刚入学的孩子单手拿扫把，像拿武术棍一样，或像在铲沙土一样，甚至连二、三年级的孩子也有这样的情况。

【案例主题】

笔者根据学生的年龄特点和本班孩子的实际情况，以"养成爱劳动习惯，掌握劳动技巧"为原则，使学生懂得做一些力所能及的家务劳动是一种美德，让其从小养成热爱劳动的好习惯，尝试减轻父母负担，增强劳动观念。

【案例描述】

教育部基础教育一司负责人曾表示，中小学劳动教育既要让学生学习必要的劳动知识和技能，更要通过劳动帮助学生形成健全人格和良好的思想道德品质。这是坚持立德树人，深化教育领域综合改革的现实需要。在与班中的孩子进行交谈后，笔者也发现一个班的学生中没有几个孩子洗过袜子、扫过地、倒过垃圾、拖过地的，整理房间和洗碗筷就更别提了。了解到孩子在家中的表现，笔者很担心，家长们很重视孩子的学习，但忽视家务劳动能力的培养。

笔者亲身体验过这样一件事：曾带过一班孩子，每天放学前笔者都大声地说"今天轮到第几组值日，要认真做，我等会来检查。"结果笔者一回到办公室，全班学生热热闹闹地背着书包回家了。笔者到班上一看，地没扫、桌椅没摆、垃圾没倒、黑板没擦、门窗没关。看到这一切，笔者很无奈！加上学校值日生来检查，他们居然对笔者说了一句话"老师，你扫完地了吗？""什么呀？我扫地？今天扫完了，你可以检查了。"结果被重重地扣分，真是欲哭无泪。接下来的一个星期，笔者每天早上在班里等学生来上学，看着他们把垃圾互相踢来踢去，居然没意识到要拿扫把去扫一扫，没想到只想弯下腰去捡起那块纸，地面就会很干净。等全班学生到齐了，笔者叫他们坐着，什么也不要做。笔者就开始收拾讲台，一边收拾一边讲解每一个步骤，每一个做法。没想到孩子有动作了，他们也学着收拾自己的抽屉，有些学生还主动教身边的同学怎么做。笔者在旁边静静地看着这一切，有一种说不出的高兴。接着，笔者拿着扫把清扫讲台，先示范怎么拿扫把，再示范如何清扫每一个小角落，最后示范怎么把垃圾弄到垃圾桶里。然后，笔者让孩子轮流拿扫把清扫自己的座位。一节课结束了，垃圾桶满满的，但地面干干净净，每一个抽屉收拾得整整齐齐。笔者每天利用第一节课这样做，坚持了两个星期，然后开了一个总结班会，肯定了孩子的进步，也提出了值日要求与分工。孩子们之后的值日工作做得很好。而且在时间允许的情况下，笔者会与孩子一起做值日工作，如笔者拉开桌子让孩子扫地，再与他们一起把桌子摆整齐。每当这时候，孩子们的干劲十足，有模有样地学着做值日。

在往后的带班中，笔者都非常重视孩子做家务的养成。2019年8月30日，笔者第一次与2019级2班的家长们见面。笔者在家长会中提出了"培养孩子独立生活能力"的重要性，号召家长重视起来。笔者跟家长说了这样一段话"在入小学前掌握一些生活技能，具备一定的自理能力，对孩子入学后独立学习、独立解决问题有很大的帮助。家长们要谨记：孩子能做和应该做的事情，要让孩子自己去做。像穿衣、穿裤、系鞋带、吃饭、拿书包、整理玩具等，这些生活上的简单技能，家长一定要教会孩子。我们每天都有一定的劳动任务，就是简单打扫一下教室，擦擦黑板，摆摆桌椅等，每天中午和下午放学时进行。在这几天里，希望家长们能教一教孩子扫地、抹桌子等简单的家务活，不然，单靠我们老师个人的力量，是忙不过来的，在这里拜托各位了。"

第一时间得到了家长的配合之后，笔者请家长做好孩子的证明人，每天温馨提醒孩子做家务。全体家长的认可和大力支持，让笔者在家务作业布置方面得到了很多助力。

1. 上学第一天

一年级新生从上学第一天开始，每天必有的一项作业就是做家务。一开始，他们每个星期学做一项家务事。到了一年级第二学期，随着孩子们渐渐地长大，笔者规定家务由孩子自己定，但每天必做，由家长做证明人。笔者会根据登记本上的记录及时进行反馈、总结及表扬，如下图：

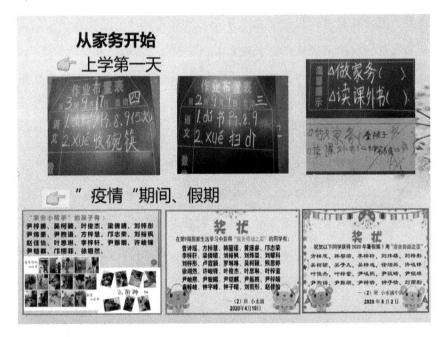

图 7-7

2. 疫情期间

2020 年因疫情原因，假期变长了。孩子们仍然坚持每天做家务，家长们也做好孩子的见证人，及时在班群里分享照片，笔者也会在每周的线上班会课上表扬坚持每天做家务的孩子。

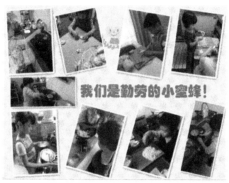

图 7-8

3. 国庆小假期

在国庆假期，笔者会设计一张做家务记录表，让孩子每天记录自己做的家务，然后根据孩子每天的坚持，评出"家务劳动小能手"。表格如下：

表 7-1

2020 年国庆假期　每天坚持做家务记录表		
时间	做了哪些家务	见证人
10 月 1 日		
10 月 2 日		
10 月 3 日		
10 月 4 日		
10 月 5 日		
10 月 6 日		
10 月 7 日		
10 月 8 日		

4. 暑假期间

在暑假，笔者会结合学校的"作业单"，在钉钉班级群上布置家务作业，比如，（8.8-8.14）暑假第3周的家务作业是：

（1）请孩子们根据暑假作业单完成家务劳动，每天至少做两项家务，家长协助上传1～2张照片。

（2）根据作业单要求，选择一项自己擅长或感兴趣的家务劳动，拍1个解说视频上交。视频内容包括家务名称、所需工具、完成的步骤等。表达方式参考"大家好，我为大家介绍如何（　），要准备的（材料，工具）是（　）。首先……接着……然后……最后……"

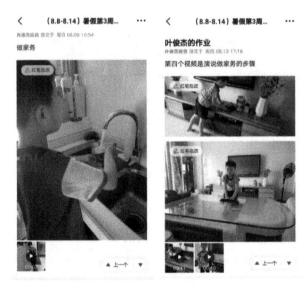

图 7-9

5. 寒假期间

寒假期间的作业是：

（1）每天能主动做20～30分钟的家务劳动以及长辈交代的其他劳动任务。

（2）参与家庭春节前大扫除、家居布置活动。

（3）新学期开学初交1～2张家务劳动的相片（个人、亲子）。

图 7-10

【结果与反思】

据一项统计表明，孩子小时在家中承担的家务劳动越多，长大后越能很快地适应自己的工作，反之，不做家务的孩子，长大后不能很好地适应工作。没有参与就没有体验，没有体验就没有感悟，没有理解。结合我班实际情况，为了培养学生的小主人意识，让他们懂得父母的辛劳，知道自己作为家庭中的一员，有参加家务劳动的义务，应帮助家长做一些力所能及的事，如在家长的指导下买菜、做简单的饭菜、刷碗、扫地、收拾屋子等。孩子在参与中提高劳动能力，养成劳动的习惯，更重要的是体会家长当家的不易，从而更加理解、体谅家长。

通过"家务劳动小能手"活动，孩子们体会到劳动的苦与甜，体验到当家的不易。在"家务劳动小能手"活动中，每个学生在做家务活方面都有了不同程度的提高，正如学生所说，他们体会到"做饭不易、扫地不易、

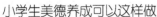

洗袜子不易、洗碗更不易"。活动中，学生不仅提高了劳动能力，更体会到家长的辛苦。这次活动得到了全体家长的大力支持，有的家长手把手地教孩子做菜，有的家长教孩子购物的方法，还有的家长为孩子录像。家长纷纷说家里倒垃圾的活由孩子承包了，有的家长说每天吃完饭的碗筷都是孩子负责洗刷的，也有家长说孩子每天自己洗内衣裤和袜子等，反映孩子劳动能力有明显提高，并希望孩子学做更多的家务活。

也许在我们看来，孩子们做起活来笨手笨脚，也许孩子们做的菜令人难以下咽，但孩子们自身在活动中体验到成功，体验到快乐，在自主活动中劳动能力有所提高。

《加强中小学劳动教育的意见》中指出，学校应安排适量的劳动家庭作业，针对学生的年龄特点和个性差异布置洗碗、洗衣、扫地、整理等力所能及的家务。要密切家校联系，转变家长对孩子参与劳动的观念，让家长成为孩子家务劳动的指导者和协助者，形成劳动教育合力。班主任对学生的教育应是全方位的，要认真学习并落实《德育》读本，针对学生的实际开展有意义的教育活动，同时要努力协调好学校和家长的关系，家校协同开展工作，通过活动使学生真正受到教育，真正有所收获。

（案例原作者：东莞市寮步镇河滨小学　尹润璋）

【案例点评】

本案例中，班主任通过家长会向家长提出了"培养孩子独立生活能力"的重要性，得到家长的认同与支持；在与孩子交流中了解孩子在家的劳动情况，以确保教育更有针对性。孩子在参与中提高了劳动能力，养成了劳动的习惯，更重要的是体会到家长当家的不易，从而更加理解、体谅家长。由此可见，教师要针对学生的实际开展有意义的教育活动，同时要努力协调好学校和家长的关系，推动家校协同开展工作，通过活动使学生真正受到教育，真正有所收获。

四、运用体育家庭作业培养坚毅品格

【案例背景】

河滨小学是东莞市一所普通的公办小学，这里环境优美，鸟语花香。每一个来到这所学校参观的客人，都会对校园里活泼有礼、阳光开朗的学生留下深刻的印象。校园里每一天下午都会响起大课间的音乐声，学生们随着音乐，或英姿飒爽、或奔腾跳跃。大课间结束后，几个孩子每人捧着一叠作业，向体育教师的办公室走去。

【案例主题】

学生们捧着的正是他们的体育家庭作业。为了进一步培养学生体育锻炼的习惯，培养学生的坚毅品格，寮步镇河滨小学在 2019 年暑假开始实施体育家庭作业。体育家庭作业对学生每天锻炼项目进行量化要求，还设计了亲子锻炼要求，让家长成为学生体育锻炼习惯形成、坚毅品格形成的助力者。

【案例描述】

体育在学校育人工作中的重要作用不言而喻。在上级部门的指引下，从十多年前规范体育课时，不许其他学科占用；规范体育课常规，加强体育教研工作；到近几年每天进行两操和大课间活动不间断，寮步镇河滨小学的体育工作效果越来越显著，学生体质有了显著的变化，更可贵的是，学生在校的规则意识、耐受力也得到增强，整体呈现出较为积极向上的精神状态。

但根据家长反映，孩子普遍在家里没有主动锻炼的习惯，在家里也比较娇气，跟在学校里的表现有比较大的反差。为了进一步发挥体育运动的全面育人功能，2019年暑假期间，该校试行体育家庭作业。开学后，学校对暑假期间坚持体育锻炼的学生进行了表彰，同时进一步完善体育锻炼家庭作业登记册。登记册根据《国家学生体质健康标准》指标与权重，结合学校体育学科教学的具体情况，设定了相应的锻炼项目：跳绳是一年级到六年级都需要进行的项目，根据不同年级设定不同的量；坐位体前屈全校要求一致；立卧撑是一二年级的项目，仰卧起坐是三四年级的项目，每天进行。此《体育家庭作业登记册》的使用周期为一年，横贯了两个学期和寒暑假。为了指引学生科学地、持续地进行锻炼，我们根据设定的锻炼项目，对一些不太容易理解的内容拍摄了动作示范的视频和动作示范图片，并将学校公众号二维码印刷在登记册首页，学生家长只需要扫描二维码，就可以获得专业的讲解。

图 7-11　体育家庭作业封面　　　　图 7-12　动作示范

图7-13 内页及期末小结

学生根据项目要求，每天利用课余时间进行不间断的锻炼，期间家长进行协助和督促，如孩子跳绳帮忙数数、仰卧起坐帮忙压住腿部等，低年级的学生需要家长更多的协助，以保证锻炼时的安全。当孩子气馁时，家长给予加油鼓励，或跟孩子一起做，增加锻炼的趣味性，从而培养孩子持之以恒、不怕苦累的良好品格。每天锻炼结束后，由家长在作业本上进行记录，完成的打"√"，未全部完成的打"○"，没有做的打"×"。家长需要根据孩子完成情况如实进行填写。每周，家长最少进行一次亲子锻炼，并记录在册，同时签上名字，以示对孩子体育家庭作业进行了督促。体育家庭作业的检查由体育教师负责，一周收一次，对学生完成情况进行等级评定，鼓励先进，鞭策后进。每个学期的结束，在"期末小结"页，学生、家长、教师共同对该生一学期的家庭体育锻炼情况进行评价。为更

小学生美德养成可以这样做

好地让家长协助孩子完成这项作业，在运行了一段时间后，该校还进行了一次问卷调查，了解此项作业在家庭中实施的情况，以对学生、家长做出更有效的指引。部分教师还率先使用线上锻炼打卡软件，让锻炼效果可视化，为培养学生坚持不懈参加锻炼的习惯开拓了新思路。

图 7-14　线上打卡

图 7-15　体育教师在班群布置体育家庭作业

图 7-16 "运动小健将"颁奖

【结果与反思】

根据体育教师提供的数据反映，大约三分之二的学生能每天坚持完成体育家庭作业。这些每天坚持进行家庭体育锻炼的学生，在体育比赛、体能测评中有比较突出的表现。其他科任教师反馈，这部分坚持锻炼的学生，更愿意接受学习上的挑战。家长也反映孩子的毅力增强，动不动就叫苦叫累的少了。一部分孩子做事情、做作业效率也明显提高，精神头很足。不能坚持完成体育家庭作业的学生，根据了解，有以下的原因：一是有些学生、家长不重视，觉得体育作业可做可不做。这些学生完成书面作业就想看电视、自由玩耍，家长也觉得无所谓，就随意中断每天应有的锻炼。二是部分学生认为作业多，没时间锻炼。三是有的学生认为很枯燥，不想进行。

学校可通过家长会、家长课堂对体育全面育人功能进行宣传普及，让家长认识到体育对孩子成长的影响不单纯在于强健身体，更重要的是能培养孩子坚毅的品格和积极向上的精神特质，并鼓励家长进行亲子锻炼，做孩子的榜样。第二，学校要对坚持做体育家庭作业的优秀学生进行典型事例的挖掘和宣传，加大表彰力度，形成人人爱锻炼的氛围。第三，可以更广泛地推广先进锻炼软件，提升锻炼的趣味性和效果的可视化。锻炼项目

本身也可以设计得更有趣，以推动学生持续进行体育锻炼，促进坚毅品格的进一步形成。

（案例原作者：东莞市寮步镇河滨小学　刘肖玉）

【案例点评】

体育锻炼对一个人全面发展具有非常深刻的作用，它使人拥有强健的体魄、坚毅的性格、吃苦耐劳的精神，可以说它是培养全面的人的最佳选择。从学生体育家庭作业设计来看，将体育回归于常态化、生活化，简便易行，操作灵活，不受器材限制，也易为学生及家长接受，不增加额外的负担。体育家庭作业需要学校依据学生的生理成长特点科学设计，也需要家长监督执行好，让学生乐于完成、能坚持完成，真正发挥它的育人功能。该校在当地率先系统地实施体育家庭作业，通过把学校课堂体育教学活动延伸到课余时间，对在课余时间继续培养学生坚持不懈、勇于挑战的性格，更好地培养学生的意识品质，促进学生德智体全面发展有现实意义。

五、美德美育　家校合力

【案例背景】

美德教育是通过教育培养具有"社会人"所必备的善的品质，把社会群体的美德价值内化为个体行为规范。家长在美德教育中起到重要的作用，所以学校不仅仅是美德教育的主战场，更要提供家校合力的平台。石龙镇实验小学紧跟时代步伐，在 2018 年建立了家校合力平台，成立家委会，开展家长志愿者活动，创建家长学校，将家校共育的理念融入学校日常工作中来，真正实现家校共育的目的。

【案例主题】

石龙镇实验小学建立家校合力平台，成立校级家委会和班级家委会，开展家长志愿者活动，创建家长学校，这就是榜样示范、润物细无声的美德教育。

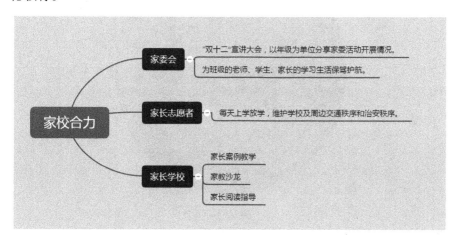

图 7-17

【案例描述】

美德就是美好的，合乎真善美的道德、行为。美德教育需要学校、家庭合力来开展。因此，石龙镇实验小学不仅利用主题班会开展美德教育，同时以"家教沙龙"的形式与家长一起探讨、学习，让家长懂得抓住孩子每次犯错的机会并将其转为孩子成长的契机，让孩子学会解决问题，让美德教育变得更具实效。

1.游戏导入，引出话题

在开课前，笔者用"大风吹小风吹"游戏导入，并进行分组。接着，笔者询问家长："各位家长朋友们，大家好，想问一问在座的各位家长，我们的孩子犯过错吗？你是怎么应对的呢？孩子犯错对孩子的成长有价值吗？"

图 7-18

2.思考讨论，故事分享

首先，笔者以提问引发家长的思考和讨论：为什么犯错可以成为孩子成长的契机？

接着，笔者分享了一个关于河流的故事。朋友圈流传过一个问题："河流为什么不走直路？"的确，自然界的河流都是弯曲的。当河流在前进的过程中，遇到无法逾越的障碍时就会绕道而行。我国的长江正是绕道而行，使得它的主干弯弯曲曲流经了 11 个省市和自治区。长江每一次绕弯而行都会吸纳新的支流进来，变得越来越宽广，容纳了更充沛的水流，滋养了许多地方的土地。这是这些弯路带给长江的意义。

然后，笔者引申道：孩子犯错也一样，古话说：吃一堑长一智，每一个障碍和每一段弯路都给孩子的成长赋予一定的意义。智慧的父母就能抓住犯错的机遇，正确引导孩子，让孩子变得更有智慧、更有能力。犯错是孩子成长中不可避免的，如何让犯错变得更有意义、更有价值，把孩子犯错变成成长的契机，这是我们今天要探讨的话题。

3. 案例呈现，引出问题

我们三年级的孩子也会经常犯错，下面是一个关于孩子犯错的案例。

有一天，临近孩子放学的时候，我收到了老师的一则短信，内容是孩子在学校跟同班同学闹矛盾，双方打了起来，还打伤了别人，老师还附上一张受伤同学的照片。孩子放学回到家，偷偷地用手盖住一边脸。当我看着他的时候，他紧张地避开我的目光，径直走回房间。

接着，笔者组织小组讨论：如果你是这个孩子的家长，你会怎么做？

4. 情景扮演，总结反思

（1）组织家长进行情景扮演，模拟案例中孩子间的冲突，然后以家长的立场演示如何处理孩子的错误。笔者对此不作评判。

图 7-19

（2）笔者总结孩子犯错后家长最常见的三类反映：

①责备、羞辱。（你给我站住，跟你说了多少次，叫你不要打架，你又跟别人打架。你看，把别人打伤了，看人家怎么收拾你？）

②追究责任。（看你，妈妈说得没错吧，天天叫你不要打架，你又不听，现在打伤了别人，又被老师批评了，那是谁的错？）

③惩罚。（你打架了，我罚你这周不准看电视，以后取消所有玩游戏的时间。）

（3）换位思考：如果你刚才听了妈妈的这些话，你跟妈妈的关系会变得更加亲密吗？如果以后犯错，你还敢跟妈妈说吗？

如果我们在孩子犯错的时候只会责备、追究责任和惩罚，这样孩子跟我们会越走越远。当孩子在生活中出现危险和难题时，他会再次向你求助吗？是的，他不会。如果我们不能成为孩子的第一求助者，那么孩子在遇到人生路上更多困难的时候，比如校园欺凌、恋爱、交友不善、学业不顺、情绪失控等，他可能只会向同龄人求助，但同龄人和他一样缺乏相应的经验与判断能力，由此作出的选择会让孩子的人生充满风险。

5.教师呈现自己的处理方法，并提出问题

孩子放学回到家，偷偷地用手盖住一边脸。当我看着他的时候，他紧张地避开我的目光，径直走回房间。这时，我没有立即上前截住他和询问今天打架的事。过了好一会儿，我端着一杯水，敲了他房间的门，给他送去。我平静地对他说："今天回家，妈妈看到你有些不开心，妈妈担心你，是不是发生了什么事？需要妈妈帮助吗？"他看着我，有些犹豫，看起来有一些害怕、难过和愤怒。我说："儿子，来，妈妈好久没有抱你了，给妈妈抱一抱。"他来到我怀里，我问他："是因为今天在学校打架的事情吗？"他意外地看着我，然后说"妈妈你知道啦"。我说："嗯，你害怕妈妈知道会生气，对吗？"儿子点点头。我说："跟同学发生矛盾和被老师批评，你心里肯定很难过。你可以跟我说说你的感受吗？"他说："我很生气，我也被打了，我又很担心被人投诉。"

我说："是的，你的感受我能理解，妈妈小时候也曾经跟别人发生过矛盾，当时我的感受跟你现在是一样的。我想，跟你发生矛盾的吴同学在这个时候也会很难受，很伤心，他也会愤怒。同时，老师也会很生气，很担心，因为她关心你们的安全问题，害怕你们受到伤害。先喝点水吧，妈妈陪着你。"

隔了一段时间，看他情绪平稳了之后，我就问他："今天你有弄疼哪里吗？可以跟妈妈说说今天的事情吗？"他点头说："课间的时候，我跟一个同学玩游戏，吴同学也想玩，但我不同意他加进来。我轻轻推了他一下，他就很大力地打我。我很生气，就还手打他，结果不小心打到他的嘴，流血了。同学们报告老师，老师就过来批评我，还拍了照。"我问："在学校跟同学发生矛盾、打架是不是第一次发生？"他说不是。我说："哦，看来我们得好好想想怎么办了，那你觉得怎么解决比较好呢？"孩子想到跟同学道歉，用帮助吴同学做一些事来补偿，提醒自己拒绝别人时用一些婉转的语言，多想想对方的感受。最后，我帮他梳理和补充了一些，并告诉他："你想的方法很好，妈妈相信你用自己想到的方法去尝试，对解决这个问题是有帮助的。"

然后，笔者提问：大家注意到在刚才的案例中我是怎么做的吗？用到一些什么样的方法？（每个小组派代表发言）

图 7-20

6. 教师呈现自己的教育观点并阐述观点的理论依据

在孩子犯错的时候，我们可以通过以下几个步骤帮助孩子成长。

（1）看见孩子的情绪

孩子回家，我观察了孩子的表情。我看着他的时候，他立刻避开我的目光，径直走回房间。孩子这样的举动和行为让我看到孩子的情绪，他是难过的，同时又害怕妈妈的责骂。如果有些家长说，我们没有学过心理学，我怎样能准确看见孩子的情绪呢？我们不要忘记自己也曾经是个孩子。面对孩子的问题，我们不妨回归童年，把曾经的自己代入孩子的情景中去，以童心理解童心，那么孩子此刻的情绪就会被我们看见。如果在案例中，我们忽视孩子的情绪，孩子一回来就截住他责问，我们可以想象这样一幅画面：妈妈拿着一根矛对着孩子，孩子拿着盾来防御保护自己，孩子和妈妈进入持续的情绪对抗当中，这个过程中什么问题都没有解决，亲子关系也被破坏了。所以，处理事情前看见孩子的情绪很重要，当孩子有情绪时先处理情绪问题，再处理事情。

（2）共情

心理学上有一个词叫作"共情"，什么是共情呢？是指在人与人交流中表现出的对他人设身处地理解的能力。案例中我是这样跟孩子共情的：我说"是的，你的感受我能理解，妈妈小时候也曾经跟别人发生过矛盾，当时我的感受跟你现在是一样的。我想，跟你发生矛盾的吴同学这个时候他也会很难受，很伤心，他也会愤怒。同时，老师也会很生气，很担心，因为她关心你们的安全问题，害怕你们受到伤害。"

成人都希望对方能够理解自己，孩子也是一样的。共情让孩子知道妈妈理解他的心情，同时也让孩子理解对方同学和老师的心情，为后面的解决问题做好铺垫。抱抱他、拍拍他，告诉他你能明白他的感受，不讲大道理，不指责，等他情绪稍微平复后再跟他沟通。

（3）让孩子在错误里多待一会儿

共情之后，我没有建议孩子怎么去做，也没有问孩子怎么办，只是静静地陪伴他，让孩子在错误里多待一会儿。

让孩子在错误里多待一会儿，什么意思？就是让孩子静静地感受错误对他的触动，不是别人告诉他错在哪里，而是通过静静思考知道错在哪里，能够重新审视自己的错误，对自己犯错有更深刻的认识，能够做到内省。

（4）启发式提问，让孩子自己学会解决困难

看孩子心情好一点之后，我带着好奇进行启发性提问，问孩子"你觉得这件事怎么处理比较好呢？"最后引导孩子选择恰当的方式，并鼓励他行动起来，还私下暗自观察，适时给予积极的反馈。

7.总结

智慧的父母懂得抓住每次孩子犯错的机会并转为孩子成长的契机，让孩子学会解决问题，变得更有智慧，这是犯错带给孩子成长的意义。

活动最后，请每个家长用一两句话谈谈自己在本次沙龙活动的启发和收获。

【结果与反思】

活动最后，教师让每一位家长用一两句话谈谈自己在本次沙龙中的启发和收获。家长们积极发言，表达了这次活动给自己带来的收获。让家长和教师一起携手，引领孩子成为具有美好品德的人。

一场家教沙龙《让犯错成为孩子成长的契机》心得

话说："人无完人，失败乃成功之母"，错误时每个人都会犯的，关键是看待错误的态度。

经验之谈让我明白打骂给孩子造成的副作用，我们小时候也犯过错，犯错让孩子更好的成长，老师教给我们大人4个简单直接的办法：

1.看见自己的情形

2.共情

3.让孩子在错误里多待一会儿

4.启发式提问，让孩子学会自己解决困难

果然一节课下来受益匪浅，善待孩子的错误时用心对心去滋润娃的心田，去包容孩子的过失，错误被理解，被认知后才能体现它的价值，也只有学习上、生活上错误才会真正成为孩子成长的契机。家校共育使我们大人孩子一起快乐成长！感谢何老师又一次细心讲解使我们收获满满。

李依桐妈妈

2021 年 1 月 7 日

1月5日 晚上22:58

我学习了今天"让犯错成为孩子成长的契机"，感受最深的就是要学会跟孩子有效沟通。以前孩子一犯错就是简单粗暴的打骂吼，完了后感觉自己完成了对孩子的教导，结果是孩子错误照犯，还不跟我说学校发生的事情了。以后孩子犯错首先要控制自己的情绪，然后再心平气和的跟孩子沟通，让孩子自己认识错误，而不是讲道理给她听，这样才能让孩子少犯错。

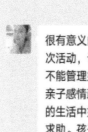

图 7-21

（案例原作者：东莞市石龙镇实验小学　何婵）

【案例点评】

　　本案例中，教师采用情境演绎，让家长站在孩子的角度。当孩子犯错误的时候，家长严肃批评责骂只会让家长和孩子的距离越来越远，不利于纠正孩子的错误行为。教师通过小组讨论的方法，让家长正确看待孩子犯错，学习引导孩子直面错误，提升孩子解决问题的能力。家校合力，让孩子在成长的道路上有良好的品行，让孩子从美德意识落实到美德行为中。

第八章 美德社会实践

第一节 小学生社会实践理论

根据《中共中央国务院关于进一步加强和改进未成年人思想建设的若干意见》，我们要深入进行中华民族优良传统教育，传承中华民族的传统美德，增强学生的爱国情感，弘扬和培育以爱国主义为核心的伟大民族精神，培养学生团结互助、诚实守信、遵纪守法、勤俭感恩等良好品质和行为习惯。

社会是一个大舞台，了解社会、适应社会、奉献社会是学生成长应该经历的过程和要求。学生的成长与成才，需要广阔的天地、开阔的视野、丰富的阅历、真实的环境。他们只有真正地参与其中，才会有真实的体验与收获。

但是，受时代局限和教育体制的制约，部分学生只重"智"的因素而忽视了传统美德，人生价值观念偏离，理想信念黯淡。随着社会经济的发展，生活水平的提高，很多学生还被当作"小皇帝""小公主"一样来对待，像温室里的花朵一样被呵护，娇生惯养、养尊处优。因缺乏风雨的洗礼和困难的磨砺，他们心灵上过于脆弱，身体上过于单薄，思想上过于自私，精神上缺乏上进。因此，在日益关注德育为先、能力为重、全面发展的教育主旋律的引领下，通过社会实践活动，加强传统美德教育，具有重要的意义。

社会实践活动，在培养学生的自立自强能力、培养学生坚强的意志，让学生了解社会、适应社会，亲近自然、保护环境等方面发挥了积极作用。学生通过到敬老院慰问老人、走进孤寡老人家进行送餐活动、清明节缅怀革命先烈祭扫主题实践活动、校外研学活动、植树活动等各种社会实践，亲身体验，了解社会，认识社会，从而树立正确的世界观、人生观和价值观，增强明辨是非的能力，学会文明礼貌，提高道德修养，锻炼组织交流能力。

因此，社会实践活动始终以学生的发展为出发点和归结点。我们要在社会实践活动中渗透中华传统美德教育，努力使社会实践活动成为学生全面发展的成长基地，培养学生的意志品质，丰富学生的生活经历，提升学生的综合素质，增强学生的综合能力，以应对未来生活中的风雨挫折、艰辛坎坷、荆棘磨难，好让他们强壮起来，能够真正肩负起振兴中华民族的历史重任。

第二节　美德主题社会实践

一、在缅怀先烈中实施感恩教育

【案例背景】

现在是幸福的和平时代，国泰民安，物质富足。孩子们尽情享受着这太平盛世，但极少孩子会知道这幸福时代不是白白而来，而是经过战乱时期由民族英雄用鲜血和生命换来的，再经过前辈们的努力奋斗，打下的和平世界、富裕社会。所以很多孩子对现在自己所拥有的东西并不感到知足，不懂得珍惜一米一饭，不懂得在优美校园里要认真读书，不懂得为自己的美好将来奋斗。可幸的是，小学生具有很强的可塑性，只要适当引导，他们便能懂得感恩、懂得珍惜当下并立志奋斗。

【案例主题】

感恩之情是培养学生向善、激发学生奋发图强、推动学生努力学习的良好内驱力。

东莞市寮步镇河滨小学少先队部在每年的清明和重阳节，都组织大队委干部及部分年级学生代表，一起前往寮步镇烈士纪念碑缅怀革命先烈，以激发学生对英烈的感恩和崇敬之情，引导学生树立正确的人生理想，珍惜当下，展望未来，努力奋斗。

【案例描述】

深刻的教育来自深刻的体验，要让学生对源远流长的历史事件有切身感悟，那最好就是用学生身边的人和事来感化。每年的清明节和重阳节，东莞市寮步镇河滨小学少先队部与明珠小学少先队部都会联合举行祭扫先烈活动，主要有以下两个亲身体验环节。

1.手工纸花寄哀思

亲手奉上白花一捧，是少先队员们向先烈献祭，为英雄而歌的最佳方式。活动前，学生们分工合作，一起共同制作纸花：一队是由河滨小学大队辅导员带领着大队委干部一起亲手折叠纸花，另一队是由美术教师带领着参加扫墓的年级学生代表一起折叠。学生们在教师耐心的带领下，把对先烈们的每一思一情都细致、认真地融在每一折一叠中。一朵朵形状各异的纸花就在学生们灵巧的小手中绽放，圣洁的白花，寄托着学生们对先烈庄重真挚的情感和崇高的敬意。

图 8-1

2. 现场祭奠感崇敬

在祭拜当天，所有参加拜祭活动的少先队员代表，佩戴好红领巾、整理好校服，怀着崇敬的心情，列着整齐的队伍来到革命烈士纪念碑前，有序开展整个祭奠仪式，流程如下：

（1）出队旗，唱队歌；

（2）学生代表敬献花圈；

（3）全体肃立，向革命先烈默哀一分钟；

（4）少先队员代表讲话；

（5）校关工委领导卢金水同志讲述革命烈士英雄抗战事迹；

（6）少先队大队长带领全体队员在烈士纪念碑前庄严宣誓；

（7）学校大队辅导员讲话；

（8）退队旗；

（9）队员绕革命烈士墓一圈，献花表哀思。

在环节4中，少先队员代表庄重向革命烈士献词。每一字一词一句，都是队员们发自肺腑之言。新时代的学生怀抱感恩之情，立志要发奋学习，以报答革命先烈的付出。

在环节5中，校关工委领导卢金水同志向队员们深情讲述着寮步镇本土的革命烈士当年为保护寮步镇人民群众的人身和财产安全，抛头颅、洒热血，受了无尽的磨难，做出了巨大的牺牲，从而让学生们认识到所享受的幸福生活来之不易。

图 8-2

真实的事例、身边的事例，都是最有说服力、最能打动人的。卢主任声情并茂地将当年的事实一幕一幕地还原给一直生活在幸福时代的队员们听。队员们心情沉重，凝望着纪念碑，胸前的红领巾迎风飘扬，眼里闪着震撼和感动的泪花。

卢主任讲的每一句、每一个事例，都给在场每个队员深深的震撼。他们深切感受到革命先烈们浴血奋战的伟大精神，深刻认识到是革命先烈们用自己的鲜血铺就了一条通往今天幸福美好生活的红色大道。同时，大家也清楚知道，在这个没有战争的时代，我们虽然不用再去流血牺牲，但却需要革命烈士们那样的伟大精神。

这次的现场祭扫活动给队员们进行了很好的洗礼。活动结束后，学校大队辅导员集中队员代表进行总结交流，队员们纷纷分享自己内心的感触，立志要树立崇高理想，发奋图强，从日常小事做起，一步一个脚印努力，用智慧和实际行动去实现中华民族的伟大复兴，不辜负前辈的血肉付出。

由于祭扫空间的限制，能到纪念碑前祭扫的队员人数不多，所以为了对全校队员进行全覆盖的爱国教育，该校鼓励其他学生通过网上形式进行文明祭扫，让更多的学生参与其中，达到全员教育，同时也更符合绿色文明祭扫的要求。网上祭扫的学生，也在网上留言，表达自己对革命先烈的哀思和努力学习的决心。

集体制作手工纸花，瞻仰缅怀先烈。一代人有一代人的担当，学生们纷纷表示要传承红色精神，用实际行动来弘扬革命精神，不负社会、学校的关爱，努力学习，立志报效祖国，将来为建设家乡作出贡献。

【结果与反思】

学校少先队部能结合实际情况，以多种形式让全体队员全部参与其中。在整个活动中，学生们积极主动：现场祭扫的队员能感受到极大的情感震撼，活动结束后积极交流自己的所想所悟；网上祭扫的队员积极在留言区表达对英烈的崇敬之情。

通过这次活动，学生们清楚认识到一切都来之不易，真切感受到自己生活的幸福，体会了父母和教师苦口婆心劝勉自己要努力学习的用意，明白了自己肩上担负的职责。学生们都纷纷表决心，一定要好好珍惜目前拥有的和平、幸福生活，结合自己的实际情况，认真制定个人学习目标和计划，一步一个脚印，坚持不懈，努力学习，以最好的成绩和能力报答父母、学校和社会。教师反馈学生们学习更主动了，课堂听讲更认真了；家长也反馈孩子在家学习更自觉了。

懂得感恩历来是中华民族的传统美德，也是学生成人的根本；懂得发奋图强是学生成才的良好保证。这种祭拜英雄先烈的爱国主义教育活动，让学生们在内容丰富、情景真实的活动中，学会了感恩，懂得了珍惜，表明了决心，付诸了努力行动。

教育者应巧妙抓住这样的德育活动，让活动育人，让学生在亲身体验中自我反思和自我教育。

（案例原作者：东莞市寮步镇河滨小学　钟玉芳）

【案例点评】

本案例的活动内容和形式符合本镇、本校学生实际生活，合理可行。卢主任用寮步镇本土的英雄事例，给队员们最真诚最有力的打动。队员们在活动各个环节中，亲身体验，被来自身边的榜样力量深深感动，从而对革命英雄们那种"舍小我，成大家"的伟大精神更有崇敬和感恩之情。队员们再以此重新审视自己的价值观，树立正确的人生理想，立志奋斗，努力成为一个能改善自己未来美好生活、推进社会发展的有用之人。

这是一次生动形象的爱国主义教育和励志教育。相信这类活动定能对学生影响深远，对提升学生学习的自主性大有帮助。这种体验式教育形式具有一定的借鉴和参考意义。

二、扬帆追梦　砥砺前行

【案例背景】

这是一群朝气蓬勃的六年级学生，他们对即将到来的中学生活充满期待，也有一点小担心——中学生活是怎样的？听说上了中学很辛苦，我能适应吗？更有一些小迷茫——读书到底意义何在？带着一点点小兴奋和期待，他们参加了为期两天的毕业研学活动。

【案例主题】

寮步镇河滨小学为六年级学生设计了毕业研学课程，通过参观高新科技公司、集体军训团建活动、参观当地中学等活动，让学生认识社会、挑战自己，感受团队的力量，引导学生思考自己的成长目标，锻造学生自信自强、乐群向上的美好品质。

【案例描述】

第一天：扬帆寻梦

活动的第一站，河滨学子赴格力空调松山湖分公司中睿智能，参观格力科技展厅，去探索发现格力科技创新的奥秘。负责人热情地接待了学生们，展厅里各种先进智能设备让学生们大开眼界。生产线上，一个个电饭煲在履带上自动运行，智能手臂自动进行安装和检测，引起了大家极大的兴趣。来到产品展示区，讲解员还邀请学生们玩一个小实验，体验格力瞬冻冰箱神奇的保鲜术。学生们一边听讲解员详细的讲解，一边认真做笔记，当知道了格力很多科技成果都是世界领先的时候，不由得发出连连的赞叹声，佩服之情洋溢脸上。

活动的第二站，师生一同前往华信基地进行研学的第二项活动。团队破冰热身让学生们迅速投入到活动中，对接下来的挑战任务都跃跃欲试，充满信心。生命浮桥活动中，学生们体验了自己既是挑战浮桥的体验者，又是别人生命的承担者。这是一座用责任搭建的友情浮桥，更是一座用信任搭建的生命浮桥。动力圈让学生们深刻感受到个人在团体里面的作用，同时也深刻感受到团队力量的巨大。营火晚会、励志手语操学习等活动也带给学生们不一样的体验。一天的活动接近尾声，辅导员教师引导学生们对一天的活动进行回顾，并在研学手册上记录自己的感悟。

第二天：绘梦启航

第二天上午，学生们 6 点 30 起来，用过早餐，整理好内务，继续参加团队拓展活动。下午 2 点多，学生们来到了活动的第三站——寮步中学。学生们睁着好奇的眼睛四处打量着这所既熟悉又陌生的中学。熟悉是因为大家都认识它，很多师哥师姐甚至是自己的爸爸妈妈也毕业于这所中学，陌生是因为很多学生是第一次走进寮步中学。寮步镇中学尹镇强副校长热情洋溢地迎接了大家。接着，学生在毕业于寮步镇河滨小学的师兄师姐的导引下参观了教室、操场、用餐食堂、图书馆，体验了礼堂交流等校园风貌，感受了校训、校风、教风、学风等校园氛围。师兄师姐的热情讲解，让学生们对即将要升入的初中有了初步但鲜活的了解。

参观过后，大家齐聚礼堂，和爸爸妈妈一起参加此次研学活动的结营仪式。河滨小学行政领导、级长，学校家委会成员，寮步中学行政领导等一同参加。当大屏幕上播放过去一天大家参观拓展活动的图片、视频时，看着屏幕上自己的样子，大家都会心地笑了，家长看到自己的小孩在活动中如此团结、积极上进，也都高兴地笑了。接着第二个环节是感恩，在营地辅导员的指引下，学生们和爸爸妈妈面对面，真诚地表达

了自己对父母的感恩之情。当打开父母给自己写的信，仔细阅读信的内容后，学生们深刻地感受到爸爸妈妈对自己的关爱和期望。接下来的环节是优秀学员上台领取奖状，小小的奖状，见证了学生们的自信自强和团队精神。第三个环节，寮步中学李扬威副校长给在座的学生、家长详细地介绍了寮步中学的发展历史和现状。接着是毕业于河滨小学的师姐现身说法，给大家介绍了中学学习生活的点点滴滴，勉励师弟师妹们努力学习。师姐的讲解，解除了学生们的很多困惑，使其对即将到来的中学生活更期待，更有信心了。最后，寮步镇河滨小学尹瑞玲副校长做活动总结，她肯定了学生们在这次研学活动中的表现，并勉励学生们要努力奋发，定好自己的成长目标，将来做一个对社会有贡献的人。此时此刻，学生们静静地听着，沉思着，都在认真地思考自己成长的目标是什么。

活动的彩蛋是绘制自己的梦想。全体学生移步来到操场，看到铺在跑道上的百米长卷时，学生们有的欢欣雀跃，迫不及待要把自己的梦想蓝图画出来；有的依然蹙眉沉思，还在思索自己的未来；有的抓头挠腮，似乎对自己的梦想还没有头绪。学生们互相小声交流着，微笑着，一幅幅或稚嫩或成熟的梦想之画，出现在我们的面前。

两天的毕业研学活动课程结束了，但带给学生们的思考没有结束。学生在研学手册上自己书写的课程感悟继续指引着自己理解和消化两天的学习内容。学生们还参加了由东莞中睿智能设备有限公司赞助的有奖征文活动"创造，就在身边——参观格力科技公司有感"，在再一次回顾学习历程的同时，进一步明晰了自己学习的意义，那就是通过学习提升自己的能力，为社会创造价值，报效祖国。

本次毕业研学活动在学校领导、师生家长、志愿者的共同参与下，在社会各种资源的支持下，取得了圆满成功，对河滨学子的成长与发展起到了良好的促进作用。

【结果与反思】

此次毕业研学课程，是该校毕业生教育的一次新尝试，通过丰富的体验活动，开阔学生的眼界，使其挑战自己，感受团队的力量，引导学生思考自己的成长目标，锻造学生自信自强、乐群向上的美好品质。通过参观高科技企业，见证中国制造到中国创造的工匠精神，见证中国的世界顶级技术水平，学生形象地认识到高端人才的重要性，意识到社会需要懂得高科技的创新型人才，从而萌发立志成为栋梁之材的意识。拓展活动中，学生在辅导员教师精心组织下，积极参与，挑战自我，突破自我，学会换位思考，懂得感恩与奉献，勇于承担责任，而且培养团结一致、密切配合、战胜困难的团队精神。

此次毕业研学活动在学生心中留下了深刻的印象，调动了学生学习的热情和积极性，开阔了学生的视野和眼界，也让学生初步了解了学习最大的意义在于提升自己，让自己成为一个对社会有价值的人。课程设计如果包含后续回到学校的日常学习生活中的行动计划和指导，定期反馈分享，相信学生的学习动力会更强更足。

（案例原作者：东莞市寮步镇河滨小学　刘肖玉）

【案例点评】

在《广东省教育厅等12部门关于推进中小学生研学旅行的实施意见》中指出，"各中小学要根据实际，将研学旅行纳入学校教育教学计划，与综合实践活动课程、地方课程和校本课程统筹考虑，促进研学旅行和学校课程体系的有机融合""各地根据地域特色和学段特点，逐步建立小学阶段以乡土乡情为主、初中阶段以县情市情为主、高中阶段以省情国情为主的研学旅行活动课程体系。"该校的毕业研学课程,高度契合了文件的精神,内容丰富完整,给学生带来了良好的体验,效果很好。家长、学校、社会三方共同参与课程实施的做法值得推广。

三、美德之花在欧仙寺深种

【案例背景】

东莞市石龙镇实验小学创办于 1938 年,前身是以仙溪小学为名,2000年从欧仙寺搬迁到现在学校所在地。欧仙寺始建于清乾隆五年(1740 年),由当时的一位大善富翁欧东明,为了纪念宋仁宗(1023-1063)皇帝而建造。欧东明,世人称"欧仙",关于他的传说,有两个较为熟悉的版本,其一版本较为后人乐道,是因欧公心地善良、乐善好施,深受乡民爱戴,经由道人指点而得道成仙。石龙镇实验小学正因为与欧仙寺有很深的渊源,也正因为欧仙公为人津津乐道的美德,遂,欧仙寺渐渐变成实小的德育基地,每年的清明节、雷锋纪念日,都会组织学生到欧仙寺进行实践活动,借着欧仙公的事迹以及里面的二十四孝图,滋润学生的美德之花,让美德之花在欧仙寺深种。

【案例主题】

美好的道德品质是由"知情意行"四个心理要素构成的,四要素环环相扣,相互影响、相互促进。知是先导,情、意是连接的熏陶,行是目的,也是衡量个人美德水平的主要标志。因而,在学生知道某种美德,并对这种美德产生共情,且建构成为个人意志之后,需要透过反复的行动形成一种动力定型。正如克雷洛夫所说的，"现实是此岸，理想是彼岸，中间隔着湍急的河流，行动则是架在河上的桥梁。"所以，将美德落实到行动中的载体很重要。对于学生而言，社会实践活动因其趣味性、丰富性等特点深受学生的欢迎和喜爱。为此，透过实践活动，搭建学生美德行为展示平台，无疑是将美德之花深种学生思想里的最好方法。

【案例描述】

1. 学习雷锋，传承善德，纪念雷锋活动培育美德之花

3月，春日暖阳漫入校园，木棉花开映红校园。每年的3月5日雷锋纪念日，必定是石龙镇实验小学少年先锋队响应"学习雷锋，传承善德"实践活动的日子。届时，少年先锋队在大队辅导员沈永锋、朱嘉敏老师的带领下，精神抖擞，迈着整齐的步伐，浩浩荡荡到德育基地——欧仙寺，细细聆听寺内人员娓娓道来的欧公事迹，感受欧公为善惠及乡民的精神。耳濡目染下，少先队员不仅学习了欧公行善的那一份美德，而且秉承雷锋精神，到欧仙寺践行善德的行为，只见手持劳动工具的少先队员分散在欧仙寺内的各处清扫起来。少先队员劳动的干劲如午后火热的太阳热情四射，安静的欧仙寺内只听见扫帚与地面不停摩擦发出的沙沙声，汗水浸湿的背影，太阳晒红的脸庞，换来的是一块块洁净的地面。这时，总会看到一位位在擦拭着汗水，却笑得无比灿烂的少先队员在那里说着："好累啊，但好好玩哦！""是啊，不过在欧仙寺里好舒服啊！"在学生的认知里，玩中学，学中行，看似一句句的玩笑话，其实是孩子式的表达：学习雷锋活动玩一玩，传承善德我说行就行。活动结尾处，总会听到寺内人员对学生说："愿善德一生跟随你们！"学生也会微笑点头说："会的，谢谢您！"简单的应答，却让每一年纪念雷锋活动的美德之花渐渐地培育起来。

图8-3

2.追思先贤，传承孝德，清明祭奠活动灌溉美德之花

清明时节雨纷纷，路上行人欲断魂。借问酒家何处有？牧童遥指杏花村。一首《清明》，流传千古。每年4月，石龙镇实验小学师生们将无限的哀思化作坚定的信念，美好的心愿编成洁白的花环，像一颗颗美丽的心灵，一曲曲纯真的赞歌，献给敬爱的先贤。这不，实小中年段的少先队员伴着缕缕春风再次来到德育基地——欧仙寺，参与"追思先贤，传承孝德"主题教育活动，用实际行动表达对先贤的敬仰，并通过清明祭奠活动灌溉学生在欧仙寺培育的美德之花。

图 8-4

为表尊敬，实小少先队员们总会在这一日整齐着装，以良好的精神面貌追思欧公，一队红领巾立于欧公铜像前行鞠躬礼，随风飘扬的红领巾与少先队员坚定的眼神交相辉映，激昂嘹亮的《义勇军进行曲》《中国少年先锋队队歌》响彻云霄，以歌传情，怀念先贤的情感溢于言表。

图 8-5

高昂歌声飘散远方之际，一段段欧仙寺发展史及欧公行孝行善的事迹娓娓道来，认真聆听下的少先队员有所感，有所思，在心中默默许下承诺，定要把欧公的孝德作为清水，灌溉种植在欧仙寺的美德之花，并将这花香飘向家庭、校园、社会的每一个角落。热情高涨的少先队员为表敬仰之情，向欧公铜像献上鲜花，并立下誓言：追思先贤，传承孝德，势必将美德之花开遍每一角落!

图 8-6

实小每一年的孝德主题活动,会让学生注目久望的莫过于《二十四孝图》,深深刻画在墙壁上的二十四个孝子故事,常常会引起学生的激烈讨论,你一句我一句的看图说话景象热闹极了,"百善孝为先"之意透过学生们之间的谈话变得更加的深刻。为此,被孝德之水灌溉的美德之花绽放得更加绚烂美丽。

图 8-7

清明节，国人重要的传统节日之一，祭奠活动不仅仅只是为了缅怀先人，更重要的是需借清明祭奠活动担起传承美德的责任。石龙镇实验小学每年一次的"追思先贤，传承孝德"的主题活动就是践行美德教育的实践活动之一，让学生得到孝德的洗礼后，建构自身的美德之图，让欧仙寺的美德之花得到一次次的灌溉而苗壮成长。

　　【结果与反思】

　　透过实践活动为学生述说美德内容，无疑是最有力的回忆证据，也验证了"行比说的声音更大"。因为学生每每谈起孝德，总会忆起跟随学校参与的校园孝德主题活动，而且通过一次次的亲身实践活动，学生有关美德方面的知情意行逐步升华。案例能够以"善德""孝德"两方面内容，通过学习雷锋纪念日活动、清明祭奠先人活动，去分述美德内容，为读者逐步建构美德内容之图。不过，笔者也意识到，透过"善德""孝德"内容向学生传达美德之意，中间的传达过程缺少具体的方式方法。所以，在之后的案例描述中应重视方法方式的输出。

（案例原作者：东莞市石龙镇实验小学　吕惠娟）

　　【案例点评】

　　本案例图文并茂，向读者完整地展示了社会实践活动在美德教育中多面展示的过程，且能透过"善德""孝德"两个方面的内容清晰明了地告知读者，美德之意广泛，将美德之花深种在青少年的心上，需要多方面拓展以及诠释美德之义。不过，在进行案例描述时，笔者应抓住学生实践活动后的感受落实美德之花是否在被培育与浇灌，学生的神情、言行都应抓住放大，这是验证是否透过社会实践活动落实美德教育的关键。关于这一

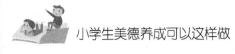

点，笔者应该思考与改善。

四、赠人玫瑰 手留余香

【案例背景】

现在的孩子都是家中的宝贝，长辈们都宠爱着他们，所有的事情都是成人包办着，所有的要求都被成人满足着，所以孩子们习惯了理所当然地接受着来自他人的一切物质和服务，却没有意识到要主动服务他人和帮助他人。同时，过着富足生活的孩子也会理所当然地认为，自己身边的每一个人都会像他们一样，衣食无忧，却不知原来就在身边，竟然还有一些弱势群体，在物质和精神上正需要大家的帮助和关爱。

【案例主题】

东莞市寮步镇河滨小学少先队部联合寮步镇社区服务中心共同开展了一项公益活动。河滨小学学生以自愿为原则，每个月捐赠数额不限的零花钱，由社工志愿者统一收集善款，定期提取部分善款购买一些生活用品，带领着河滨小学部分学生代表，亲自给寮步镇一些孤寡老人送去温暖，使学生逐渐有向善之心，能主动帮助他人，共同构建和谐温暖的社会。

【案例描述】

俗话说"德为先，能为上，行为善"，可见培养学生的"德"是一切教育之本，而德育活动引领的教育，是最直接最有效的方法。因此为教育学生懂得主动关爱和帮助他人，河滨小学少先队部与寮步镇社区服务中心为该校少先队员量身定做了"善心月捐"活动，主要有以下三个环节。

1. 宣传"善心活动"，发放爱心钱罐

每学年开学初，河滨小学少先队部通过发布倡议书，详细告知学生和家长这项"善心月捐"活动。学生和家长认真查阅后，结合自身情况决定是否参加。社工志愿者将会统一时间给新加入月捐活动的学生发放"月捐钱罐"。这小小的钱罐，里面承载着孩子们想帮助他人的满满心意。

2. 每月捐赠，数额不限，坚持最可贵

每月中下旬，河滨小学便会定期举行善款捐赠活动，地点设在河滨小学大门空旷地。社工志愿者提前准备好各班参与月捐活动的"爱心使者"名单，与河滨小学家长志愿者一起，布置好场地，做好准备工作：以班为单位设一个捐赠点，每个捐赠点都有一名志愿者清点每个学生上交的善款，并做好记录。

学生们利用捐赠当天的上学时间，捧着装有自己心意的善款，有序到自己班的捐赠点进行捐赠。全校 20 多个教学班，有序排开。学生们脸上绽放着灿烂和满足的笑容，因为他们深深知道，每次自己手中捧着的零花钱，都能通过志愿者阿姨的手，给有需要的人们送去暖暖的关爱和迫切的生活帮助。这种助人为乐的善举，通过孩子们每月的坚持，在学生们心中扎下深根。孩子们每次都享受着帮助他人的快乐和成功感，鼓励并鞭策着自己要在日常生活小事中也主动去帮助身边的同学，这种善举对孩子人生有着深远的教育意义。

图 8-8

3.现场探访，打扫谈心，关爱并感悟

社工志愿者将每个月该校学生捐赠的善款清点收集好，并结合寮步镇部分管理区提供的孤寡老人名单，选定合适的周末，购买好适合老人家食用的水果和他们各自需要的生活用品进行现场探访。

因为每次参与现场探访的人员不宜太多，所以河滨小学少先队部会发出探访活动通知，让有意在此时间段里参加现场探访活动的学生和家长报名，再在报名人员中随机抽取合适的学生代表人数或亲子家庭代表人数参加。为争取能让更多的学生参与到现场活动中，该校采用已参与过现场探访活动的人员不再重复参加的原则，争取将更多的体验机会留给其他学生。

现场探访活动形式多样，如帮老人家打扫家居卫生、修茸房屋、修理家中物件、赠送生活用品、谈心等，力求在有限时间里，能帮老人家解决更多的生活问题和给予更多的温暖。

学生们的足迹遍布寮步镇各个地方，有寮步镇商业城附近的公产房区域，有寮步镇敬老院，有泉塘、霞边等管理区。即使在这些较破旧的矮小房屋里，即使面对白发苍苍或身体不灵活的老人家，学生们丝毫没有半点的嫌弃、别扭和不适，反而都能像个孝顺的孙子孙女一样，在社工哥哥姐姐的带领下，马上撸起袖子动手搞起清洁来，或者跟老奶奶或老爷爷聊天，甚至还主动为他们表演节目，如跳舞、唱歌、讲故事，逗得老人们开心大笑，一片其乐融融的幸福景象。

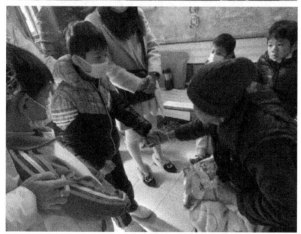

图 8-9

人与人之间是需要相互关心和照顾的，对孤寡老人来说，这份特殊的关爱，将犹如寒冬里的暖阳，温暖着他们孤寂的心。只要人人都奉献一点爱，世界将变成美好人间。

现场探访活动结束后，学生们集中回校，由学校大队辅导员跟学生们进行活动总结。学生们纷纷各抒己见，把自己这次活动的所看、所想与大家一起交流分享。

生1：我今天听到老奶奶说很喜欢吃我们带给她的水果时，才发现原来用自己的零花钱，可以做这么有意义的事情。我觉得好满足，真的好开心！

生2：老爷爷说上次志愿者阿姨叔叔们和我们学校的哥哥姐姐们给他们的洗手间安装了无障碍扶手，很好用啊！下次我们也要多为他们干点实事，多帮助他们！

生3：我们几个在现场将老奶奶的房间打扫得干干净净，东西收拾得整整齐齐，很有成功感哦！

生4：原来帮助她们是可以这么开心的，以后我也要多多帮助其他人！

生5：是哦，看来以后我也要多帮助住我家附近的那位老爷爷，周末可以去他家搞搞清洁。

生6：其实学校里也有需要我们帮助的同学，例如可以帮学弟学妹们拿重的书包。

生7：还有，还有，班里有同学做作业不懂时，我也可以教教他。

活动结束后的这个反思环节，既可以及时引导学生进行活动总结和反思，又可以通过同伴间的相互交流，帮助学生从不同层面加深对此活动的感悟，让他们真切感受到助人为乐的乐趣，激发他们主动帮助他人的热情。

【结果与反思】

回顾此系列活动，活动伊始，学校通过面向全体学生发布"善心活动"倡议，让更多的学生和家长参与到此活动中。在整个系列活动中，学生们热情高涨、积极主动，在前期的捐赠零花钱环节中，纷纷主动献上自己的心意。按照行善初衷，学校每次都不主张学生捐赠太多，只要是自己剩余的即可，无论数额多少，但能有一颗坚持的心才是最重要的。学生们在家长和教师的熏陶下，大部分都能每月坚持参与。当学生将双手捧着的爱心善款郑重地交到负责收集善款的志愿者手中时，都露出了满足、幸福的笑容。因为学生们能感受到，从这一刻开始，自己的爱心可以实实在在帮助到有需要的人，他们隔空都能感受到助人为乐的精髓。因此，这种正能量的传播，使越来越多的学生都有善心，共同推进善心活动。

在现场探访环节，即使每次能参与的学生不多，但也充分发挥了此次活动的意义：凡是参加的学生，在活动后都有明显的心灵感触变化。出发前，学生根本想象不到，在现在这个物质丰富生活优越的社会中，就在镇区的某个角落，居然还有这么多真真实实需要大家帮忙的弱势群体，他们缺实实在在的生活物质，更缺可以温暖人生的温情和关怀。这种现场体验，激发了学生们主动帮助他人的热情，让他们深刻感受到赠人玫瑰，手留余香的快乐。学生们也进行了深刻的反思和感悟，纷纷表达要在以后的生活中发挥自己所能去关爱、帮忙身边有需要的人。

慈善的阳光，给人温暖和希望；慈善的呵护，给人温馨和安详。通过月捐这一系列活动，学生亲身参与活动，在活动中感受、在体验中感悟、在感悟中成长，他们充分感受到帮助、关爱他人所收获的感动、满足和快乐，更懂得要主动关爱身边的弱势群体，懂得主动在生活小事上帮助有需要的人。例如，在校园里，我们可以经常看到学生们能主动帮助他人。如下雨天的上学时段，值日学生或其他学生会主动为忘带雨伞的同学撑伞；低年级学生拿不动一些学习用品时，路过的同学会主动上前帮忙；班中同学手或脚受伤了，同班同学会主动帮忙搀扶并细心帮拿书包等。家长也反馈，孩子变得越来越有责任心和爱心了，在家能主动帮妈妈分担家务活，在小区看到小朋友摔跤也会主动上前扶起来并安慰，还会主动偶尔去照顾家附近的那位老奶奶，等等。

这系列活动让孩子们慢慢从一个个只懂得一味接受别人宠爱的宝贝，到逐步感受到助人的快乐和满足，最后驱动自己成为一个社会小主人，用自己微薄但却强而有力的力量，在日常生活和学习中做个懂得主动关爱和帮助他人的快乐善心人。孩子们在助人中不断快乐成长。

（案例原作者：东莞市寮步镇河滨小学　钟玉芳）

【案例点评】

本案例内容和形式符合本镇、本校学生实际生活，学校少先队部采用实践体验的方式，让学生在活动各个环节中，通过体验以及和同伴交流，从不同角度观察生活、感悟生活，再在日常生活和学习中用自己的力量去关爱和帮助有需要的人，上至年长的老爷爷老奶奶们，下至自己的同龄同学甚至其他小弟弟小妹妹们。

相信这种亲身体验的活动，定能在孩子心底里留下深刻的印象，并对孩子的美德教育产生良好的深远影响，使其成长为一个有大爱之心的善心人。

参考文献

一、专著类

［1］林崇德. 面向 21 世纪的学生核心素养研究［M］. 北京：北京师范大学出版社，2020.

［2］黄世新，黄世美，陈光全. 中华传统美德教育丛书［M］. 武汉：湖北教育出版社，2012.

［3］蒋学凤，种霞. 童心崇德：黄胄艺术实验小学美德教育文集［M］. 北京：北京师范大学出版社，2016.

［4］丁锦宏. 品格教育论［M］. 北京：人民教育出版社，2005.

［5］［英］蒂娜·瑞伊，露丝·麦康威尔. 运用积极心理学提高学生成绩：品格教育校本计划［M］. 黄蔚，译. 北京：中国青年出版社，2017.

［6］贾永春. 让社会主义核心价值观教育落细落小落实：立足主题班会的实践探索（中小学学生成长指导系列丛书）［M］. 上海：华东师

范大学出版社，2018．

［7］李希贵．学生第二［M］．北京：教育科学出版社，2021．

［8］李希贵．面向个体的教育［M］．北京：教育科学出版社，2014．

［9］刘悦，王光福．社会主义核心价值观二十四字解［M］．上海：文汇
出版社，2020．

［10］姚瑜洁．社会主义核心价值观主题教育36课［M］．上海：上海社
会科学院出版社，2019．

［11］高小枚．社会主义核心价值观教育的渗透性研究［M］．北京：中
国社会科学出版社，2016．

［12］［加］丹尼尔·列维汀．有序：关于心智效率的认知科学［M］．
曹晓会，译．北京：中信出版社，2018．

［13］许燕．人格心理学（第2版）［M］．北京：北京师范大学出版社，
2020．

［14］［美］William Damon，等．儿童心理学手册［M］．林崇德，李其维，
译．上海：华东师范大学出版社，2015．

［15］［美］保罗·图赫．品格的力量［M］．刘春艳，柴悦，译．长沙：
湖南教育出版社，2019．

［16］教育部基础教育司．中小学德育工作指南实施手册［M］．北京：
教育科学出版社有限公司，2017．

［17］汪秀丽，李雪梅．德育活动课程化设计与实施［M］．北京：北京
师范大学出版社，2018．

［18］范蔚，李宝庆．校本课程论——发展与创新［M］．北京：人民教
育出版社，2011．

［19］张妙龄．德育从心灵开始：中小学典型德育案例荟萃［M］．北京：北京师范大学出版社，2018．

［20］黄甫全．小学教与学［M］．北京：高等教育出版社，2007．

［21］秦红等．大数据时代的德育课程开发［M］．上海：上海教育出版社，2019．

［22］岳刚德．颠覆与重构：现代学校德育课程变革［M］．济南：山东教育出版社：2015．

［23］［英］阿尔弗雷德·诺思·怀特海．教育的本质［M］．刘玥，译．北京：北京航空航天大学，2019．

［24］［加］乔治·库罗斯（George Couros）．面向未来的教育：给教育者的创新课［M］．刘雅梅，译．北京：机械工业出版社，2019．

［25］曾文婕．微型课程论［M］．北京：北京师范大学出版社，2018．

［26］姚瑜洁．扣好人生第一粒扣子——习惯养成教育32课［M］．上海：上海社会科学院出版社，2020．

［27］［美］查尔斯·都希格．习惯的力量：为什么我们会这样生活，那样工作［M］．吴奕俊，陈丽丽，曹烨，译．北京：中信出版社，2017．

［28］［美］罗伊·鲍迈斯特，（美）约翰·蒂尔尼．意志力［M］．丁丹，译．北京：中信出版社出版，2017．

［29］［美］詹姆斯·克利尔（James Clear）．掌控习惯［M］．迩东晨，译．北京：北京联合出版有限公司，2019．

［30］叶奕乾．普通心理学［M］．上海：华东师范大学出版社，1997．

二、期刊论文类

[1] 杨启亮. 中国传统道德精神与 21 世纪的学校德育教育研究 [J]. 教育研究，1999（12）：9-15.

[2] 周忠迪. 学校文化建设的模式和思路——以南宁市第四十二中学的学校文化建设为例 [J]. 广西教育，2019（13）：81-83.

[3] 钱淑云. 传统节日教育活动的德育价值与实施策略 [J]. 江苏教育，2018（23）：11-13.

[4] 吴静. 立足中华传统美德，培育学生社会主义核心价值观 [J]. 天津教育，2020（22）：32-33.

[5] 许建争. 道德教育的精神意蕴 [J]. 教育理论与实践，2011，31（19）：38-41.

[6] 张忠华，赵明星. 对传统德育研究的回顾与反思 [J]. 教育科学研究，2011（2）：65-69.

[7] 王建清. 社会主义核心价值观下小学生品格教育的实践与研究 [J]. 天津教育，2020（2）：143-144.

[8] 董兴华，曹璐. 社会主义核心价值观教育与新品格教育比较研究 [J]. 高教学刊，2015（14）：181-182.

[9] 杨霖，高瑜. 中小学品格教育的成都经验 [J]. 中国德育，2016（4）：28-31.

[10] 林丹华，柴晓运，李晓燕，等. 中国文化背景下积极青少年发展的结构与内涵——基于访谈的质性研究 [J]. 北京师范大学学报（社会科学版），2017（6）：14-22.

[11] 赖天利，张丽媛. 品格教育：培养完整的人 [J]. 中国德育，2019

（17）：63-65.

［12］唐隽菁．品格教育：让社会主义核心价值观落地课堂［J］．江苏教育研究，2018（2）：15-18.

［13］沈晓敏．坚守德育课程改革初心——道德与法治课程基本理念研析［J］．中小学德育，2018（2）：5-9.

［14］李晓燕，刘艳，林丹华．论儿童青少年品格教育［J］．北京师范大学学报（社会科学版），2019（4）：23-31.

［15］靳娟娟，俞国良．从"思想品德"到"道德与法治"：面向2030的德育课程［J］．基础教育课程，2020（23）：4-12.

［16］吕洪刚，李小鲁．学生获得感：新时代学校德育的核心坐标［J］．中学政治教学参考，2020（15）：51-53.

［17］毕世响．不浪漫时代的浪漫与天真——德育可能的"生活"与"理性"理论［J］．上海教育科研，2019（6）：5-9.

［18］谢金土．学校德育品牌建设的应然路径[J]．教学与管理，2020(17)：8-10.

［19］赵杰，陈艳．浅谈小学教育中的全方位代币奖励法［J］．吉林教育，2020（Z2）：18-19.

［20］杨红梅．小学生良好品德与行为习惯的培养策略［J］．甘肃教育，2020（16）：60-61.

［21］王苏昱．培养规则意识 提高教学实效——小学道德与法治规则意识培养探究［J］．家长，2020（29）：42-43.

［22］蒋盼．在"真体验"中探寻道德"真认知"［J］．中国德育，2021（8）：73-76.

［23］贾会杰，王利杰，张丽．倡导文明家风 共育时代新人［J］．中国德育，

　　　2021（6）：56-58．

［24］刘洁红．在道德与法治课中实施自主的道德学习策略［J］．广东教

　　　育（综合版），2021，（2）：57．

［25］姜朝晖，赵鑫．充分发挥新时代劳动教育的德育功能［J］．中国德

　　　育，2020（21）：10-11．

［26］王可，张顺娟．"好习惯三步两点循环培养法"的实施及注意事项

　　　［J］．班主任，2019（6）：22-24．

［27］郭志滨．立足三级管理，创新育德课程［J］．中国德育，2020（17）：

　　　56-58．

［28］郭海英．从"知行合一"到精致化的德育实践——从几则典型德育

　　　案例说起［J］．生活教育，2016（18）：22-25．

［29］张烁．在学生中弘扬劳动精神［J］．上海教育，2020（13）：1．

［30］曾忱．四措并举，让劳动这边独好——小学低年级学生劳动习惯养

　　　成初探［J］．班主任，2019（12）：18-20．

［31］毕世响．是儿童带着世界走，不是世界带着儿童走——《道德与法治》

　　　课程构建之辩证法［J］．上海教育科研，2018（4）：5-9．

［32］张莺．代币法在小学生学习行为习惯辅导中的运用［J］．中小学心

　　　理健康教育，2021（18）：53-56．

［33］敬军，敬文君．班级因规则而美丽［J］．班主任，2020（3）：

　　　20-22．

［34］白宏宽．学校爱国主义教育的系统设计［J］．人民教育，2018（23）：

　　　46-48．

［35］檀传宝. 爱国主义教育的时空之维［J］. 人民教育，2019（19）：

17-20.

［36］刘建德. 为时·活化·对话——构建灵动、润泽的立德树人长效机

制［J］. 中小学德育，2020（5）：33-37.

［37］黄克瑞. 在活动中提升学生的道德素养［J］. 人民教育，2018（17）：

63-64.

［38］刘长海，赵枫. 新时代爱国主义教育常态开展探论［J］. 中小学德

育，2020（12）：33-37.

［39］亓庆国. 如何增强学生的文化自信［J］. 人民教育，2017（23）：

8.

［40］孙云晓，宿金金. 新时代培养青少年奋斗精神的三个关键词：志向、

习惯、榜样［J］. 人民教育，2019（8）：34-37.

［41］陆士桢，李泽轩，张子航. 青少年英雄榜样教育历史经验与启示

［J］. 人民教育. 2019（19）：8-12.

后 记

东莞市梁锦堂名校长工作室《小学生美德教育的研究》已研究近三年，涵盖了共 8 所小学的工作室成员、学校学员，探索了小学生美德教育实施的策略和途径，形成了小学生美德教育方面较具代表性的案例，为小学生美德培养提供了参考做法；同时，促进了各参与学校德育工作的有效开展，促进小学生养成美德，规范行为，健全人格，全面发展。

衷心感谢参与本课题研究与实践的学校、教师以及刘建强副教授，正是因为有刘建强副教授的把脉引领，有教师们的实践思考，有学校的支持投入，才有课题的扎实推进，才有本书得以如期付梓。尤其是各位原材料的提供者，做出了很多的努力，付出了很多心血，投入了很大的精力。

本课题任重而道远，在小学生美德培养策略的研究上还有待更深层次的实践与总结，如有不当不妥以至错误之处，敬请大家批评指正。